esnegocio nivel 1

Curso de español de negocios

Libro del alumno

esnegocio **nivel 1**

Curso de español de negocios

Libro del alumno

espasa

Realización	EDITORIAL ESPASA CALPE, S. A.
Dirección editorial	MARISOL PALÉS
Coordinación editorial	ALEGRÍA GALLARDO
Edición	ANA PRADO
Desarrollo del proyecto	MIZAR MULTIMEDIA, S. L.
Dirección académica	JOSÉ MANUEL PÉREZ TORNERO
Adjunta dirección	CLAUDIA GUZMÁN
Dirección de planificación y desarrollo	ROBERTO MANUEL IGARZA
Dirección de contenidos	JOSÉ MARÍA PERCEVAL
Dirección de comunicación	MIREIA PI
Asesoría lingüística pedagógica	SANTIAGO ALCOBA AGUSTÍN IRUELA MARY BLACK MEL RIMADA
Edición lingüística	ANA IRENE GARCÍA AGUSTÍN IRUELA
Equipo lingüístico	NÚRIA SORIANO COS (COORDINACIÓN) ISRAEL FORTEZA JOSÉ MARÍA ARANDA
Edición de contenidos	SANTIAGO TEJEDOR DIEGO BLASCO CRUCES
Maquetación	MERITXELL CARCELLER BARRAL INGRID RUBIO JOAN HURTADO MOMPEO
Producción fotográfica	MERITXELL MANYOSES MARTA CÁRCEL
Diseño interior y de cubierta	TASMANIAS, S. A.

Impreso en España / Printed in Spain
Impresión: Fernández Ciudad, S. L.

EDITORIAL ESPASA CALPE, S. A.
Complejo Ática, Edificio 4
Vía de las Dos Castillas, n.º 33
28224 Pozuelo de Alarcón
Madrid

© De esta edición: Espasa Calpe, S. A., 2003
Depósito legal: M. 7297-2003
ISBN: 84-670-9054-5

ÍNDICE

Es negocio 1 *Libro del alumno* pone a tu alcance todo el material necesario para que puedas comprender y expresar lo esencial en español. Podrás comunicarte con los demás, lograrás expresar tus opiniones y tus sensaciones y podrás desenvolverte en el mundo laboral. Para que el aprendizaje te resulte eficaz y ameno, hemos ideado una historia que te permite vivir diferentes situaciones laborales de la mano de Marta Ventura. Marta es una joven que contrata una franquicia con *Nexus Internacional*, una empresa norteamericana orientada al sector textil. Te invitamos a que sigas a Marta en su aventura empresarial y que, a través de ella, conozcas a otros personajes que te irán mostrando distintas facetas del mundo de la empresa: Nuria, Alejandro de la Fuente, Andrew Williams, Fernando Marín, Eva, Ana y Agustín.

El libro se organiza en cuatro bloques de tres lecciones cada uno: *Contacto, Organización, Gestión* y *Balance*. En cada bloque, dispones de un sumario en el que se detallan los contenidos de la lección. Todos ellos van precedidos de un icono que los identifica. Es importante que recuerdes su significado:

 Funciones comunicativas.
 Estructuras gramaticales.
 Vocabulario

El *Libro del alumno* cuenta con un total de doce lecciones. Te recomendamos que las sigas de forma lineal, ya que los contenidos se presentan progresivamente. Las lecciones se organizan en ocho secciones fijas. Cada sección cumple un objetivo concreto que te permite avanzar en el aprendizaje del español. A continuación, te explicamos en qué consiste cada una de las secciones:

 **ESCAPARATE**

Es la sección que presenta e introduce la lección. Mediante un texto, conocerás la historia que se desarrolla en la lección. También hay un espacio dedicado a la enumeración de todos los objetivos de la lección, cada uno introducido mediante su propio icono.

 TOMA DE CONTACTO

Esta sección gira en torno a una situación comunicativa en la que intervienen los personajes de la historia. A través de un texto se presenta a los personajes que intervendrán en la situación comunicativa y el contexto donde se desarrollará. También dispones de un resumen previo del contenido de la situación comunicativa, realizado mediante una selección de intervenciones extraídas de un audio. Además, cuentas con actividades vinculadas al audio que permiten practicar la comprensión oral y se identifican mediante el icono audio: **audio**

Un recuadro explicativo sobre contenidos lingüísticos concretos te sirve de apoyo para realizar las actividades.

 ACTIVIDADES

Practicarás los contenidos comunicativos, gramaticales y el léxico de la lección que trabajarás mediante audios y/o documentos reales, adaptados o creados. Gracias a una amplia variedad de actividades avanzarás en el aprendizaje del español.

También aparecen pequeños recuadros explicativos sobre contenidos lingüísticos concretos. Fíjate en ellos porque te ayudarán en la resolución de los ejercicios.

 HABLANDO DE NEGOCIOS

La sección se articula en torno a textos de opinión y documentos reales. Los textos son de autores de relevancia histórica dentro del ámbito de la economía, el trabajo o los negocios. Los documentos reales están relacionados con el mundo laboral o de los negocios. Las actividades están vinculadas a los textos y a los documentos reales y te permitirán trabajar sobre todo la comprensión lectora y el vocabulario. Para facilitarte la comprensión del texto y del documento real, se han destacado y definido las palabras más importantes y de mayor complejidad.

CONSULTAS

Esta zona está reservada a la explicación de los contenidos comunicativos y de los aspectos gramaticales de la lección. Se divide en dos apartados, **Comunicación** y **Gramática**. La parte de *Comunicación* se centra en las explicaciones de los contenidos comunicativos mientras que la de *Gramática* muestra los conceptos gramaticales de la lección. Al final de *Comunicación*, hallarás un recuadro que te remite a epígrafes concretos del *Apéndice léxico: Expresiones* y al final de la *Gramática* aparece otro recuadro que indica el epígrafe que debes consultar del *Apéndice Gramatical* para ampliar la información, si lo crees conveniente.

BALANCE

Contiene la evaluación de la lección, que te ayudará a controlar tus progresos en el aprendizaje del español. En esta misma sección se encuentra el apartado **Valora lo que has aprendido,** que te guiará en tu forma de aprender esta nueva lengua.

Al final de la sección encontrarás un espacio destinado a que registres la puntuación obtenida en la evaluación. Suma las respuestas acertadas, anótalas y así tendrás la primera de las puntuaciones que necesitas para participar en **El juego de los n∈gocio$.**

Adicionalmente, al final de cada bloque, dispones de una **Evaluación de Bloque** que te evaluará sobre contenidos de las tres lecciones que componen el bloque.

VIDA DE EMPRESA

Esta sección presenta situaciones de empresa en las que se te pedirá que resuelvas problemas concretos del ámbito profesional. *Summa Consultores*, donde trabajas, debe resolver situaciones en las que tendrás que combinar tu sentido común con tus conocimientos de español.

Al final de la sección, tienes un espacio reservado para anotar el resultado que has obtenido en **Vida de empresa** y otro para que apuntes el **Resultado de la lección,** es decir, la suma del resultado de las secciones *Balance* y *Vida de empresa*. Así, completarás tu puntuación para participar en **El juego de los n∈gocio$.**

MUNDO HISPANO

Cierra cada una de las lecciones y ofrece apuntes socioculturales sobre los países de habla hispana, contrastando usos diferentes del español que se habla en Hispanoamérica. En ella, dispones de una muestra lingüística real procedente de diversos países hispanoamericanos, de un audio y de diversas actividades, que te acercarán al mundo hispano.

APÉNDICE GRAMATICAL

Pone a tu disposición una zona de consulta y ampliación donde encontrar todos los recursos gramaticales necesarios para realizar las actividades, explicados con detalle y de una manera esquemática. La puedes consultar en cualquier momento, independientemente de la lección en la que estés trabajando. La información se presenta de forma unificada y sistematizada en categorías gramaticales. Asimismo, ofrece información complementaria a la que contiene la *Gramática* en la sección **Consultas**.

APÉNDICE LÉXICO

Te ofrece el vocabulario básico del nivel. Se trata de léxico de la vida cotidiana, del ámbito profesional y de los negocios. Fíjate en que algunas palabras llevan un asterisco (*). Esto significa que esas palabras presentan variantes de uso en el español de Hispanoamérica. Para conocer las variantes, debes acudir a *Variantes del español* (pág. 219). El *Apéndice léxico* se divide en cuatro secciones que abordan el léxico de forma complementaria:

1 *Léxico en imágenes*. Consta de seis imágenes fotográficas donde se muestran objetos relacionados con el mundo cotidiano y laboral. Cada imagen señala y nombra diversos objetos, que aparecen con el artículo y seguidos de una línea en blanco para que puedas escribir la traducción en tu idioma.

2 *Redes de palabras.* Ofrece una organización del léxico por temas. Presenta seis redes en las que las palabras se relacionan entre sí. Fíjate bien en la relación, ya que te ayudará a memorizar las palabras. También dispones de un espacio para anotar la traducción de las palabras de las *Redes*.

3 *Expresiones.* Contiene una recopilación de estructuras, que puedes utilizar en diversas situaciones de comunicación, y de las principales expresiones, que verás en este nivel. Están organizadas en torno a usos habituales del habla cotidiana y a situaciones específicas del mundo laboral y de los negocios. Dispones de un espacio para escribir la traducción en tu idioma.

4 *Vocabulario de negocios multilingüe.* Se trata de un glosario multilingüe que recoge, por orden alfabético, las palabras relacionadas con el ámbito de los negocios que han aparecido a lo largo de las doce lecciones.

VARIANTES DEL ESPAÑOL

Muestra variantes léxicas referidas al contexto de español profesional o de los negocios, o bien son palabras de uso general que te servirán para que puedas desenvolverte en situaciones de la vida cotidiana dentro de un entorno hispanohablante. Las variantes se organizan por escenarios, siguiendo la estructura del *Apéndice léxico*. Cada palabra va acompañada de sus variantes geográficas y la indicación abreviada de su procedencia: Argentina (Arg.), México (Méx.), Venezuela (Ven.), Chile (Chi.), Colombia (Col.), Cuba (Cub.), Puerto Rico (P. Rico).
Las variantes se ilustran con textos periodísticos o anuncios procedentes de diversos periódicos hispanoamericanos. Observarás que junto a la variante hispanoamericana aparece un número de página que te remite al *Apéndice léxico*. También verás que cuentas con un espacio reservado para que puedas escribir la traducción.
Al final del anexo *Variantes del español*, dispones de un apartado dedicado a palabras problemáticas y a variantes morfológicas.

TRANSCRIPCIONES DE LOS AUDIOS

Contiene la transcripciones de todos los audios del libro. Puedes consultarlo antes de escuchar el audio, como un primer acercamiento, o después de realizar la audición para resolver pequeñas dudas de comprensión que puedas tener tras la audición.

SOLUCIONES

Incluye las soluciones de las actividades planteadas en las lecciones. Te aconsejamos que una vez realizada la actividad compruebes tus respuestas.

 **EL JUEGO DE LOS N€GOCIO$**

Al final del libro, hallarás las instrucciones y el tablero de este juego de mesa que te acompañará a lo largo de las doce lecciones. Puedes participar de forma individual o bien puedes jugar en grupos con tus compañeros de clase. Necesitas el *Cuaderno de Recursos y Ejercicios* (al cual remiten las casillas del tablero), una ficha por participante (puedes utilizar cualquier objeto de tamaño reducido: una moneda, un trozo de papel, etc.) y un dado.
Los pasos que debes seguir en cada lección son los siguientes:
1. Calcular el **Resultado de la lección**. Para ello, tienes que sumar los puntos obtenidos en las secciones *Balance* y *Vida de empresa*.
2. Anotar el *Resultado de la lección* en el **Cuadro de resultados**, que aparece junto al *Tablero de juego*.
3. Con el **Resultado de la lección**, inicias tu partida según las instrucciones indicadas en la página 250. El juego consiste en 12 partidas, una por lección. Cada participante puede realizar un máximo de siete tiradas por partida. Gana el participante que suma más puntos al final de la partida.

Bloque 1 Contacto

Situaciones	Funciones comunicativas	Estructuras gramaticales	Vocabulario
Lección 1 Primer contacto con el mundo de la empresa	• Saludar y despedirse • Presentarse y presentar a alguien • Preguntar y dar información personal • Deletrear	• El abecedario • Los pronombres interrogativos: *cómo y dónde* • Los pronombres personales • Los verbos *ser* y *llamarse*	• Palabras de ámbito profesional
Lección 2 Asistir a una entrevista de negocios	• Preguntar y decir la edad, el número de teléfono y el correo electrónico • Preguntar y decir la profesión • Identificar a alguien: nacionalidad, datos personales... • Frases para controlar la comunicación	• Los números (1-100) • El artículo determinado • El género y número del nombre • La nacionalidad • Los pronombres interrogativos: *cuánto, cuál* y *qué* • Los verbos *hablar* y *tener*	• Países y nacionalidades
Lección 3 Presentar una propuesta de negocio	• Hablar sobre la obligatoriedad de hacer o no algo: *tener + que* + [infinitivo] • Expresiones de agradecimiento • Pedir permiso • Expresar conocimiento o desconocimiento	• Los artículos indeterminados • Los verbos en presente: regulares (–ar, –er, –ir); irregulares (*estar, ir*) • Los determinantes posesivos	• Vocabulario de negocios

Bloque 2 Organización

Situaciones	Funciones comunicativas	Estructuras gramaticales	Vocabulario
Lección 4 Buscar un local	• La diferencia entre *hay* y *está(n)* Expresiones para localizar en un espacio exterior • Pedir perdón • *Aquí, ahí, allí*	• Los numerales ordinales • Los demostrativos • Las contracciones • Verbos irregulares en presente: *e ⇨ i*	• Espacios de la ciudad
Lección 5 Distribución del local	• Expresar opiniones y preguntar por ellas • Describir las estancias de una empresa • Comparar cantidades y cualidades • Localizar en un espacio interior	• Cuantificadores • Verbos irregulares en presente: *-go* • Los pronombres posesivos • Los pronombres complemento directo	• Partes de la oficina
Lección 6 Montar el negocio	• Comprar y pedir objetos o servicios • Describir objetos • Pedir a alguien que haga algo • Ofrecer y pedir ayuda y aceptarla o rechazarla	• Verbos irregulares en presente: *o ⇨ ue, e ⇨ ie* • Formas superlativas • Los números de (100 - 1.000)	• Muebles y objetos de la oficina

Bloque 3 Gestión

Situaciones	Funciones comunicativas	Estructuras gramaticales	Vocabulario
Lección 7 Planificar el tiempo y organizar el trabajo	• Pedir y dar la hora • Hablar de horarios	• Referencias temporales • Marcadores de frecuencia • El gerundio • La estructura *estar* + [gerundio]	• Organización del trabajo
Lección 8 Seleccionar el personal	• Concertar citas • Frases para hablar por teléfono • Expresar y preguntar si es posible o no hacer algo • Hablar sobre la obligatoriedad de hacer o no hacer algo	• El participio y el pretérito perfecto • Verbos con pronombres	• Días de la semana
Lección 9 Comida de negocios	• Formas de invitar y ofrecer • Pedir en un bar o en un restaurante	• El imperativo • Condiciones: *Si* + [presente] + [presente / imperativo] • Indefinidos: *algo / nada, alguien / nadie, alguno / ninguno*	• Vocabulario de alimentos

Bloque 4 Balance

Situaciones	Funciones comunicativas	Estructuras gramaticales	Vocabulario
Lección 10 Trabajar en equipo	• Relacionar acontecimientos del pasado • Expresar distintos grados de seguridad • Algunas formas de felicitar	• Ordenar un relato • El pretérito indefinido • Expresiones de tiempo pasado	• Situaciones sociales
Lección 11 Reunión de trabajo	• Expresar opiniones y preguntar por ellas • Formas de manifestar acuerdo y desacuerdo • Referirse a hechos, circunstancias y situaciones en el pasado	• Contraste entre *ya* y *todavía no* • Frases de relativo: *donde, que* • El pretérito imperfecto • Contraste entre el pretérito imperfecto y el pretérito indefinido	• Organizar cartas
Lección 12 Evaluar los resultados del negocio	• Hablar del futuro: planes y proyectos • Proponer actividades y reaccionar ante ellas • Expresiones para referirse a intenciones y objetivos	• Marcadores temporales de futuro • El doble pronombre	• Vocabulario del balance

Bloque 1

Contacto

Lección 1

Primeros contactos

Marta Ventura busca una franquicia. ¿Consigue su objetivo? Descubre el inicio de su aventura empresarial.

 Funciones comunicativas
- Saludar y despedirse
- Presentarse y presentar a alguien
- Preguntar y dar información personal
- Deletrear

 Estructuras gramaticales
- El abecedario
- Los pronombres interrogativos: *cómo* y *dónde*
- Los pronombres personales
- Los verbos *ser* y *llamarse*

 Vocabulario
- Palabras de ámbito profesional

Lección 2

Realizar una entrevista

Alejandro se reúne con Marta. ¿Le concede la franquicia? ¡Acompáñala a la entrevista!

 Funciones comunicativas
- Preguntar y decir la edad, el número de teléfono y el correo electrónico
- Preguntar y decir la profesión
- Identificar a alguien: nacionalidad, datos personales...
- Frases para controlar la comunicación

 Estructuras gramaticales
- Los números (1-100)
- El artículo determinado
- El género y número del nombre
- La nacionalidad
- Los pronombres interrogativos: *cuánto*, *cuál* y *qué*
- Los verbos *hablar* y *tener*

 Vocabulario
- Países y nacionalidades

Lección 3

Propuesta de negocio

Marta le explica a Alejandro su proyecto de franquicia. ¿Es interesante? ¡Conoce su respuesta!

 Funciones comunicativas
- Hablar sobre la obligatoriedad de hacer o no algo:
  tener + que + [infinitivo]
- Expresiones de agradecimiento
- Pedir permiso
- Expresar conocimiento o desconocimiento

 **Estructuras gramaticales**
- Los artículos indeterminados
- Los verbos en presente: regulares (*-ar*, *-er*, *-ir*); irregulares (*estar*, *ir*)
- Los determinantes posesivos

 Vocabulario
- Vocabulario de negocios

Primeros contactos

En la primera lección del curso, Marta Ventura busca una franquicia. ¿Quién es Marta Ventura? ¿De dónde es? ¿Cómo busca la franquicia? ¡Bienvenido al mundo de Marta y de la empresa!

En esta lección vas a aprender

 A saludar y despedirse.
A presentarse y presentar a alguien.
A preguntar y dar información personal.
Cómo se deletrea.

 El abecedario.
Los pronombres interrogativos *cómo* y *dónde*.
Los pronombres personales.
Los verbos *ser* y *llamarse*.

 Palabras de ámbito profesional.

Marta encuentra un anuncio muy interesante en el periódico. *Nexus Internacional* **es una empresa de ropa de trabajo. Marta llama y habla con la secretaria. Lee estos diálogos y fíjate en las imágenes.**

Marta Ventura es una joven española. Tiene 30 años y es licenciada en Económicas. Ahora busca una franquicia de ropa para dirigir su propio negocio.

Alejandro de la Fuente es el representante de *Nexus Internacional* en España. Es español y tiene 34 años.

Nuria trabaja en *Nexus Internacional*. Es la secretaria de Alejandro. Ella es de Argentina y tiene 26 años.

Marta solicita una entrevista

Nexus Internacional. Buenos días.

Me llamo Marta Ventura. Llamo por el anuncio.

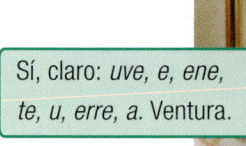

Muy bien. ¿Puede deletrear su apellido, por favor?

Sí, claro: *uve, e, ene, te, u, erre, a.* Ventura.

Bueno, bueno. Para el tema de la franquicia, usted debe hablar con el señor Alejandro de la Fuente. Le apunto una cita para el próximo martes.

Muy bien, adiós.

▶ audio Ahora, escucha la conversación completa entre Marta y la secretaria de *Nexus Internacional*.

audio **1a** Escucha el audio y numera las siguientes expresiones según el orden en el que aparecen.

Me llamo...	☐	Buenos días.	**1**
Hasta pronto.	☐	Hola.	☐
Adiós.	☐		

🔍 Gramática

PRONOMBRES PERSONALES

Sirven para referirse a personas que intervienen en la conversación.

yo

tú, usted

él, ella

nosotros, nosotras

vosotros, vosotras, ustedes

ellos, ellas

audio **1b** Escucha de nuevo el diálogo y responde a las preguntas.

1 ¿De dónde es Marta?

De España. ☐   De Polonia. ☐

2 ¿Cómo se escribe *Ventura*?

Con *be*. ☐   Con *uve*. ☐

2 Lee las expresiones y señala si son saludos **(S)**, despedidas **(D)** o presentaciones **(P)**.

	S	D	P
1 Hola.	☑	☐	☐
2 Me llamo Marta.	☐	☐	☐
3 Adiós.	☐	☐	☐
4 Hasta pronto.	☐	☐	☐
5 Éste es Alejandro.	☐	☐	☐
6 Hola, ¿qué tal?	☐	☐	☐
7 Soy Eva. Hola. ¿Qué tal?	☐	☐	☐

3 Observa las siguientes ofertas de trabajo y señala cuál interesa a Marta.

EMPRESA LÍDER DE DISTRIBUCIÓN DE ROPA
ofrece **NUEVAS FRANQUICIAS** en **ESPAÑA**

Imprescindible:
• Experiencia en dirección de empresas.
• Experiencia en el sector textil.
• Dotes de organización e iniciativa.

305366460 · Srta. Nuria   **nexus** Internacional

1 ☐

IMPORTANTE EMPRESA DE DISTRIBUCIÓN DE ROPA
precisa **JEFE DE MARKETING**
para su departamento de exportación

Imprescindible:
• Nacionalidad polaca.
• Experiencia en marketing.
• Español hablado y escrito.

Ofrece:
• Trabajo fijo.
• Grandes ingresos.

305366460 · Srta. Nuria   **nexus** Internacional

2 ☐

4 Elige uno de los dos anuncios y llama a *Nexus*, igual que hace Marta. Imagina que tu compañero trabaja en *Nexus* como Nuria.

audio

5 Éste es el alfabeto español. Escucha los nombres de las letras y fíjate en su sonido. ¿Hay alguna letra que no existe en tu lengua?

A/a: a	**B/b**: be	**C/c**: ce	**D/d**: de	**E/e**: e	**F/f**: efe
G/g: ge	**H/h**: hache	**I/i**: i	**J/j**: jota	**K/k**: ka	**L/l**: ele
M/m: eme	**N/n**: ene	**Ñ/ñ**: eñe	**O/o**: o	**P/p**: pe	**Q/q**: cu
R/r: erre	**S/s**: ese	**T/t**: te	**U/u**: u	**V/v**: uve	**W/w**: uve doble
X/x: equis	**Y/y**: i griega	**Z/z**: zeta			

audio

6 Escucha los diálogos y completa los nombres de las personas con los apellidos.

1 Enrique _Martín_

2 María _____

3 Fernando _____

4 Luis _____

5 Carlos _____

6 _____

audio

7a ¿Conoces las siguientes empresas? Son de países de habla hispana. Escucha el audio y señala el orden en que las mencionan.

7b Fíjate en cómo suenan los nombres de las empresas en el audio. ¿Tú los pronuncias igual?

7c ¿Conoces nombres de empresas o multinacionales de Hispanoamérica y España? Explícalo a tus compañeros.

audio **8** Alejandro y su secretaria, Nuria, hablan de Marta. Escucha y completa el diálogo con las palabras del recuadro.

> estás   llama   tal   dónde   *tardes*   gracias

NURIA: Buenas _*tardes*_, Alejandro.

ALEJANDRO: ¿Qué _____, Nuria? ¿Cómo _____?

NURIA: Bien, _____.

ALEJANDRO: ¿Alguna llamada?

NURIA: Sí, ha llamado una mujer para la oferta de franquicias.

ALEJANDRO: Ah, ¿sí? ¿Cómo se llama?

NURIA: Se _____ Marta Ventura.

ALEJANDRO: ¿Y de _____ es?

NURIA: Es española. Viene el próximo martes.

ALEJANDRO: Muy bien.

Gramática

PRONOMBRES INTERROGATIVOS

Se usan para preguntar por algo. Nunca acompañan a un nombre y siempre llevan tilde (´).

¿**Cómo** estás?

¿**Cómo** te llamas?

¿**Dónde** vives?

¿**De dónde** eres?

audio **9** Ahora otro candidato llama por teléfono a Nuria. Escucha el diálogo y completa las frases.

1 Se llama _____
2 El apellido es _____
3 Él es de _____

10 Escribe tu propia tarjeta de presentación.

[Empresa]

[Nombre]   [Apellido]

[País]

nexus internacional

Alejandro de la Fuente
Representante

C/ Fuencarral, n.º 28, 3.º 2.ª
Madrid, 28010

Tel: 305566460
fuente.a@nex-internacional.com

Adiós al cambio

CAMBIO. CAMBIO. CAMBIO. Nos **enfrentamos** al cambio. Vivimos con él. *Cambio* es la palabra más utilizada hoy en día.

Es una palabra **errónea**.

Tenemos que quitar la palabra *cambio* de nuestro vocabulario.

Y cambiar esa palabra por **abandono**. O mejor, usar la palabra **revolución**.

El objetivo es **olvidar** las cosas que nos llevan a utilizar esa palabra.

Adaptado de **Tom Peters**,
Nuevas organizaciones en tiempos de caos (1995)

Vocabulario

cambio: modificación de una situación.

enfrentar(se): hacer frente a una situación.

errónea: equivocada, no acertada, incorrecta.

abandono: alejamiento, dejar algo.

revolución: transformación importante y rápida.

olvidar: no tener en cuenta algo.

Tom Peters (1942) Estadounidense. Licenciado por las universidades de Cornell y Stanford y es Doctor por la Universidad de San Francisco.

11 Fíjate en las palabras del recuadro, todas ellas son sinónimos de *cambio*. Luego, lee las frases y sustituye la palabra *cambio* por el sinónimo más adecuado.

> mudanza   transformación   canje   vuelta

1 Mi hermana se traslada a vivir a otra casa y yo le ayudo a hacer el **cambio**. (*mudanza*)

2 El **cambio** del Gran Hotel en un hospital público es una gran idea. (_____)

3 El camarero te da el **cambio** del coste de las cervezas. (_____)

4 Luis hace un **cambio** con Marta. Él le da su moto, y ella le da su coche. (_____)

12 Vuelve a leer el texto y señala si las siguientes afirmaciones son verdaderas (**V**) o falsas (**F**).

	V	F
1 La palabra *cambio* es correcta.	☐	☑
2 Hay que quitar la palabra *cambio* de nuestro vocabulario.	☐	☐
3 La revolución es lo contrario del abandono.	☐	☐
4 El objetivo del autor es tener buena memoria.	☐	☐

13a El siguiente documento es un cheque bancario. Observa con atención los datos que aparecen escritos.

banco: establecimiento financiero que guarda el dinero de sus clientes y da préstamos.

oficina: local del banco.

N.º de cuenta: número de cuenta bancaria de la persona que firma el cheque (firmante).

cheque: documento de pago que permite cobrar una cantidad de dinero.

fecha: día, mes y año.

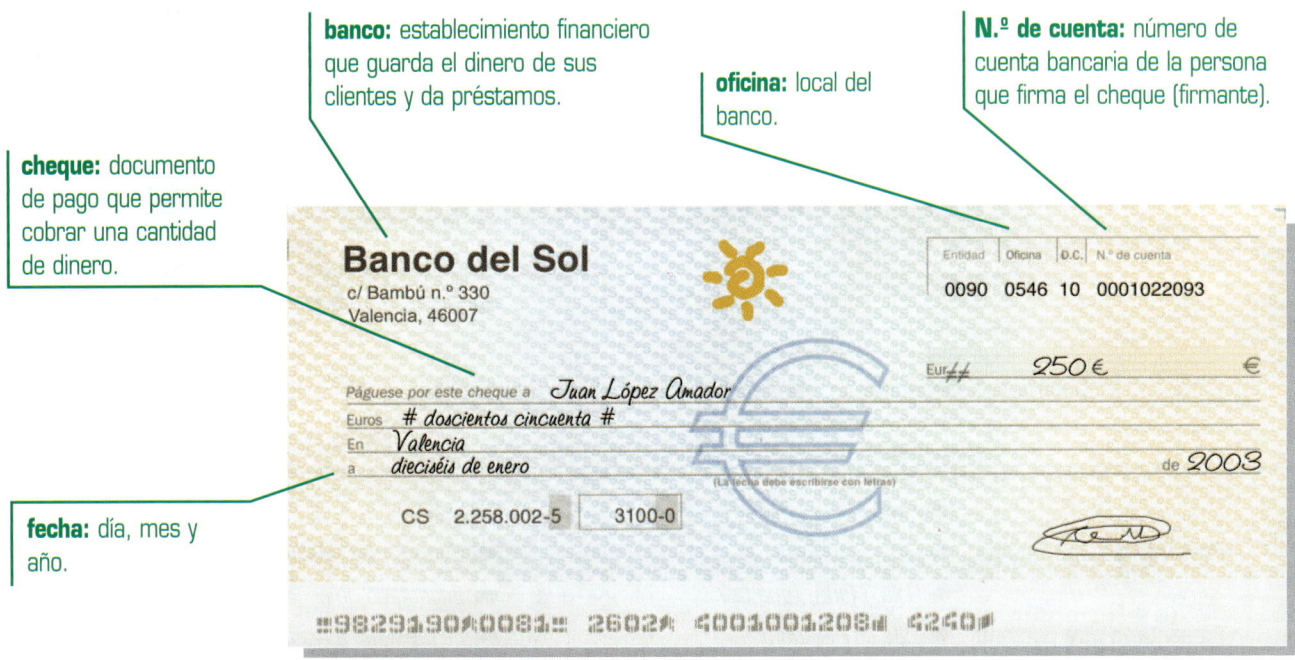

13b Contesta a las siguientes preguntas con la información del cheque.

1 ¿Cómo se llama el banco? _Se llama Banco del Sol._

2 ¿Cuál es el nombre del señor López Amador? _____

3 ¿Dónde está el banco? _____

4 ¿Qué fecha está escrita en el cheque? _____

13c Ahora deletrea...

1 El nombre del señor López Amador. _Jota, u,_ _____

2 Los apellidos de Juan. _____

3 El nombre del banco. _____

4 El nombre de la ciudad. _____

13d Imagina que tú y tus compañeros vais a crear un nuevo banco. Fijaos en el modelo del ejercicio **13a** y escribid un cheque.

⚠ Comunicación

Saludar y despedirse

	Informal	Formal
Saludar	🗨 Hola, ¿qué tal? / ¿Cómo estás?	🗨 ¿Cómo está usted?
	🗨 Muy bien, gracias, ¿y tú?	🗨 Bien, gracias, ¿y usted?
	🗨 Bien.	🗨 Bien, gracias.
		🗨 Buenos días.
		🗨 Buenas tardes.
		🗨 Buenas noches.

Despedirse   🗨 Adiós.   🗨 Hasta mañana.   🗨 Hasta luego.   🗨 Hasta pronto.   🗨 Hasta la vista.

Presentarse y presentar a alguien

	Informal	Formal
Presentarse uno mismo	🗨 Hola. Soy Marta.	🗨 Buenos días. Me llamo Nuria.
	🗨 Hola, Marta, ¿qué tal?	🗨 Encantado de conocerle. / Mucho gusto.
Presentar a otra persona	🗨 Éste es Alejandro.	🗨 Le presento a Alejandro.
	🗨 Hola, Alejandro, ¿qué tal?	🗨 Mucho gusto.

Preguntar y dar información personal

	Informal	Formal
Preguntar y dar el nombre	🗨 ¿Cómo te llamas?	🗨 ¿Cómo se llama (usted)?
	🗨 Me llamo Julia.	🗨 Me llamo Julia.
Preguntar y dar la procedencia	🗨 ¿De dónde eres?	🗨 ¿De dónde es (usted)?
	🗨 Soy de Chile.	🗨 Soy de Chile.

Deletrear

🗨 Mi apellido es Jiménez.	🗨 Me llamo Alberto Schwartz.
🗨 ¿Cómo se escribe, con ge o con jota?	🗨 ¿Puede deletrear su apellido?
🗨 Con jota.	🗨 Ese, ce hache, uve doble, a, erre, te, zeta.

🔤 Apéndice léxico

Consulta en el Apéndice léxico: Expresiones

- Para presentar a alguien. Pg. 204
- Para presentarse. Pg. 204
- Para saludar. Pg. 204
- Para responder a un saludo. Pg. 204
- Para despedirse. Pg. 204

Gramática

El abecedario

La lengua española tiene 27 letras. Hay equivalencias entre la escritura y la pronunciación, pero a veces se deletrea una palabra que no se entiende o se desconoce.

Los pronombres interrogativos: *cómo* y *dónde*

Cómo se utiliza para saludar y preguntar el nombre. Dónde se utiliza para preguntar la procedencia o un lugar.

- *¿Cómo estás?*
- *¿Cómo te llamas?*
- *¿Dónde vives?*
- *¿De dónde eres?*

Los pronombres personales

Los siguientes pronombres se usan para referirse a personas.

singular	plural
yo	nosotros, nosotras
tú, usted	vosotros, vosotras, ustedes
él, ella	ellos, ellas

Los verbos *ser* y *llamarse*

El verbo ser es muy útil. Aquí tienes el presente de indicativo:

ser			
yo	soy	nosotros, -as	somos
tú	eres	vosotros, -as	sois
él, ella, usted	es	ellos, -as, ustedes	son

Observa que en esta lección se usa el verbo ser para referirse al nombre de una persona y para preguntar y decir la procedencia.

- *Éste es Alberto.*
- *Tú eres María, ¿verdad?*
- *¿De dónde eres tú?*
- *Soy de Buenos Aires.*

Se usa el verbo llamarse para indicar el nombre de una persona. Este verbo lleva un pronombre siempre. Hay un pronombre para cada persona, excepto la 3.ª persona del singular y del plural, que tienen el mismo pronombre (*se*).

llamarse			
yo	me llamo	nosotros, -as	nos llamamos
tú	te llamas	vosotros, -as	os llamáis
él, ella, usted	se llama	ellos, -as, ustedes	se llaman

- *Él se llama Eduardo.*

Apéndice gramatical

Consulta estos puntos

Evalúa lo que has aprendido

1 🗨 Éste es Fernando.

🗨 _____.

a Hasta luego

b Soy Mexicano

c Yo soy Alejandro

2 🗨 Hola, ¿_____ estás?

🗨 Bien. ¿Y tú qué tal?

a cómo

b de dónde

c dónde

3 🗨 Hola. Me llamo Ana.

🗨 _____.

a Buenas noches, Ana

b Bien, Ana

c Encantado

4 🗨 Se llama Carlos _Hierro_

🗨 ¿Cómo se escribe el apellido?

🗨 _____.

a _hache, e, i, ele, ele, o_

b _equis, i, e, erre, ele, u_

c _hache, i, e, erre, erre, o_

5 🗨 ¿Cómo _____ ella?

🗨 Ana.

a me llamo

b te llamas

c se llama

6 Ellas _____ de Estados Unidos.

a soy

b son

c somos

7 🗨 ¿De dónde es Fernando?

🗨 Es _____ México.

a de

b te

c se

8 🗨 Me llamo _González_.

🗨 ¿Cómo se escribe, con _ese_ o con _zeta_?

🗨 _____.

a Con _ese_

b Con _zeta_

c Con _jota_

9 🗨 Me llamo Enrique _Molla_.

🗨 ¿Cómo se escribe, con _elle_ o con _i griega_?

🗨 _____.

a Con _elle_

b Con _equis_

c Con _i griega_

10 🗨 Te presento a Marta.

🗨 _____.

a Gracias

b Mucho gusto

c Hasta pronto

11 Me llamo Alberto, _____ ingeniero.

a soy

b somos

c es

12 🗨 ¿Cómo te llamas?

🗨 _____.

a ¿Qué tal?

b María

c Soy de México

Valora lo que has aprendido

• **Sé saludar y despedirme:**

☐ muy bien ☐ bien ☐ mal ☐ muy mal

• **Sé preguntar y decir la procedencia:**

☐ muy bien ☐ bien ☐ mal ☐ muy mal

• **Puedo presentarme y presentar a alguien:**

☐ muy bien ☐ bien ☐ mal ☐ muy mal

• **Puedo deletrear:**

☐ muy bien ☐ bien ☐ mal ☐ muy mal

Juego de los N€gocio$

① Suma las respuestas acertadas obtenidas en _Balance_ (1 acierto = 1 punto).
Total 1:_____

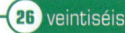

Resuelve la siguiente situación de empresa y descubre tus aptitudes empresariales.

Trabajas en *Summa Consultores*. Tu primer cliente es Pablo Flores, dueño de una empresa dedicada a la venta y distribución de material informático. Pablo tiene muchos conocimientos en nuevas tecnologías pero necesita un socio para ampliar la capacidad de gestión interna de la empresa. Elige el candidato ideal.

14 A continuación, puedes ver el perfil de los tres candidatos. Lee atentamente y elige el mejor candidato:

☐ **Candidato A**:
- Máster en Creación de E-business
- Experto en nuevas tecnologías
- Conocimientos técnicos de contabilidad

☐ **Candidato B:**
- Máster en Gestión Empresarial
- Máster en Recursos Humanos
- Experto en estrategias de mercado

☐ **Candidato C:**
- Doctorado en Derecho del Trabajo
- Máster en Derechos Humanos
- Experto en la gestión de ayuda humanitaria

audio 15 Ahora, escucha una conversación entre el secretario de Pablo Flores y el candidato elegido. Luego, busca en la sopa de letras su apellido y su procedencia.

B	R	M	O	P	K
M	D	A	B	E	U
O	M	Z	A	V	Z
T	V	A	W	K	L
K	E	T	T	E	R
Q	S	L	H	T	M
H	I	A	G	E	U
A	N	N	F	K	T

El apellido del candidato elegido es _____

El candidato es de _____ (México).

② Suma las respuestas acertadas obtenidas en *Vida de empresa* (1 acierto = 6 puntos).
Total 2: _____

③ Suma los puntos obtenidos anteriormente y pasa a *El juego de los negocios* (pg. 250).
Resultado de la lección 1 (Total 1 _____ + Total 2 _____) = _____

Saludar y despedirse en español

Los saludos y despedidas son diferentes según el país de habla hispana. Las expresiones formales son muy similares en todos los países, pero las expresiones informales tienen algunas diferencias.

Todos los hispanohablantes entienden la expresión *¿Qué tal?* o *¿Cómo estás?* Normalmente, los argentinos dicen: *¿Cómo te va?* o *¿Cómo andás?*, los chilenos dicen: *¿Qué hay hecho?*, y los mexicanos dicen: *¿Qué onda?* o *¿Cómo andas?*

Buenos días es la forma más habitual para saludar por las mañanas en México. En Uruguay y Argentina dicen *Buen día*.

La despedida más común es *Adiós*. En todos los países la comprenden y la usan. Los españoles dicen para despedirse: *Hasta luego*, al igual que en México donde también se usa *Hasta lueguito,* y en Argentina y Uruguay se usa *Chau*.

Al despedirse un amigo, en España y en Hispanoamérica, también es muy frecuente decir *Cuídate,* aunque en Argentina y Uruguay cambian el acento y dicen *Cuidate*.

Los pronombres

En los países de habla hispana, el pronombre personal de la 2.ª persona del singular presenta algunas diferencias:

• En España, México y Perú se usa la persona **tú** en relaciones de confianza (*tuteo*) y **usted** en relaciones de respeto.

Tú eres peruano. / **Usted** es peruano.

• En el resto de los países hispanoamericanos, la 2.ª persona del singular más usada en relaciones de confianza es **usted**.

Usted es peruano.

• Es importante recordar que en Argentina la 2.ª persona del singular en contextos informales es **vos** (*voseo*).

Vos sos peruano.

• Por último, la 2.ª persona del plural también presenta algunas diferencias, en España se usa **vosotros** y en Hispanoamérica **ustedes**.

Vosotros sois peruanos. / **Ustedes** son peruanos.

▶ audio **16a** Escucha el diálogo entre dos hispanohablantes, fíjate en los saludos y despedidas que utilizan y completa el cuadro.

	Eva
Saludos	*Buenos días, Gabriel. ¿Qué onda?*
Despedidas	
	Gabriel
Saludos	
Despedidas	

▶ audio **16b** Ahora, escucha el diálogo otra vez y completa las frases marcando la solución correcta.

1 Eva es de...
Argentina ☐
México ☐

2 Gabriel es de...
Argentina ☐
México ☐

Realizar una entrevista

Es martes, el día de la primera entrevista. Marta conoce a Alejandro de la Fuente, el representante en España de *Nexus Internacional*. ¿Cómo es el currículo de Marta? ¿Tiene experiencia? Vamos a acompañarla en la entrevista.

En esta lección vas a aprender

 Cómo preguntar y decir la edad, el número de teléfono y el correo electrónico.
A preguntar y decir la profesión.
Identificar a alguien: nacionalidad, datos personales...
Frases para controlar la comunicación.

 Los números (1-100).
El artículo determinado.
El género y el número del nombre.
La nacionalidad.
Los pronombres interrogativos: *cuánto*, *cuál* y *qué*.
Los verbos *hablar* y *tener*.

 Países y nacionalidades.

Marta está en *Nexus Internacional* para una importante entrevista con Alejandro de la Fuente. En la entrevista pregunta a Marta su edad, su teléfono y su dirección de correo electrónico. La entrevista va bien. Lee esta conversación y fíjate en las imágenes.

Marta está un poco nerviosa pero contesta bien a las preguntas de Alejandro.

Alejandro está muy sorprendido con el currículo de Marta, piensa que es perfecto.

¿Qué sabes de Marta?

¿Cuántos años tiene?

Tengo treinta años.

¿El número de teléfono que aparece en su currículo es correcto?

Sí, es el número de mi teléfono móvil.

¿Qué idiomas habla?

Hablo inglés y alemán.

🔊 audio Ahora, escucha la conversación completa entre Marta y Alejandro.

audio

1a Escucha el diálogo entre Marta y Alejandro y señala el orden en que aparecen las siguientes palabras:

director**a** ☐

encantad**a** ☐

español**a** ☐

1b ¿Qué crees que indica la **a** señalada en negrita de las palabras director**a**, encantad**a** y español**a**?

☐ Que las palabras son de género femenino y están relacionadas con Marta.

☐ Que las palabras son de género masculino y están relacionadas con Alejandro.

🔍 Gramática

PRONOMBRES INTERROGATIVOS

Se usan para preguntar por algo.

- Para preguntar por cantidades: **cuánto, -a, -os, -as**. Por ejemplo: *¿Cuántos trabajadores tiene la empresa?*

- Para identificar personas o cosas dentro de un grupo: **cuál, -es**. Por ejemplo: *¿Cuál (de estas empresas) es más grande?*

- Para preguntar por cosas: **qué**. Por ejemplo: *¿Qué tienes en el bolsillo?*.

audio

1c Vuelve a escuchar el diálogo y elige la mejor opción para responder a las siguientes preguntas.

1 ¿Cuál es el apellido de Marta?

☐ Altura.

☑ Ventura.

☐ Esturo.

2 ¿Qué quiere ser Marta?

☐ Jefe.

☐ Directora General.

☐ Director.

3 ¿Cuántos años tiene Marta?

☐ Dieciséis años. (16)

☐ Treinta años. (30)

☐ Treinta y seis años. (36)

4 ¿Cuál es el número de teléfono de Marta?

☐ Tres cero cinco, doce, cincuenta y seis, ochenta y nueve. (305125689)

☐ Tres cero cinco, cincuenta y seis, doce, ochenta y nueve. (305561289)

☐ Tres cero cinco, ochenta y nueve, cincuenta y seis, doce. (305895612)

5 ¿Cuál es su dirección de correo electrónico?

☐ marta arroba creativo punto es. (marta@creativo.es)

☐ marta arroba moda punto es. (marta@moda.es)

☐ marta arroba creativo punto com. (marta@creativo.com)

6 ¿Qué idiomas habla Marta?

☐ Habla inglés y alemán.

☐ Habla inglés y portugués.

☐ Habla alemán y francés.

1d Ahora habla con tu compañero. Imagina que eres Marta y vas a *Nexus* a una entrevista de trabajo. Tu compañero, Alejandro de la Fuente, te entrevista.

audio

2a Alejandro y Nuria hablan de los currículos seleccionados para el puesto de Director General. Escucha el diálogo y completa las frases siguientes.

1 El candidato argentino habla inglés y _____español_____.
2 La candidata _____ habla alemán, inglés y español.
3 La mujer francesa habla francés, inglés y _____.
   No habla español.
4 El hombre mexicano habla _____ y español.

2b Observa que, además de Marta, hay dos hombres y dos mujeres. Presta atención al género de las personas y completa las frases.

1 Hay dos hombres: uno es argentino y el otro es _____.
2 Hay dos mujeres: una es _____ y la otra es _____.

audio

3 Alejandro pide más información a su secretaria sobre los candidatos. Escucha el diálogo y escribe la edad que tienen.

1 El argentino tiene _____treinta y siete_____ años.
2 La alemana tiene _____ años.
3 La francesa tiene _____ años.
4 El mexicano tiene _____ años.

4 Ayuda a Nuria a completar las siguientes fichas con la información que sabes de los candidatos.

1
- Nacionalidad: _____argentino_____
- Idiomas: _____
- Edad: _____

2
- Nacionalidad: _____
- Idiomas: _____alemán, inglés y_____
- Edad: _____

3
- Nacionalidad: _____
- Idiomas: _____
- Edad: _____25 años_____

4
- Nacionalidad: _____
- Idiomas: _____
- Edad: _____

 **5a** Dos jóvenes profesionales, un hombre y una mujer, se han conocido. Ahora quieren intercambiar información personal. Escucha el diálogo y completa las frases.

1 Él es abogado. Ella es _____*abogada*_____. Ellos son _____.

2 La dirección electrónica de él es _____ @ _____.com.

3 La dirección electrónica de ella es _____ @ _____.net.

4 El teléfono de él es _____.

5 El teléfono de ella es _____.

5b ¿Te has fijado en las frases que usan en el diálogo? Elige la opción correcta.

1 ¿A *qué* / *cuál* te dedicas?

2 ¿*Eres* / *Tienes* correo electrónico?

3 ¿Puedes *hablar* / *repetir*?

4 ¿*Qué* / *Cuál* es tu dirección electrónica?

5 Más *despacio* / *repetir*, por favor.

6 ¿A qué se dedica tu compañero? ¿Tiene correo electrónico? ¿Cuál es su dirección electrónica? ¿Y su número de teléfono móvil? Pregunta a tu compañero.

Gramática

TENER

Indica posesión.

Es un verbo irregular:

yo	**tengo**
tú	**tienes**
él, ella, usted	**tiene**
nosotros, -as	**tenemos**
vosotros, -as	**tenéis**
ellos, -as, ustedes	**tienen**

7 Ahora completa la siguiente ficha con tus datos personales.

- Edad: _____

- Correo electrónico: _____

- Número de teléfono: _____

- Nacionalidad: _____

- Idiomas: _____

La importancia de la Unión Económica y Monetaria (UEM)

Pedro Solbes (1942) Español. Licenciado en Derecho y Doctor en Ciencias Políticas por la Universidad Complutense de Madrid.

La Unión **Económica** y **Monetaria** (UEM) es muy importante para Europa. Es un acto político necesario para conseguir una Europa unida.

Con la UEM, los países europeos muestran su voluntad de crear una comunidad de paz y prosperidad. El *euro,* la moneda única europea, **impulsa** el **mercado único** y **desarrolla** sus posibilidades.

Adaptado de *La importancia de la UEM en la construcción de Europa* (2001), de Pedro Solbes.

Vocabulario

económico/a: referido a la administración de las riquezas.

monetario/a: relacionado con la moneda, o con el dinero en general, de una región política.

impulsar: estimular el avance de un proceso.

mercado único: mercado sin fronteras y con libertad para las actividades comerciales entre los países.

desarrollar: hacer crecer algo, económica, social, cultural o políticamente.

8 Lee atentamente el texto y responde a las siguientes preguntas.

1 ¿Qué es UEM?

   Unión Económica y Monetaria.

2 ¿Para quién es muy importante la Unión Económica y Monetaria?

3 ¿Qué es el euro?

4 ¿Qué impulsa el euro?

9 Lee las frases, fíjate en las palabras destacadas y subraya la opción más adecuada.

1 Las ayudas *económicas / impulsar* son buenas.

2 La Unión Europea tiene que *impulsar / mercado* el desarrollo económico de la zona.

3 La unión *desarrollar / monetaria* es un gran avance.

4 La Unión Europea tiene que *desarrollar / monetaria* planes económicos.

10a A continuación, tienes un formulario para realizar una declaración jurada. Lee el texto.

inscripción: hecho de apuntar algo.

solicitud: documento o formulario de petición.

fiscal: aquello que tiene relación con los impuestos y la hacienda pública.

modalidad: tipo

registro: oficina en la que se anotan, almacenan y ordenan datos.

razón social: nombre legal de una sociedad.

comercialización: llegada de un producto a los establecimientos donde se va a vender, y posterior promoción para su venta.

Anexo I - Declaración Jurada

Información para la **solicitud** de **inscripción** ante el **Registro** de Fabricantes Comprendidos en el Artículo 1.° Inc. d) del Decreto 733/2001

Número de identificación **fiscal**	22-315625-1
Apellido y Nombre / **Razón Social**	Cestin, S.A.

Domicilio Real			
Calle	J. L. Borges	Teléfono	82425636
Número	284	Fax	82425637
Localidad	Mendoza	E-mail	ces@cestin.com
Código Postal	2165	Web	www.cestin.com
Código de Provincia	01		

Actividad de la Empresa	
Actividad Principal	fabricación de juguetes
Actividad Secundaria	
Descripción de su Actividad	diseño, fabricación y venta de juguetes
Modalidad de **comercialización**	03

01 para Venta directa, 02 Venta indirecta, 03 Venta directa e indirecta.

10b Ahora responde a las siguientes preguntas.

1 ¿Para qué es esta información? _Para solicitar una inscripción en el Registro de Fabricantes._

2 ¿Cuál es el número de identificación fiscal? _____

3 ¿Cuál es la razón social de la empresa? _____

4 ¿Tiene teléfono? ¿Cuál es? _____

5 ¿Cuál es el número de fax? _____

6 ¿Tiene dirección de correo electrónico? ¿Cuál es? _____

10c Fíjate en el formulario de la actividad **10a**. Pregunta a tu compañero los datos de su empresa y rellena un nuevo formulario.

! Comunicación

Información personal

Preguntar y dar la edad	💬 *¿Cuántos años tiene?*	
	💬 *Treinta y cuatro.*	
Preguntar y dar el número de teléfono	💬 *¿Cuál es tu número de teléfono móvil?*	
	💬 *El tres, cuatro, nueve, veintidós, ocho, cuatro, siete, uno. (349 228 471)*	
Preguntar y dar el correo electrónico	💬 *¿Cuál es tu dirección de correo electrónico?*	
	💬 *ce, ese, a, ene, ce, hache, e, zeta, arroba, modas, punto com. (csanchez@modas.com)*	
Preguntar y decir la profesión	💬 *¿Qué hace él? / ¿A qué se dedica?*	
	💬 *Es jefe de ventas.*	

Identificar a alguien: nacionalidad, datos personales, idiomas que habla

💬 *¿De dónde es Luisa?* 💬 *¿Cuántos idiomas habla?*

💬 *Luisa es mexicana.* 💬 *Habla inglés y alemán.*

Frases para controlar la comunicación

Estas preguntas y peticiones son muy útiles cuando no se comprende una frase o una palabra o se quiere saber cómo se escribe o qué significa una palabra.

💬 *¿Cómo se dice* aeroplane *en español?*

💬 *Avión.*

💬 *¿Puedes hablar más despacio?*

💬 *Sí. Se dice* avión.

💬 *¿Cómo se pronuncia?*

💬 *Avión.*

💬 *¿Cómo se escribe?*

💬 A, uve, i, o, ene.

💬 *¿Puedes repetir, por favor?*

💬 *Sí.* A, uve, i, o, ene.

💬 *¿Qué significa* piloto?

💬 Pilot.

Apéndice léxico

Consulta en el Apéndice léxico: Expresiones

- **Para pedir información personal.** Pg. 204
- **Para dar información personal.** Pg. 204
- **Para controlar la comunicación.** Pg. 204

℞ Gramática

Los números (1-100)

Los números indican la cantidad exacta del nombre al que acompañan. A partir del número 31, los nombres de los números se escriben separados. ☞ *María tiene* treinta y dos *años.*

El artículo determinado

En español hay cuatro artículos según el género (masculino o femenino) y el número (singular o plural) del nombre que acompañan:

Masculino singular	el	*el vendedor*	Masculino plural	los	*los vendedores*
Femenino singular	la	*la vendedora*	Femenino plural	las	*las vendedoras*

El género y el número del nombre

En español los nombres pueden ser de género masculino o femenino y pueden estar en singular o en plural, por ejemplo:

El director   *La directora*   *Los directores*   *Las directoras*

En las siguientes frases puedes observar la concordancia de los pronombres con los nombres: en femenino singular y masculino plural:

☞ *Ella es directora.* (femenino singular)   ☞ *Nosotros somos camareros.* (masculino plural)

La nacionalidad

El adjetivo para expresar nacionalidad se forma añadiendo una terminación al nombre del país.

Argentina ⇨ argent**ino** / argent**ina**   Suecia ⇨ sue**co** / sue**ca**   Japón ⇨ japon**és** / japon**esa**

México ⇨ mexic**ano** / mexic**ana**   España ⇨ españ**ol** / españ**ola**   Alemania ⇨ alem**án** / alem**ana**

Los pronombres interrogativos: *cuánto, cuál y qué*

Los interrogativos se usan para preguntar por algo:

Cuánto, -a, -os, -as se usa preguntar por la cantidad de una cosa.	*¿Cuántos años tiene? ¿Cuántas horas trabajas?*
Cuál, -es se usa para identificar a una persona o una cosa dentro de un grupo ya conocido.	*¿Cuál es su número de teléfono móvil?* *¿Cuáles te gustan más?*
Qué es una palabra invariable. Se usa cuando nos referimos a cosas.	*¿Qué significa correo electrónico?*

Los verbos *hablar y tener*

El presente de hablar y tener se muestra en la tabla siguiente:

Hablar: hablo, hablas, habla, hablamos, habláis, hablan

Tener: tengo, tienes, tiene, tenemos, tenéis, tienen

℞ Apéndice gramatical

Consulta estos puntos

- Los numerales cardinales. Pg. 182
- Los artículos determinados. Pg. 178
- El género de los nombres. Pg. 178
- El número de los nombres. Pg. 178
- Los pronombres interrogativos. Pg. 183

Evalúa lo que has aprendido

1 🗨 ¿A qué se dedican?

🗨 _____ .

a Son vendedores

b Son chilenos

c Son de Chile

2 ¿Qué _____ _garaje_?

a dice

b significa

c repite

3 Son _____, de Buenos Aires.

a argentinos

b argentina

c argentino

4 🗨 Mi número de teléfono móvil es 375 216 160

🗨 ¿_____ ?

🗨 Sí.

a Tres, siete, cinco, dos, uno, seis, uno, seis, cero.

b Tres, seis, cinco, dos, uno, seis, uno, seis, cero.

c Tres, siete, cinco, veintidós, uno, seis, seis, cero.

5 🗨 ¿ _____ idiomas habla la secretaria?

🗨 Dos: ruso y portugués.

a Cómo

b Dónde

c Cuántos

6 🗨 ¿Cuántos años tiene él?

🗨 48.

🗨 ¿_____ ?

🗨 Sí.

a Catorce

b Cuarenta y ocho

c Treinta y ocho

7 Pedro y María son _____ directores de la empresa.

a las

b los

c el

8 Nosotros _____ inglés y español.

a hablamos

b habla

c habláis

9 ¿Cómo se _____ _computer_ en español?

a repite

b habla

c dice

10 ¿Tú _____ _correo electrónico_?

a tenéis

b tienes

c tiene

11 🗨 ¿ _____ es tu número de teléfono?

🗨 305 487 560.

a Dónde

b Qué

c Cuál

12 🗨 Tengo 30 años.

🗨 ¿_____ ?

🗨 Sí.

a Trece

b Tres

c Treinta

Valora lo que has aprendido

• **Puedo dar y pedir información personal:**

☐ muy bien   ☐ bien   ☐ mal   ☐ muy mal

• **Sé preguntar y decir la profesión:**

☐ muy bien   ☐ bien   ☐ mal   ☐ muy mal

• **Conozco frases para controlar la comunicación:**

☐ muy bien   ☐ bien   ☐ mal   ☐ muy mal

• **Sé los números de 1 a 100:**

☐ muy bien   ☐ bien   ☐ mal   ☐ muy mal

Juego de los N€gocio$

① Suma las respuestas acertadas obtenidas en _Balance_ (1 acierto = 1 punto).

Total 1: _____

Una multinacional de la alimentación va a abrir un nuevo local en la ciudad. Quieren inaugurar el local dentro de cinco meses y por eso piden a *Summa Consultores* una planificación de los trabajos. Tienes que organizar las tareas en el tiempo límite indicado.

11a Paso 1. Éstas son las tareas que hay que realizar. Debes ordenarlas en la tabla de planificación del trabajo en un orden lógico. Junto a cada tarea, aparece el tiempo de realización.

Obras	2 meses
Permisos de obra	1 mes
Diseñar el local	1 mes
Encontrar financiación	15 días
Organizar la cocina	15 días

TABLA DE PLANIFICACIÓN DEL TRABAJO

	PASO 1		PASO 2
	TRABAJO	TIEMPO	TRABAJADOR
1.º	*Encontrar financiación*	*15 días*	*Asesor*
2.º			
3.º			
4.º			
5.º			
TOTAL		5 MESES	

11b Paso 2. A continuación, escoge del siguiente recuadro al trabajador necesario para cada una de las tareas anteriores y anótalo en la tabla de planificación del trabajo.

mecánico	médico	interiorista	secretaria	conductor
jefe de cocina	asesor	político	abogado	constructor

② Suma las respuestas acertadas obtenidas en *Vida de empresa* (1 acierto = 6 puntos).
Total 2: _____

③ Suma los puntos obtenidos anteriormente y pasa a *El juego de los negocios* (pg. 250).
Resultado de la lección 2 (Total 1 _____ + Total 2 _____) = _____

El español en el mundo

Noventa y siete (97) millones de hablantes mexicanos, treinta y seis (36) millones de colombianos, treinta y cinco (35) millones de argentinos, veintidós (22) millones de venezolanos, diecinueve (19) millones de peruanos, trece (13) millones de chilenos, once (11) millones de ecuatorianos y cubanos. Estos números hacen de la lengua española una de las más habladas en el mundo.

Más de 350 millones de hispanohablantes repartidos por los cinco continentes sitúan al español como la cuarta lengua del planeta, después del chino, el inglés y el hindi. De estas cuatro lenguas, el español y el inglés son las que tienen mayor distribución geográfica.

La mayoría de los hispanohablantes vive en el continente americano: ciento setenta (170) millones en Sudamérica, treinta (30) millones en Centroamérica y más de cien (100) millones en Norteamérica.

Un dato muy interesante es el siguiente: más de veinte (20) millones de ciudadanos estadounidenses hablan español. Están en California, Nuevo México, Arizona, Texas y en la ciudad de Nueva York, donde habita una gran colonia de hispanohablantes.

● audio **12a** Escucha el diálogo entre dos mexicanos y escribe las cuatro nacionalidades que nombran. A continuación, señala la forma femenina de las nacionalidades.

1 _puertorriqueños_ : _puertorriqueñas_   3 _____ : _____

2 _cubanos_ : _____   4 _____ : _____

12b Ahora, vuelve a escuchar el diálogo y localiza los artículos determinados que aparecen junto a los nombres. A continuación, señala la forma singular o plural.

1 _la_ guía: _las guías_   4 _____ inglés: _____

2 _la_ biblioteca: _____   5 _____ : _____ nacionalidades

3 _____ ciudad: _____

Aspectos léxicos del español de México

El diálogo tiene algunas palabras propias del español de México: *¿Qué onda?* (saludo coloquial que significa *¿Cómo estás?* o *¿Qué haces?*), *ahorita* (ahora, en este momento), *¡Qué barbaridad!* o *¡Qué bárbaro!* (expresión que muestra sorpresa, o que alguien hace algo difícil de creer, muy común en el español de América. En España dicen: *¡Qué bien!* o *¡Qué suerte!* o *¡Qué bueno!* (expresión de alegría muy común en el español de América.

En España, para preguntar algo a una persona se inicia con *perdona*. En México se dice *disculpa*.

Por ejemplo: *Disculpa, ¿dónde está la Calle Benito Juárez?*

Propuesta de negocio

Hoy es un día importante para Marta. Va a conocer al Sr. Williams, el delegado americano de _Nexus_. ¿Conoces las obligaciones del director de una franquicia? Marta las conoce hoy. Después, Alejandro le explica las condiciones del contrato y lo firma. ¿Acompañamos a Marta en la entrevista?

En esta lección vas a aprender

 Cómo hablar sobre la obligatoriedad de hacer o no algo: _tener + que + [infinitivo]_.
Expresiones de agradecimiento.
Cómo pedir permiso.
Cómo expresar conocimiento o desconocimiento.

 Los artículos indeterminados.
Los verbos en presente: regulares (_–ar, –er, –ir_); irregulares (_estar, ir_).
Los determinantes posesivos.

 Vocabulario de negocios.

Marta Ventura tiene una entrevista con Alejandro y el Sr. Williams. El Sr. Williams explica a Marta sus obligaciones como directora de una franquicia de *Nexus Internacional*. Marta escucha atentamente y toma nota. Lee la conversación y fíjate en las imágenes.

Marta escucha las obligaciones de la Directora General de una franquicia. Marta está preparada para todo.

Andrew Williams es el representante de *Nexus Internacional* en Europa. Tiene 45 años y es norteamericano, de Chicago.

Marta firma el contrato

¿Puedo pasar?

Sí, claro.

Buenas tardes, Marta. Le presento al señor Andrew Williams.

Encantada, señor Williams.

Tenemos que explicar a la señorita Ventura sus obligaciones.

Bien, las obligaciones de la directora de una franquicia de *Nexus Internacional* son muy claras.

🔊 audio Ahora escucha la conversación completa entre Marta, Alejandro y el Sr. Williams.

◉ audio **1a** Escucha la entrevista entre Marta, el señor Williams y Alejandro de la Fuente. Luego, relaciona las frases de la izquierda con las de la derecha.

1 ¿Puedo pasar?   a Encantada.
2 Gracias.   b No me acuerdo.
3 Le presento al señor Williams.   c Sí, claro.
4 ¿Sabe usted cuántas franquicias tiene *Nexus*?   d De nada.

◉ audio **1b** ¿Qué obligaciones tiene un director? Lee las frases y asegúrate de que conoces su significado. Después escucha de nuevo el diálogo e indica el orden en que el señor Williams las menciona.

☐ Tiene que distribuir los productos.
☐ Tiene que vender los productos.
1 Tiene que dirigir su equipo.
☐ Tiene que contactar con los clientes.

2 Pregunta a tu compañero qué obligaciones tiene un director para él.

3a Lee las siguientes frases y marca la opción correcta.

1 El señor Williams explica a la señorita Ventura *su / sus* obligaciones.
2 El señor Williams dice: «Tiene que distribuir *nuestros / nuestro* productos».
3 El señor Williams y el señor De la Fuente han visto *su / sus* currículo.

3b Ahora indica si la afirmación es correcta (C) o incorrecta (I).

Su, sus, nuestro y *nuestros* son formas posesivas.

         C   I
         ☐   ☐

Gramática

LOS POSESIVOS

Indican relación de posesión entre una persona y una cosa.

poseedor:	una cosa:	varias cosas:
[yo]	**mi** *coche*	**mis** *zapatos*
[tú]	**tu** *casa*	**tus** *amigos*
[él, ella, usted]	**su** *maleta*	**sus** *bolígrafos*
[nosotros, -as]	**nuestra** *ropa*	**nuestros** *asuntos*
[vosotros, -as]	**vuestro** *lápiz*	**vuestras** *casas*
[ellos, -as, ustedes]	**su** *negocio*	**sus** *discos*

4a ¿Qué tienen que hacer en cada profesión? Completa las siguientes frases con las palabras del recuadro. Consulta en el diccionario las palabras que desconozcas.

secretaria   vendedor   responsable de logística   informático   directora

1 Un _____informático_____ tiene que **trabajar** con ordenadores.
2 Un _____ tiene que **vender** a los clientes.
3 Una _____ tiene que **escribir** cartas.
4 Una _____ tiene que **organizar** y **motivar** a su equipo.
5 Un _____ tiene que **gestionar** el stock.

4b Fíjate en los verbos que aparecen **destacados** en las frases anteriores. Acaban en –*ar*, –*er*, o –*ir*. Clasifícalos en el siguiente cuadro.

–ar: _____*trabajar*_____, _____, _____, _____
–er: _____
–ir: _____

5 Cada uno de estos grupos, del ejercicio anterior, te permite diferenciar las terminaciones verbales para cada persona. Consulta en el *Apéndice gramatical* la terminación de las formas del presente. Después conjuga el presente del verbo *vender*.

yo _____, tú _____,
él, ella, usted _____,
nosotros, nosotras _____, vosotros, vosotras _____,
ellos, ellas, ustedes _____.

Gramática

FORMACIÓN DEL PRESENTE DE INDICATIVO REGULAR

Hay que añadir a la raíz del verbo estas terminaciones:

	–AR	–ER	–IR
yo	–o	–o	–o
tú	–as	–es	–es
él, ella, usted	–a	–e	–e
nosotros, -as	–amos	–emos	–imos
vosotros, -as	–áis	–éis	–ís
ellos, -as, ustedes	–an	–en	–en

6 ¿Qué profesión tienen las personas que hablan en las frases siguientes?

1 _____

3 _____   Yo escribo cartas.

Nosotras contestamos las llamadas.

Nosotros vendemos a los clientes.

Yo gestiono el stock.   4 _____

Yo motivo a mi equipo.

2 _____   5 _____

audio

7a Alejandro explica a Marta las condiciones del contrato. Escucha el diálogo e indica quién dice las frases siguientes, Alejandro o Marta.

1 _Marta_ : ¿Puedo leerlo ahora?
2 _____ : Por supuesto. Aquí tiene.
3 _____ : Muchas gracias.

4 _____ : De nada. Puede leerlo con tranquilidad.
5 _____ : ¿No tiene más dudas?
6 _____ : No, no, seguro.

audio

7b Escucha de nuevo el diálogo y responde a las preguntas.

1 ¿Cómo informa *Nexus* de sus ofertas y de su stock?

_____

2 ¿A quién tiene que presentar Marta los informes económicos mensuales?

_____

8 Lee el contrato entre Marta y *Nexus Internacional*, fíjate en las distintas partes. Luego, imagina que tú eres director general de la franquicia y debes decidir las condiciones del contrato. ¿Qué propones? Escribe un nuevo contrato.

REUNIDOS

Don Alejandro de la Fuente, representante de la empresa NEXUS INTERNACIONAL, y Marta Ventura, a partir de ahora Directora General de la Franquicia, acuerdan celebrar el presente CONTRATO DE FRANQUICIA de acuerdo con las siguientes

CONDICIONES

Nexus Internacional tiene que cumplir los siguientes compromisos:

1. Suministrar puntualmente los pedidos a sus franquicias.
2. Informar a sus franquicias de las ofertas y de su *stock*.

La **Directora Técnica** de la Franquicia tiene que cumplir los siguientes compromisos:

1. Presentar a **Nexus Internacional** informes económicos mensuales.
2. Pagar a **Nexus Internacional** un 5% de las ventas en concepto de *royalties*.

Conformes, firman el presente CONTRATO DE FRANQUICIA

Alejandro de la Fuente

Marta Ventura

Friedrich A. Hayek (1889-1992) Austriaco. Doctor en Economía por la Universidad de Viena. Premio Nobel de Economía en 1974.

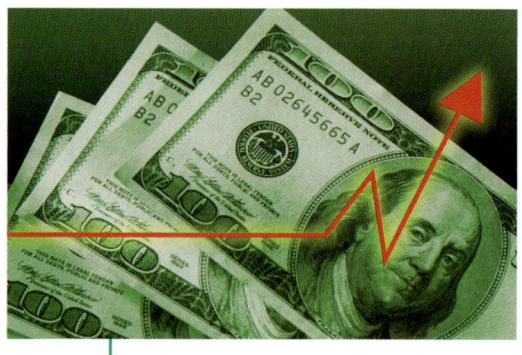

El dinero vigila al dinero

Mi **propuesta** para el futuro próximo es que los países de Europa y de Norteamérica se tienen que comprometer a no **obstaculizar** el libre comercio dentro de sus territorios.

Este compromiso permite:

a) La **supresión** del control del cambio de moneda.

b) Los movimientos de **capital**.

c) La libertad de usar cualquier **moneda** para pagar.

d) La oportunidad para cualquier banco de abrir sucursales en cualquier país.

Con esta medida el dinero se **revaloriza**, porque el dinero vigila al dinero.

Adaptado de *La desnacionalización del dinero* (1978), de F. A. Hayek.

Vocabulario

propuesta: idea que se manifiesta y se ofrece a alguien para un fin.

obstaculizar: poner dificultades.

supresión: acto de eliminar algo.

capital: dinero, riqueza, fortuna.

moneda: pieza de metal o papel que sirve como medida para el precio de las cosas.

revalorizar: devolver el valor, perdido anteriormente.

---

9 Relaciona cada palabra con su sinónimo.

1 propuesta
2 obstaculizar
3 supresión

a complicar
b proposición
c anulación

10 Después de leer el texto elige la respuesta correcta.

1 ¿Cómo entiendes la expresión "el dinero vigila al dinero"?
- [ ] Con más dinero se pueden pagar más policías vigilantes.
- [ ] Los países con dinero vigilan a los países sin dinero.
- [ ] La libre circulación del dinero revaloriza el dinero.

2 ¿Cuál es, concretamente, la propuesta del autor del texto?
- [ ] Proponer el libre comercio.
- [ ] Incrementar el control del movimiento de capital.
- [ ] Establecer un control gratuito del capital.

3 ¿Por qué se revaloriza el dinero con esta propuesta?
- [ ] Porque tenemos más dinero.
- [ ] Porque gastamos más dinero.
- [ ] Porque el dinero vigila al dinero.

11 Lee el siguiente texto. Después señala si las afirmaciones que aparecen debajo del texto son verdaderas o falsas.

REPÚBLICA DE PARAGUAY: MINISTERIO DE HACIENDA

Resolución N.º 354

TIPOS DE CAMBIO PARA OPERACIONES REALIZADAS EN MONEDAS EXTRANJERAS

Asunción, 5 de septiembre de 2002

VISTOS: Los Artículos 7.º inc. e) de la Ley N.º 125/91, 11.º del **Decreto** N.º 14002/92 e informe del Banco Central, y

CONSIDERANDO: Que es necesario facilitar a los **contribuyentes** la información referente a la **cotización** de monedas extranjeras en el mercado libre en **fluctuación** a nivel bancario.

POR TANTO:

EL SUBSECRETARIO DE ESTADO DE TRIBUTACIÓN
RESUELVE:

Art. 1.- **TIPOS DE CAMBIO.**- Los tipos de cambio son los siguientes:

MONEDAS	COMPRA	VENTA
DÓLAR	6.055,00	6.168,00
PESO ARGENTINO	683,00	1.738,00
REAL BRASILERO	1.980,00	2.079,00
PESO URUGUAYO	150,00	300,00
EURO	5.823,00	6.089,00

Fragmento adaptado de http://www.hacienda.gov.py

decreto: decisión de una autoridad sobre una materia de su competencia.

fluctuación: alza o baja que sufre la cotización de los valores en los mercados financieros.

tipo de cambio: unidades de valor de la moneda de un país en comparación con la moneda de otro país.

contribuyente: persona física o jurídica sujeta al pago de tributos (impuestos).

cotización: precio de compra o venta de un bien, valor o divisa en el mercado.

	V	F
1 Es un documento de la República de Paraguay.	☑	☐
2 El número de resolución es el 345.	☐	☐
3 El documento habla de los tipos de cambio para las operaciones realizadas en moneda extranjera.	☐	☐
4 No es necesario facilitar a los contribuyentes la información referente a las cotizaciones de monedas extranjeras.	☐	☐
5 El precio de compra del dólar es seis mil sesenta y cinco.	☐	☐

⚠ Comunicación

Hablar sobre la obligatoriedad de hacer o no hacer algo

Esta estructura sirve para expresar, de forma personal, cosas obligatorias:

TENER + que + [infinitivo]

La auxiliar administrativo tiene que contestar a las llamadas.

El responsable de proyectos tiene que coordinar y organizar.

Expresiones de agradecimiento

🗨 *Gracias (por todo).*　　🗨 *Muchas gracias.*

Para responder a un agradecimiento se suelen utilizar estas fórmulas:

🗨 *De nada.*　　🗨 *No hay de qué.*　　🗨 *A usted.*　　🗨 *A ti.*

Pedir permiso

🗨 *¿Puedo pasar?*　　🗨 *¿Puedo dejar aquí mi currículo?*

🗨 *Sí, claro.*　　🗨 *Por supuesto.*

Expresar conocimiento o desconocimiento

Para expresar conocimiento total utilizamos las siguientes expresiones:

🗨 *¿Sabes si Fernando habla francés?*

🗨 *Sí, seguro. / No, no, seguro.*

Expresar desconocimiento total:

🗨 *¿Sabes si Fernando habla francés?*

🗨 *No (lo) sé.*

Expresar olvido:

🗨 *¿Cuántos años de experiencia tiene Ricardo?*

🗨 *No me acuerdo.*

🔤 Apéndice léxico

Consulta en el Apéndice léxico: Expresiones

- **Para agradecer.** Pg. 204
- **Para responder a un agradecimiento.** Pg. 204
- **Para pedir permiso.** Pg. 204
- **Para dar permiso.** Pg. 204
- **Para expresar conocimiento.** Pg. 204
- **Para expresar desconocimiento total.** Pg. 204
- **Para expresar olvido.** Pg. 204

Gramática

Los artículos indeterminados

Se usan cuando nombramos algo por primera vez.

🗩 Tengo *un* currículo.   🗩 Tengo *una* petición de empleo.

Los verbos en presente

En español encontramos verbos regulares e irregulares. Formamos el presente de los verbos regulares añadiendo a la raíz del verbo la terminación según la persona y la conjugación.

Regulares En presente, las terminaciones de los verbos regulares son las siguientes:

	organiz**ar**	respond**er**	escrib**ir**
yo	organiz**o**	respond**o**	escrib**o**
tú	organiz**as**	respond**es**	escrib**es**
él, ella, usted	organiz**a**	respond**e**	escrib**e**
nosotros, -as	organiz**amos**	respond**emos**	escrib**imos**
vosotros, -as	organiz**áis**	respond**éis**	escrib**ís**
ellos, -as, ustedes	organiz**an**	respond**en**	escrib**en**

Irregulares En español, hay verbos irregulares muy frecuentes, como estar o ir.

	estar	ir
yo	estoy	voy
tú	estás	vas
él, ella, usted	está	va
nosotros, -as	estamos	vamos
vosotros, -as	estáis	vais
ellos, -as, ustedes	están	van

Apéndice gramatical

Consulta estos puntos
- Los artículos indeterminados. Pg. 179
- Los verbos. Pg. 185
- Los posesivos. Pg. 180

Los determinantes posesivos

Se usan cuando se quiere relacionar algo o alguien con una persona para expresar posesión.

	Se relaciona con yo		Se relaciona con tú		Se relaciona con él, ella, usted	
	masculino	femenino	masculino	femenino	masculino	femenino
singular	mi despacho	mi empresa	tu despacho	tu empresa	su despacho	su empresa
plural	mis despachos	mis empresas	tus despachos	tus empresas	sus despachos	sus empresas

	Se relaciona con nosotros, -as		Se relaciona con vosotros, -as		Se relaciona con ellos, -as, ustedes	
	masculino	femenino	masculino	femenino	masculino	femenino
singular	nuestro despacho	nuestra empresa	vuestro despacho	vuestra empresa	su despacho	su empresa
plural	nuestros despachos	nuestras empresas	vuestros despachos	vuestras empresas	sus despachos	sus empresas

Evalúa lo que has aprendido

1 🔊 Muchas gracias por todo.
🔊 _____.
  a Por supuesto
  b No hay de qué
  c Sí, claro

2 El telefonista _____ que contestar a las llamadas.
  a tiene
  b tengo
  c tenemos

3 🔊 ¿Puedo dejar aquí mi currículo?
🔊 _____.
  a A usted
  b Sí, claro
  c Gracias

4 La auxiliar administrativo _____ cartas.
  a escribes
  b escribo
  c escribe

5 Marta _____ a las preguntas de los clientes.
  a responden
  b respondo
  c responde

6 ¿Éstos son _____ proveedores?
  a mi
  b tus
  c su

7 🔊 ¿Cuántos años de experiencia tiene Eva?
🔊 _____.
  a No me acuerdo
  b Por supuesto
  c Gracias

8 El director tiene que _____ y coordinar.
  a vender
  b organizar
  c escribir

9 🔊 ¿Puedo pasar?
🔊 _____.
  a Sí, por supuesto
  b No me acuerdo
  c De nada

10 Los clientes están en _____ despacho.
  a nuestra
  b nuestros
  c nuestro

11 🔊 Gracias por su atención.
🔊 _____.
  a Sí, seguro
  b De nada
  c No lo sé

12 El director comercial tiene que _____ a los grandes clientes.
  a visitar
  b organizar
  c coordinar

Valora lo que has aprendido

• **Sé expresar obligatoriedad:**
  ☐ muy bien   ☐ bien   ☐ mal   ☐ muy mal

• **Puedo expresar agradecimiento:**
  ☐ muy bien   ☐ bien   ☐ mal   ☐ muy mal

• **Sé pedir permiso:**
  ☐ muy bien   ☐ bien   ☐ mal   ☐ muy mal

• **Puedo expresar conocimiento o desconocimiento:**
  ☐ muy bien   ☐ bien   ☐ mal   ☐ muy mal

Juego de los N€gocio$

① Suma las respuestas acertadas obtenidas en *Balance* (1 acierto = 1 punto).
Total 1: _____

Resuelve la siguiente situación de empresa y descubre tus aptitudes empresariales.

Una multinacional hotelera quiere crear un nuevo departamento de gestión medioambiental y necesita contratar al director. *Summa consultores* tiene que hacer la búsqueda y selección de un director de gestión medioambiental.

12a Primero, analiza el perfil que pide cada departamento de la multinacional hotelera para cubrir el cargo de director.

- El Departamento de **Recursos Humanos** solicita:
    - Titulación en Ciencias Medioambientales.
    - Mínimo 10 años de experiencia en gestión empresarial.

- El Departamento de **Marketing** pide:
    - Acreditación internacional de gestión medioambiental.

- El Departamento de **Dirección** requiere:
    - Buen negociador ante las organizaciones ecologistas.

- El Departamento de **Finanzas** quiere:
    - Capacidad de gestión de presupuestos.
    - Capacidad de gestión de subvenciones gubernamentales para la protección del medioambiente.

12b Ahora, completa el anuncio de empleo.

IMPORTANTE MULTINACIONAL HOTELERA
busca
DIRECTOR PARA EL DEPARTAMENTO DE GESTIÓN MEDIOAMBIENTAL

A Titulación: _____

B Experiencia: _____

C Aptitudes: 1. _____

            2. _____

            3. _____

D Idiomas: _español, portugués, inglés_

Interesados, enviad C.V. a: rhumanos@summaconsultores.com

---

② Suma las respuestas acertadas obtenidas en *Vida de empresa* (1 acierto = 4 puntos).
Total 2: _____

③ Suma los puntos obtenidos anteriormente y pasa a *El juego de los negocios* (pg. 250).
Resultado de la lección 3 (Total 1 _____ + Total 2 _____) = _____

Los apellidos en el mundo hispano

En la mayoría de los países de habla hispana las mujeres y los hombres tienen dos apellidos después del nombre: el primero es el del padre y el segundo es el de la madre. Argentina es una excepción. En este país, las mujeres y los hombres tienen un solo apellido.

En toda Hispanoamérica, cuando un hombre y una mujer se casan conservan sus apellidos de solteros. Los apellidos son un regalo de los padres a los hijos y los hispanohablantes los conservan toda la vida.

Sin embargo, en una fiesta es posible que una mujer acompañada de su marido se presente como la «Señora de Rodríguez», en este caso Rodríguez es el apellido del marido pero, al terminar la fiesta, la mujer vuelve a utilizar su nombre de soltera.

•audio **13**a Escucha el diálogo entre Pancho y Ángela. Fíjate en el acento del español de México.

•audio **13**b Escucha otra vez la conversación y señala en qué orden se escuchan las siguientes frases.

☐ Pues felicidades, Pancho.

☐ Tienes que conseguir un niño para que no se pierda....

☑ Hola Pancho, ¿qué onda?, ¿cómo estás?

☐ Oye, tu apellido es Mesquineza, ¿verdad?

☐ Tienen que conservar mi apellido toda su vida...

☐ Es que ahorita no me acuerdo.

14   Ahora, relaciona las palabras del cuadro con las frases que aparecen debajo.

> obligación   saludar   determinantes posesivos   expresar desconocimiento   felicitar

1 Pues felicidades, Pancho. _felicitar_

2 Tienes que conseguir un niño para que no se pierda tu apellido. _____

3 Hola, Pancho, ¿qué onda?, ¿cómo estás? _____

4 Tienen que conservar mi apellido _____

5 Es que ahorita no me acuerdo. _____

6 Oye, tu apellido es Mesquineza, ¿verdad? _____

Saludos y despedidas

Los mexicanos cuando se saludan se dan la mano; sólo se dan un beso (en España son dos, uno en cada mejilla) entre familiares y amigos. En situaciones informales, para saludar dicen: *¡Hola!, ¿Qué onda?, ¿Qué hay?* y para despedirse dicen: *Hasta lueguito* o *Hasta luego.*

Agradecer y contestar

Como escuchas en la conversación, cuando alguien dice *Gracias* a un mexicano, éste responde: *A usted se las dan*, *Para servirle* o *Mande usted.*

1   Es muy importante saber cómo comportarse en público. Presta atención a las situaciones que te planteamos y selecciona la respuesta correcta.

1 En una fiesta con amigos:

🗨 Mira Juan, éste es Luis.

☐ 🗨 Encantado, Luis.

☐ 🗨 Encantado de conocerle, Luis.

☐ 🗨 Mucho gusto, señor Luis.

2 En una reunión de negocios:

🗨 Señor González, le presento al señor Ibáñez.

☐ 🗨 Adiós, Ibáñez.

☐ 🗨 Mucho gusto, señor Ibáñez.

☐ 🗨 Encantado de conocerte.

2a Marta escribe a su madre para contarle cómo le va en la franquicia. Lee la carta y presta atención a las palabras destacadas.

Querida mamá:

Estoy muy contenta con mi nuevo empleo, tengo mucha suerte, trabajo para una conocida multinacional de ropa que ahora abre una franquicia en España. Soy la directora de la franquicia.

Actualmente, busco un local tranquilo y luminoso para la franquicia. ¿Te acuerdas de Ana? Ella dirige una agencia inmobiliaria. Es generosa y me ayuda mucho. Juntas buscamos el local ideal. Mi jefe se llama Alejandro de la Fuente y es muy simpático.

Mamá, ¿cuándo vas a venir a verme? Tengo muchas ganas de hablar contigo.

Dale un beso de mi parte a papá.

Marta

2b Ahora, vuelve a escribir la carta de Marta, pero cambia las palabras destacadas por una palabra de significado opuesto (antónimo).

Querida mamá:

_____

_____

_____

_____

_____

_____

Marta

3 Ahora, fíjate bien en las siguientes frases o preguntas. Léelas atentamente y marca la opción correcta.

1 Vosotras _____ de Chile.
- ☐ soy
- ☐ sois
- ☐ somos

2 💬 ¿Cómo _____ usted?

💬 Pedro Martínez.
- ☐ me llamo
- ☐ te llamas
- ☐ se llama

3 💬 Le presento a Olga.

💬 _____.
- ☐ Gracias
- ☐ Mucho gusto
- ☐ Hasta pronto

4 💬 Mi número de teléfono móvil es 378 351 140.

💬 ¿_____?

💬 Sí.
- ☐ Tres, sesenta y siete, diecinueve, veintidós, trece.
- ☐ Tres, setenta y ocho, treinta y cinco, once, cuarenta.
- ☐ Tres, setenta y ocho, veintiocho, ochenta y dos.

5 ¿Qué _____ archivador?
- ☐ dice
- ☐ repite
- ☐ significa

6 El representante tiene que _____ a los clientes.
- ☐ visitar
- ☐ organizar
- ☐ coordinar

7 Marta _____ un giro postal.
- ☐ mando
- ☐ mandamos
- ☐ manda

8 ¿Cómo se _____ company en español?
- ☐ repite
- ☐ habla
- ☐ dice

9 La directora está en _____ despacho.
- ☐ nuestra
- ☐ tus
- ☐ tu

10 💬 ¿_____ idiomas habla la directora?

💬 Tres: ruso, inglés y alemán.
- ☐ Cuántos
- ☐ Dónde
- ☐ Cómo

11 💬 Tengo 20 años.

💬 ¿_____ años?

💬 Sí.
- ☐ Dos
- ☐ Veintidós
- ☐ Veinte

12 💬 Me llamo González.

💬 ¿Cómo se escribe, con ese o con zeta?

💬 _____.
- ☐ Con ese
- ☐ Con zeta
- ☐ Con jota

Bloque 2
Organización

Lección 4

Marta necesita un local para la franquicia. ¿Dónde está el local ideal? Pasea con ella.

Elegir el local

 Funciones comunicativas
- Diferencias entre *hay* y *está(n)*
- Expresiones para localizar en un espacio exterior
- Pedir perdón
- *Aquí, ahí, allí*

 Estructuras gramaticales
- Los numerales ordinales
- Los demostrativos
- Las contracciones
- Verbos irregulares en presente: *e ⇨ i*

 Vocabulario
- Espacios de la ciudad

Lección 5

Marta encuentra un local fantástico. ¿Es grande o pequeño? ¿Cuántos despachos tiene? Visítalo.

Organizar la oficina

 Funciones comunicativas
- Expresar opiniones y preguntar por ellas
- Describir las estancias de una empresa
- Comparar cantidades y cualidades
- Localizar en un espacio interior

 Estructuras gramaticales
- Cuantificadores
- Verbos irregulares en presente: *-go*
- Los pronombres posesivos
- Los pronombres de complemento directo

 Vocabulario
- Partes de la oficina

Lección 6

Marta piensa la decoración del local. ¿Qué hace falta en una oficina? Decide con ella qué necesita.

Decidir la decoración

 Funciones comunicativas
- Comprar y pedir objetos o servicios
- Describir objetos
- Pedir a alguien que haga algo
- Ofrecer y pedir ayuda y aceptarla o rechazarla

 **Estructuras gramaticales**
- Verbos irregulares en presente: *o ⇨ ue, e ⇨ ie*
- Formas superlativas
- Los números (100 – 1.000)

 Vocabulario
- Muebles y objetos de la oficina

Elegir el local

Barrios, calles, zonas industriales y comerciales. En esta lección vas a conocer los nombres de las distintas zonas de una ciudad. ¿Estás preparado para seleccionar la situación ideal de tu empresa?

En esta lección vas a aprender

 Diferencias entre *hay* y *está(n)*.
Expresiones para localizar en un
   espacio exterior.
A pedir perdón.
Aquí, ahí, allí.

 Los numerales ordinales.
Los demostrativos.
Las contracciones.
Verbos irregulares en presente: *e* ⇨ *i.*

 Espacios de la ciudad.

Marta busca un local para la franquicia. Tiene una cita con Ana, su amiga de la inmobiliaria. Ana le ofrece un local magnífico: céntrico, luminoso y bien comunicado. Lee esta conversación y fíjate en las imágenes.

Ana Medina tiene 30 años y ha estudiado Administración de empresas. Ana dirige una inmobiliaria y ahora ayuda a Marta a encontrar un buen local para la franquicia.

Marta está con su amiga Ana y juntas visitan un local.

Marta encuentra local

Mira, hay dos estaciones de metro. Para llegar a una sigue recto y gira la primera calle a la izquierda.

Ya veo, es perfecto. Además, según el mapa, la estación de tren está justo detrás de ese edificio de enfrente.

Exacto. Como puedes ver, el local está muy bien comunicado.

Sí. ¿Qué es ese edificio de ahí enfrente?

Es un cine, Marta. Y aquel edificio de allí es un centro comercial.

Me gusta la zona, es ideal para la franquicia.

🔊 **audio** Ahora escucha la conversación completa entre Ana y Marta.

1a Las siguientes expresiones sirven para pedir perdón. Escucha el diálogo y señala el orden en que aparecen y quién las utiliza.

	N.º	La utiliza
Perdona	_1_	_Marta_
Lo siento	_____	_____
Disculpa	_____	_____
Perdona	_____	_____

1b Durante la conversación Ana y Marta hablan de dónde están algunos lugares. Vuelve a escuchar el diálogo y elige la opción correcta en cada frase.

1 ¿Dónde dice Ana que está el local? 🔊 Está _aquí_ / _allí_ mismo, en la esquina.

2 ¿En qué parte de la ciudad está el local según Ana? 🔊 Está _en_ / _con_ el centro de la ciudad.

3 ¿Dónde está la estación de tren? 🔊 La estación de tren _está_ / _hay_ justo detrás de ese edificio.

4 ¿Qué edificio hay enfrente del local? 🔊 _Hay_ / _Está_ un cine.

1c Escucha de nuevo el diálogo entre Marta y su amiga Ana. Después, indica si las siguientes afirmaciones son verdaderas **(V)** o falsas **(F)**.

		V	F
1	El local que le muestra Ana a Marta está en una esquina.	☑	☐
2	La estación de tren está detrás del cine.	☐	☐
3	Cerca del local hay dos paradas de metro.	☐	☐
4	Desde el local, si Marta sigue recto y gira la segunda a la izquierda llega a una estación de metro.	☐	☐
5	Cerca del local hay un centro comercial.	☐	☐

ℛ Gramática

LOCALIZAR ESPACIALMENTE EN EL EXTERIOR

Las expresiones que se utilizan para localizar espacialmente son:

A la derecha de / a la izquierda de:

Hay una cafetería **a la derecha de**l local.

El almacén está **a la izquierda de**l banco.

Delante de / detrás de:

La sala de reuniones está **delante de**l despacho.

Hay un papel **detrás de**l sillón.

Cerca de / lejos de:

El taller está **cerca de** la parada de autobús.

La oficina está **lejos de** la estación de tren.

Encima de / debajo de:

La grapadora esta **encima de** la mesa.

Hay un bolígrafo **debajo de** la mesa.

2a Lee con atención el siguiente diálogo.

- *Perdone, ¿hay una parada de metro cerca?*
- *Sí, hay una detrás de ese supermercado.*

- *Perdone, ¿dónde está la parada de metro?*
- *La parada de metro está detrás de ese supermercado.*

2b Ahora, ¿puedes completar las siguientes reglas con las palabras del recuadro?

> está(n)   hay

La forma _____ se utiliza con el artículo determinado (*el, la, los, las*).

La forma _____ se utiliza con el artículo indeterminado (*un, una, unos, unas*).

2c Forma oraciones uniendo el comienzo de la pregunta (en la primera columna) con el final (en la segunda columna).

¿Dónde está
¿Dónde hay

- una cabina de teléfono?
- la terminal de Salidas?
- el cambio de divisas?
- una parada de taxi?
- la terminal de Llegadas?
- unas escaleras mecánicas?
- la recogida de equipaje?

audio

3 Escucha el diálogo entre el señor Williams, su secretaria y un señor. Después completa las siguientes frases.

Sr. Williams: Julia, ¡nos hemos perdido!

Julia: Vaya... ¿Le (1) _____ a alguien que nos indique? ¿A (2)_____ hombre, por ejemplo?

Sr. Williams: ¿A cuál?

Julia: A ése de (3) _____.

Sr. Williams: No (4) _____ de nada. No conocemos nada de (5) _____.

Julia: (6) _____, señor, ¿dónde está el Hotel Klonn?

Señor: ¡Ahahaha! ¡Ahahaha!

Sr. Williams: Oiga, ¿de qué se (7) _____?

Señor: Oh, disculpe. (8) _____... Ustedes no (9) _____ ni idea de dónde están, ¿verdad?

Sr. Williams: ¡(10) _____ eso!

Señor: Quiero decir... que no conocen esta ciudad.

Julia: No. Pero... ¿por qué se ríe?

Señor: ¡Porque yo tampoco!

4 Completa las siguientes frases con los verbos irregulares del recuadro. Te damos el infinitivo del verbo y tienes que escribir la forma correcta del verbo en presente (fíjate en la persona).

> seguir   servir   **pe**dir   reír

1 Mario ____*pide*____ a su jefe un horario laboral más flexible.

2 Cuando el cliente se _____ con nuestras bromas, significa que nuestro producto no le desagrada.

3 Las Bolsas europeas _____ los pasos de la Bolsa estadounidense.

4 ¿Para qué _____ esta máquina tan grande?

5 Lee las siguientes frases, trata de entender su sentido. Después relaciónalas con las del ejercicio anterior. Fíjate en el ejemplo.

a Este cliente no es demasiado serio. ____*frase 2*____

b «Aquí, en tu contrato, pone que tu horario es fijo: de 7 a 14 horas». _____

c «Sirve para coser estas telas». _____

d Las Bolsas de allí apuntan buenas previsiones para el próximo trimestre. _____

audio

6 Marta le explica a Alejandro cómo es la zona del local. Escucha el diálogo y sitúa en el plano dónde se encuentran los siguientes edificios y lugares.

- El local de la franquicia
- Las dos estaciones de metro
- La estación de tren
- El cine
- El centro comercial

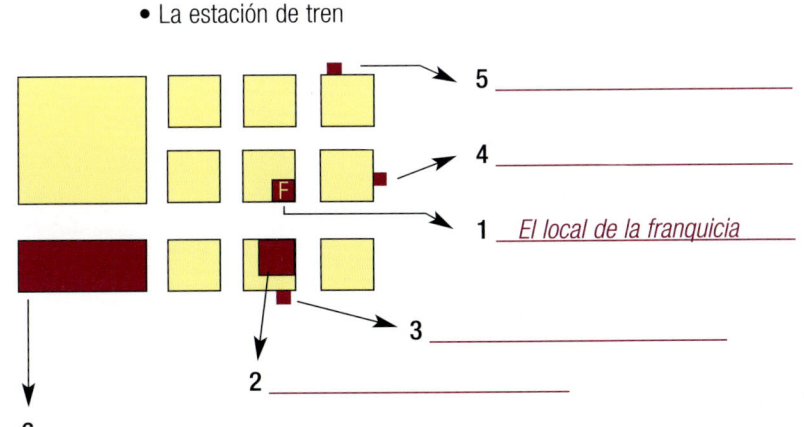

5 _____

4 _____

1 ____*El local de la franquicia*____

3 _____

2 _____

6 _____

 **Gramática**

PRESENTE IRREGULAR: E ⇨ I

recuerda que el cambio de la *-e-* del infinitivo a una *-i-* en las formas de presente no se da en las personas *nosotros* ni *vosotros*, pero sí en el resto de las personas verbales.

PEDIR: pido, pides, pido, pedimos, pedís, piden.

7 Fíjate en el plano de la actividad **6**. Estás en el local de la franquicia, quieres ir a la estación de tren y al centro comercial. No sabes cómo ir. Pregunta a tu compañero dónde están.

Necesidades y ventajas

La diferencia entre el hombre y los animales es la capacidad de razonar. Esta capacidad de razonar es superior al instinto que mueve a los animales.

En una sociedad civilizada, el hombre tiene que **cooperar** con otras personas. «Tú me pides las cosas que quieres, y yo te pido las cosas que yo quiero». Así se obtiene algo de otra persona a través del **comercio**.

Pero no es **conveniente** pedir ayuda a otras personas. Cuando tenemos que pedir ayuda a una persona, es conveniente no utilizar la palabra **necesidad** sino la palabra **ventaja**: no es una necesidad para nosotros sino una ventaja para esa persona.

Adaptado de *La riqueza de las naciones* (1983), de Adam Smith.

Adam Smith (1723-1790) Británico. Filósofo, profesor y economista. Contribuye al desarrollo de la economía como ciencia moderna.

Vocabulario

cooperar: trabajar junto con otro u otros para lograr un fin común.

comercio: negociación de compra / venta.

conveniente: útil, oportuno, provechoso.

necesidad: situación negativa o de dependencia que tiene una persona.

ventaja: situación favorable que tiene una persona.

---

8   Lee las siguientes frases y marca la opción más adecuada.

1 Es importante *ayudar* / *cooperar* con otras personas.
2 En el *comercio* / *mercados* se consigue algo de otra persona.
3 Pedir favores no es *conveniente* / *inconvenientes*.
4 No es recomendable utilizar la palabra *necesidad* / *necesito*.
5 Es preferible hablar de *ventajas* / *cooperas*.

9   Después de leer el texto, indica si las siguientes afirmaciones son verdaderas **(V)** o falsas **(F)**.

	V	F
1 Los animales se mueven por su capacidad de razonar.	☐	☑
2 Con el comercio se obtiene algo de otra persona.	☐	☐
3 Es conveniente pedir ayuda a otras personas.	☐	☐
4 Cuando pedimos ayuda, tenemos que usar la palabra *necesidad*.	☐	☐

10a Lee con atención los siguientes anuncios de alquileres.

CASCO ANTIGUO. Vivienda antigua, sin **ascensor**. Cerca de la Bolsa de Comercio. Luminosa, 4.ª planta, 3 hab. grandes. Frente al metro. 250$/mes. ref. 234.

(1)

ascensor: aparato para subir y bajar personas y cosas de una planta de un edificio a otra.

(2) **ESTACIÓN CENTRAL.** Junto al Banco Central y metro. **Dúplex** de 100 m² con aparcamiento. Nuevo a estrenar, único en la zona. 600$/mes. Tel. 316452345.

(3) **ZONA INDUSTRIAL.** Urgente. Nave en alquiler, 2 plantas, 2.000 m². Fácil acceso a **Cinturón** del norte. Aparcamiento de 20 plazas. Zona oficinas separada por cristales. Instalación red informática y alarma. 2.000 $/mes. ref. 398.

dúplex: piso doble unido por una escalera interior.

(4) **ZONA DEL PUERTO.** Local en zona comercial, antigua papelería. 35m² + almacén 20 m². 2 entradas. 250$/mes.

cinturón: carretera de circunvalación que rodea una ciudad.

polígono: zona de las afueras de la ciudad en la que hay muchas fábricas.

taller: lugar donde se arreglan máquinas.

ZONA SAN ANDRÉS. Oficina cerca de Tribunales. 50 m², amueblado, con todos los servicios. Instalación de alarma. 2 lavabos. 420$/mes.

(6)

POLÍGONO SAN LORENZO. **Taller** de coches, 50 m², bien comunicado, junto metro. 1 lavabo. Muy luminoso. 175$/mes.

(5)

10b ¿A qué crees que hacen referencia las palabras en mayúscula de los anuncios?

a A una parte de la ciudad. ☐

b Al nombre de la calle. ☐

c Al tipo de local. ☐

10c ¿Cuál de los locales te interesa alquilar si...?

a Vas a montar una tienda de alimentación. ___4___

b Quieres abrir un bufete de abogados. _____

c Quieres montar un taller de coches. _____

d Trabajas en la Bolsa de Comercio y buscas piso. _____

e Creas una empresa de distribución de maquinaria. _____

f Buscas una vivienda amplia para tu familia. _____

10d Eres el propietario de una nave industrial y quieres alquilarla. Escribe el anuncio.

10e Necesitas alquilar una nave industrial. Tu compañero alquila una. Pregúntale cómo es la nave que alquila.

⊙ Comunicación

Diferencias entre *hay* y *está(n)*

En español, cuando conocemos un objeto, un lugar o a una persona de la que estamos hablando usamos está(n). Si no los conocemos, usamos hay.

Hay + { un / una / unos / unas
dos, tres... } + [nombre] + [localización]

¿Hay una estación de metro por aquí cerca?

El / la / los / las + [nombre] + está(n) + [localización]

La oficina está en el centro.

Expresiones para localizar en un espacio exterior

Para localizar espacialmente un objeto con respecto a otro se usan, entre otras, las siguientes expresiones:

cerca / lejos	*La oficina está lejos del auditorio y cerca de mi casa.*
enfrente	*El coche está enfrente del taller.*
a la derecha / a la izquierda	*Mi casa está a la derecha de la tienda, no a la izquierda.*
en	*La oficina está en el centro.*
entre	*El taller está entre la oficina y la sala de reuniones.*
delante / detrás	*Delante del almacén está el lavabo.*
encima / debajo	*Encima del almacén está el despacho de los arquitectos.*

Para preguntar por una dirección, usamos:

- 🗨 *¿Dónde está la nave?*
- 🗨 *¿El polígono industrial Ferta, por favor?*
- 🗨 *¿Hay una estación de metro por aquí cerca?*

Para dar direcciones, podemos usar estas expresiones:

- 🗨 *Todo recto y la tercera calle a la derecha.*
- 🗨 *Está aquí mismo, a cinco minutos. Sigues todo recto y la primera a la izquierda.*
- 🗨 *Al lado del hotel.*

Pedir perdón

🗨 *Lo siento.*   🗨 *Perdón.*   🗨 *Disculpe.*

Aquí, ahí, allí

Los adverbios de lugar sitúan espacialmente los objetos y las personas. Cuando usamos aquí, ahí y allí informamos de la distancia que nos separa del objeto o de la persona señalada.

Yo estoy aquí.
Tú estás ahí.
Él está allí.

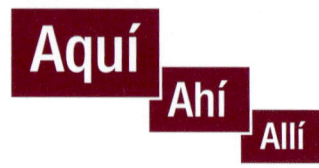

🔤 Apéndice léxico

Consulta en el Apéndice léxico: Expresiones

• **Para pedir perdón.** Pg. 205

 **Gramática**

Los numerales ordinales

Se usan para indicar el orden en que aparecen los elementos de un grupo. Tienen terminación de género y número que concuerda con el nombre al que acompañan.

Antonio trabaja en la planta quinta.

Cuando realizan la función de adjetivo (acompañando al nombre), usamos las formas **primer** y **tercer**. Cuando funcionan como nombre, *primero* y *tercero*.

Está en el primer piso.　　*Luis es el primero de la clase.*

Los demostrativos

Los demostrativos hacen referencia a dos tipos de palabras distintas: adjetivos demostrativos o pronombres demostrativos. Los adjetivos demostrativos se sitúan delante del nombre. Se usan para establecer una relación de proximidad con respecto de las personas que hablan. Nunca se escriben con tilde (´).

referidos a algo situado...	singular		plural	
	masculino	femenino	masculino	femenino
cerca del yo	*este* edificio	*esta* calle	*estos* edificios	*estas* calles
cerca del tú	*ese* edificio	*esa* calle	*esos* edificios	*esas* calles
lejos del yo y tú	*aquel* edificio	*aquella* calle	*aquellos* edificios	*aquellas* calles

Cuando los demostrativos llevan tilde sustituyen a los nombres: en este caso se llaman pronombres. Usamos los pronombres demostrativos para no repetir un determinado nombre que ya ha aparecido en la frase. Llevan tilde para diferenciarlos de los adjetivos demostrativos.

Ese ordenador es de Juan y ése es de Fernando.

Las contracciones

En español sólo hay dos contracciones. Las preposiciones **a** y **de** delante del artículo **el** se escriben **al** y **del**:

A + EL = AL　　🔊 *Voy al taller.*　　DE + EL = DEL　　🔊 *Está delante del banco.*

Verbos irregulares en presente: *e ⇨ i*

Los verbos irregulares son los que no mantienen la misma forma que los regulares. La mayoría de las irregularidades aparece en la raíz de los verbos. Algunos verbos como **seguir**, **servir**, **pedir**, **reír** o **repetir** cambian **e** por **i** en todas las personas excepto en *nosotros* y *vosotros*.

	seguir	pedir
yo	sigo	pido
tú	sigues	pides
él, ella, usted	sigue	pide
nosotros, -as	seguimos	pedimos
vosotros, -as	seguís	pedís
ellos, -as, ustedes	siguen	piden

 **Apéndice gramatical**

Consulta estos puntos
- **Los demostrativos.** Pg. 181
- **Los numerales ordinales.** Pg. 183
- **Los verbos.** Pg. 185

Evalúa lo que has aprendido

1 Perdone, ¿ _____ avenida América?
a la
b una
c está

2 💬 ¿_____ un banco por aquí cerca?
💬 Sí, ahí mismo, en esa calle.
a Está
b Hay
c Están

3 💬 ¿Dónde está la oficina de Ana?
💬 En la avenida San Juan, número 341, _____ piso.
a cuarto
b cuarta
c cuatro

4 El local está _____ de la plaza Libertadores.
a cerca
b entre
c izquierda

5 La nueva oficina está en uno de _____ edificios.
a aquellas
b aquél
c aquellos

6 💬 Disculpe, ¿la calle Botur?
💬 Sí, está aquí mismo. Sigue todo recto y la primera a la _____.
a enfrente
b cerca
c derecha

7 _____ mismo hay una empresa de mensajería y transportes.
a Este
b Ese
c Ahí

8 _____, ¿la plaza Mayor está por aquí cerca?
a Muchas gracias
b Perdone
c No lo sé

9 En este barrio _____ tres bancos.
a están
b hay
c está

10 Sigues por esta calle y giras en _____ avenida.
a aquella
b aquel
c esas

11 💬 ¿Sabes dónde está su despacho?
💬 En la _____ puerta.
a tercera
b trece
c tercero

12 💬 ¿Está por aquí cerca el cine Florú?
💬 No, tú _____ por esta calle y la tercera a la derecha.
a seguimos
b sigue
c sigo

Valora lo que has aprendido

• **Sé cómo localizar en un espacio exterior:**
☐ muy bien ☐ bien ☐ mal ☐ muy mal

• **Puedo pedir perdón:**
☐ muy bien ☐ bien ☐ mal ☐ muy mal

• **Entiendo la diferencia entre *haber* y *estar*:**
☐ muy bien ☐ bien ☐ mal ☐ muy mal

• **Conozco los adjetivos y pronombres demostrativos:**
☐ muy bien ☐ bien ☐ mal ☐ muy mal

Juego de los N€gocio$

① Suma las respuestas acertadas obtenidas en *Balance* (1 acierto = 1 punto).
Total 1: _____

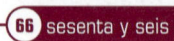

Resuelve la siguiente situación de empresa y descubre tus aptitudes empresariales.

El Ayuntamiento de Barcelona pide un estudio a *Summa Consultores* sobre la construcción de una nueva línea de metro en la ciudad. Los usuarios pueden dejar sus sugerencias a través de un número de teléfono gratuito.

audio **11**a Escucha algunos mensajes de los usuarios.

11b Traza la nueva línea de metro y sitúa las posibles estaciones (seis) a partir de los puntos sugeridos por los usuarios.

11c ¿Cuál es el trayecto que tiene que hacer Miguel en la nueva línea?

② Suma las respuestas acertadas obtenidas en *Vida de empresa* (1 acierto = 6 puntos).
Total 2: _____

③ Suma los puntos obtenidos anteriormente y pasa a *El juego de los negocios* (pág. 250).
Resultado de la lección 4 (Total 1 _____ + Total 2 _____) = _____

Tres ciudades de América del Sur

Las grandes ciudades tienen grandes avenidas y calles, y centros culturales y comerciales. Allí la gente se reúne y se relaciona. Esos espacios son un atractivo turístico para cualquier viajero. A continuación, te mostramos las zonas más famosas de tres ciudades de América del Sur.

Uno de los lugares turísticos más populares de Buenos Aires es la Avenida Corrientes. Éste es el lugar de reunión y diversión de la capital argentina y también la principal área comercial y cultural de la ciudad.

En Santiago de Chile, los dos lugares más famosos son el Paseo Huérfanos y el centro histórico de la ciudad. En esta última zona, además de los edificios más bellos de la ciudad, encontramos vendedores ambulantes y artistas que exponen sus obras.

El auténtico espíritu de Caracas está en la Plaza Bolívar, ubicada en el centro de la zona antigua de la ciudad. Los caraqueños eligen esta preciosa plaza para conversar a la sombra de los árboles o para leer el periódico y comentar el estado del país.

Buenos Aires, Argentina

●audio 12a Escucha el diálogo atentamente y fíjate en las formas verbales que aparecen. A continuación, escribe cómo dice un argentino la 2.ª persona del singular del presente de indicativo de los siguientes verbos.

1 pedir: _____   3 repetir: _____

2 vestir: _____   4 medir: _____

●audio 12b Vuelve a escuchar el audio. Después, mira el mapa de la zona y señala el camino que Roberto recomienda a Gabriela.

Léxico argentino

El diálogo tiene algunas palabras propias del español de Argentina: **subte** (metro), **colectivo** (autobús), **auto** (coche), **manejar** (conducir), **dónde se ubica** (dónde está).

La 2.ª persona del singular del presente

Como puedes observar en la conversación, la 2.ª persona del singular del presente de indicativo de los verbos irregulares e ⇨ i (seguir) no cambia la vocal de la raíz. La razón es que en Argentina la 2.ª persona del singular en contexto informal (entre amigos) es **vos**. Además, esta forma verbal se acentúa en la última sílaba, **seguís**, frente a la forma **sigues** que se utiliza en España.

Organizar la oficina

Marta tiene que decidir cómo organizar el espacio interior del local. La franquicia necesita una zona de ventas, un almacén, un despacho para ella y otro para su asistente. El local de Marta es fantástico y tiene muchas posibilidades.

En esta lección vas a aprender

 A expresar opiniones y preguntar por ellas.
Cómo describir las estancias de una empresa.
A comparar cantidades y cualidades.
Formas de localizar en un espacio interior.

 Cuantificadores.
Verbos irregulares en presente: *-go*.
Los pronombres posesivos.
Los pronombres de complemento directo.

 Partes de la oficina.

Marta queda con Ana, su amiga de la inmobiliaria. Hoy Ana le va a enseñar el interior de un local. Marta quiere ver el espacio interior iluminado. Abre las ventanas y descubre un local espacioso y muy bien distribuido. Es ideal para su negocio. Lee esta conversación y fíjate en las imágenes.

Ana enseña a Marta un local para la franquicia.

Marta queda con Ana y juntas van a ver un local para la franquicia.

Ana enseña el local

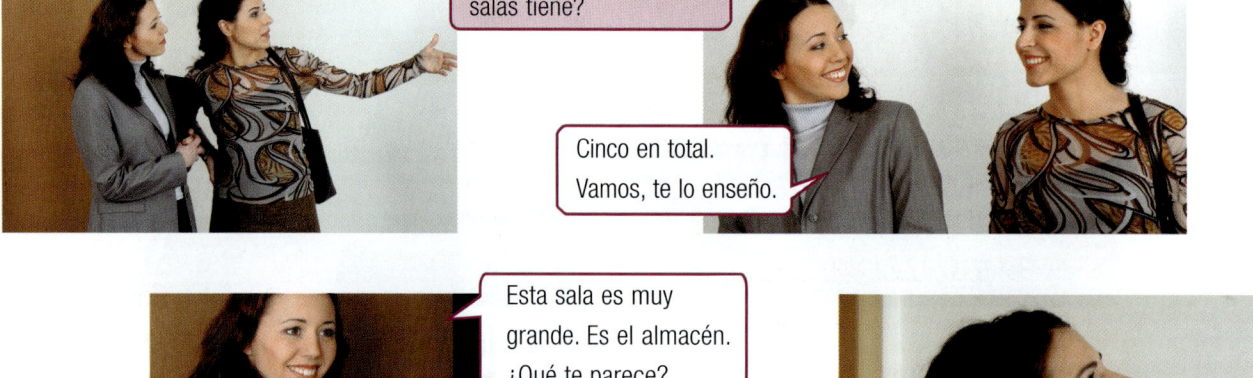

¡Qué grande! ¿Y cuántas salas tiene?

Cinco en total.
Vamos, te lo enseño.

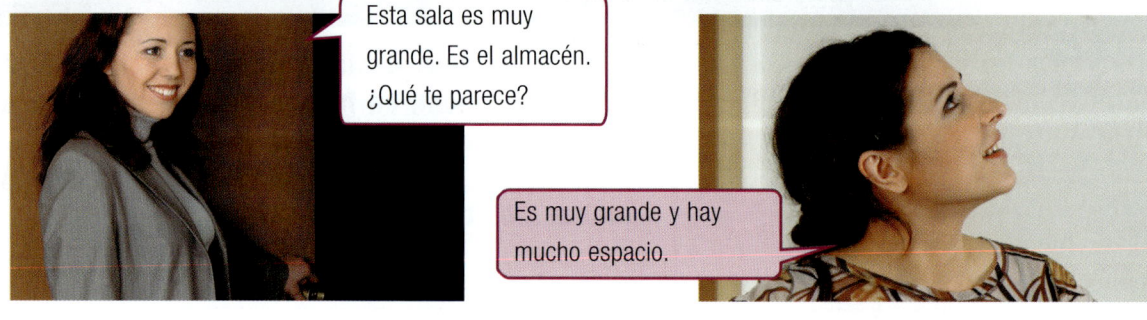

Esta sala es muy grande. Es el almacén. ¿Qué te parece?

Es muy grande y hay mucho espacio.

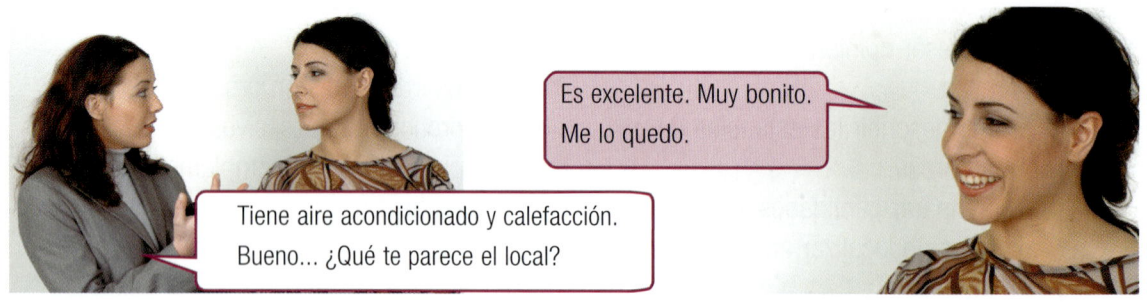

Es excelente. Muy bonito. Me lo quedo.

Tiene aire acondicionado y calefacción. Bueno... ¿Qué te parece el local?

🔊 audio Ahora, escucha la conversación completa entre Marta y Ana.

●)audio

1a Escucha el diálogo entre Ana y Marta e indica qué cualidades tienen las diferentes partes del local. Relaciona las palabras de las dos columnas.

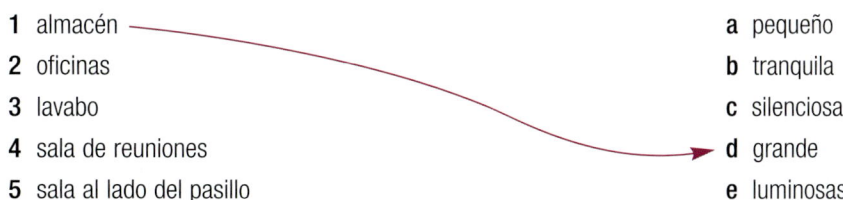

1 almacén

2 oficinas

3 lavabo

4 sala de reuniones

5 sala al lado del pasillo

a pequeño

b tranquila

c silenciosa

d grande

e luminosas

1b Durante la conversación, Ana y Marta mencionan distintas cantidades. Elige la opción correcta en cada frase.

1 ¿Qué dice Marta del almacén?

Es _muy_ / mucho grande y hay muy / mucho espacio.

2 ¿Qué dice Ana de las dos oficinas?

Tienen las ventanas muy / bastante grandes.

3 ¿Qué dice Marta de las dos oficinas?

Estas dos salas están poco / muy bien.

4 ¿Qué dice Marta del lavabo?

Un poco / demasiado pequeño, pero no importa.

5 ¿Qué dice Ana de la sala de reuniones?

Y ésta es la sala de reuniones, es demasiado / bastante tranquila.

6 ¿Qué dice Marta de la sala de reuniones?

Tiene bastantes / muchas posibilidades.

Gramática

LOS CUANTIFICADORES

Se utilizan para hablar de cantidades aproximadas:

Demasiado, -a, -os, -as:

*Aquí hay **demasiada** luz.*

Mucho, -a, -os, -as:

*En el taller hace **mucho** frío.*

Bastante, -es:

*Tenemos **bastantes** productos.*

Poco, -os:

*En la oficina hay **pocas** ventanas.*

Muy + [adjetivo]:

*El despacho es **muy** grande.*

Muy + [adverbio]:

*La oficina está **muy** bien.*

●)audio

1c Escucha de nuevo el diálogo y completa las frases siguientes con las expresiones del cuadro. Fíjate en cómo se indica un lugar.

delante   al otro lado   detrás

1 _____ de aquella columna hay una salida de emergencia.

2 El lavabo está _____ del almacén.

3 Hay otra sala muy silenciosa _____ del pasillo.

2 Explica a tu compañero cómo es la empresa en la que trabajas.

3a En la agencia inmobiliaria de Ana tienen muchos locales en alquiler. Lee atentamente los dos anuncios e indica en qué anuncio aparecen las siguientes palabras. Asegúrate de que conoces su significado.

	Anuncio A	**Anuncio B**	**Anuncio A y B**
1 Alquilo	☑	☐	☐
2 El escaparate	☐	☐	☐
3 La planta	☐	☐	☐
4 El ascensor	☐	☐	☐
5 El techo	☐	☐	☐
6 La instalación de luz	☐	☐	☐
7 El garaje	☐	☐	☐

A Alquilo local

140m², con 11 metros de escaparate, dos baños, instalación de agua. Techo alto. Zona Centro. Ideal para cualquier tipo de negocio.
Precio: 879 euros
REF: 102

B Precioso local

450m² útiles. Tres plantas con ascensor. Cuatro baños, instalación nueva de agua, luz y teléfono. Gran escaparate de 7 metros. Luz directa. Céntrico. Garaje. Precio: 2.500 euros
REF: 212

3b Las frases siguientes comparan el local A y el local B. Léelas con atención y fíjate en las palabras destacadas.

1 El local B **es más** grande **que** el local A.

2 El local A **es tan** céntrico **como** el local B.

3 El local A **tiene menos** plantas **que** el local B.

4 El escaparate del local A **es mayor que** el del local B.

3c Las frases siguientes tienen la misma estructura comparativa que alguna de las frases anteriores. Complétalas escribiendo la palabra adecuada en cada espacio.

1 El local B tiene ___*más*___ luz directa _____ el local A.

2 El local A _____ más barato _____ el local B.

3 La instalación del local B _____ mejor _____ la del local A.

4 El local A _____ _____ baños que el local B.

4 Compara la empresa en la que trabajas con la empresa en la que trabaja tu compañero. Escribid un texto.

5 Para alquilar un local necesitamos conocer algunas palabras nuevas.
Lee atentamente las palabras del cuadro e intenta relacionarlas con su definición.
Si necesitas ayuda, puedes consultar el diccionario.

> ascensor   aire acondicionado   calefacción   exterior   luminoso   local

1 Que tiene luz: _luminoso_

2 Aparato que calienta un espacio cerrado: _____

3 Aparato que traslada personas de un piso a otro: _____

4 Aparato que proporciona la temperatura ideal a un espacio cerrado: _____

5 Vivienda que da a la calle: _____

6 Espacio donde se instala un negocio: _____

• audio

6a Es el primer día de trabajo de Luis, un amigo de Marta, y no sabe dónde colocar las cosas en su despacho. Una compañera de trabajo le ayuda. Escucha la conversación y luego indica si las siguientes afirmaciones son verdaderas **(V)** o falsas **(F)**.

	V	F
1 Luis está colocando sus cosas en el nuevo despacho.	☑	☐
2 A Luis le parece excelente colocar la mesa entre dos sillas.	☐	☐
3 Luis deja el ordenador donde estaba, no lo cambia de sitio.	☐	☐
4 Colocan la papelera debajo de la mesa.	☐	☐
5 Ponen los cuadros dentro de un armario.	☐	☐
6 Es mala idea poner las lámparas encima de la mesa grande.	☐	☐
7 Cuando acaban de ordenar, toman un café.	☐	☐
8 Luis sabe dónde está la máquina de café.	☐	☐

> **⊕ Gramática**
>
> **PRONOMBRES DE COMPLEMENTO DIRECTO**
> El complemento directo es el objeto sobre el que actúa el verbo.
> *El niño come **un melocotón***
> Los pronombres para sustituirlo, según el género y el número, son:
> **lo, la, los, las**

• audio

6b Vuelve a escuchar atentamente la conversación entre Luis y su compañera. Después, lee las siguientes frases y sustituye las palabras subrayadas por su pronombre.

1 Luis cambia <u>los muebles</u> de sitio.   Luis _los_ cambia de sitio.

2 Luis pone <u>la mesa</u> entre las sillas.   Luis _____ pone entre las sillas.

3 Ponen <u>el ordenador</u> en la esquina de la mesa.   _____ ponen en la esquina de la mesa.

4 Luis quiere <u>la papelera</u> debajo de la mesa.   Luis _____ quiere debajo de la mesa.

5 Dejan <u>los cuadros</u> fuera del despacho.   _____ dejan fuera del despacho.

6 Luis pone <u>las lámparas</u> encima de la mesa grande.   Luis _____ pone encima de la mesa grande.

Premio y castigo

La sociedad **burguesa** tiene una visión puramente económica. Las personas consiguen el éxito gracias a los negocios. Los premios y los castigos en la sociedad burguesa son de tipo económico.

En esta sociedad, ascender significa ganar dinero y descender, perder dinero.

El **sistema** burgués es como un juego: a quien juega bien le da premios, y a quien juega mal le castiga con la **ruina**.

Sin embargo, es un juego de premios y de castigos injusto: juegan muchos y ganan muy pocos.

Muchas personas inteligentes pierden. Eso crea un temor que es mucho más eficaz que un sistema de castigos justo. Sin embargo, tanto el **éxito** como el **fracaso** en los negocios no admiten dudas.

Adaptado de *Capitalismo, socialismo y democracia* (1942), de J. A. Schumpeter.

Joseph Alois Schumpeter (1883-1950). Austriaco. Doctor en Economía por la Universidad de Viena.

Vocabulario

burgués/esa: relacionado con un grupo social de clase media acomodada.

sistema: conjunto de reglas o principios.

ruina: pérdida grande de bienes.

éxito: resultado feliz de un negocio.

fracaso: resultado adverso de un negocio.

7 Completa las frases con las palabras del cuadro.

> éxito   duda   burguesa   fracaso

1 La empresa de Pedro pierde dinero cada año. Es un *fracaso* .

2 No hay _____ sobre la objetividad de los resultados.

3 El _____ de tu empresa se refleja en los buenos resultados obtenidos.

4 Triunfar en una sociedad _____ significa ganar dinero.

8 Después de leer el texto, y a partir de las ideas expresadas en éste, une con flechas las siguientes frases.

1 El fundamento de la sociedad burguesa ...

2 El éxito y el fracaso en los negocios ...

3 El sistema burgués es injusto ...

4 En la sociedad burguesa ascender ...

a ... porque nunca pueden ganar todos.

b ... significa ganar dinero.

c ... es puramente económico.

d ... son las dos salidas únicas.

9a Observa el siguiente documento. Es el plano de las oficinas de una empresa de Internet.

recepción: sala donde se recibe a los clientes.

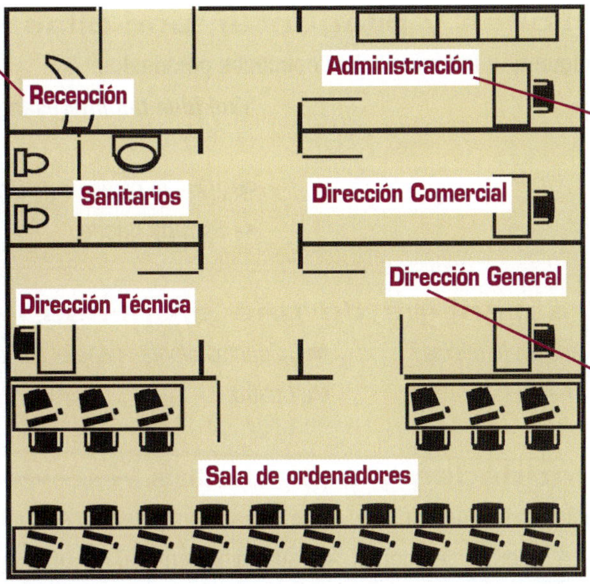

administración: oficina de los empleados encargados de la contabilidad y de los archivos.

plano: representación en dos dimensiones y a escala, de una construcción.

dirección: oficina donde trabaja el director o los directivos.

Recepción

Administración

Sanitarios

Dirección Comercial

Dirección Técnica

Dirección General

Sala de ordenadores

9b Elige la respuesta correcta.

1 ¿Dónde está la recepción?

☑ En la sala de la entrada. ☐ No hay recepción. ☐ Al lado de la sala de ordenadores.

2 ¿Qué significa sanitario?

☐ Hospital. ☐ Botiquín. ☐ Lavabo.

3 En esta oficina, ¿hay algún pasillo?

☐ No, no hay ningún pasillo. ☐ Sí, hay un pasillo. ☐ Sí, hay dos pasillos.

4 ¿Cuántos despachos tiene la empresa?

☐ Tres. ☐ Siete. ☐ Uno.

9c ¿Conoces muchas palabras en español relacionadas con Internet? Relaciona las siguientes palabras con su definición.

1 La red

a Grabar en un equipo local un documento procedente de Internet.

2 El correo electrónico

b Conexión simultánea de distintos equipos informáticos a un sistema principal.

3 El servidor

c Correspondencia e intercambio de información a través de Internet.

4 Descargar

d Plataforma de acceso a Internet.

! Comunicación

Expresar opiniones y preguntar por ellas

Estas frases permiten preguntar e informar sobre opiniones personales.

¡Qué buena es tu idea!   *¡Qué idea tan interesante!*

🔴 *¿Cómo es la fábrica?*   🔴 *¿Qué te parece este informe?*
🔴 **Es muy bonita.**   🔴 **Es muy bueno.**

Describir las estancias de una empresa

🔴 *¿Tienes aire acondicionado en tu oficina?* 🔴 *¿Cuántas plantas tiene el edificio?* 🔴 *¿Cómo es el almacén?*
🔴 *Sí, es muy calurosa.*   🔴 *Cuatro.*   🔴 *Es muy grande y espacioso.*

Comparar cantidades y cualidades

Para establecer comparaciones se pueden usar, entre otras, las siguientes estructuras:

INFERIORIDAD: [objeto] + [verbo] + menos + [adjetivo/ nombre] + que + [objeto]
🔴 *El negocio de la alimentación es **menos** difícil **que** el industrial.*

SUPERIORIDAD: [objeto] + [verbo] + más + [adjetivo/ nombre] + que + [objeto]
🔴 *Esta empresa tiene **más** empleados **que** ésa.*

IGUALDAD: [objeto] + [verbo] + **tan, tanto / a / os / as** + [adjetivo/ nombre] + como + [objeto]
🔴 *Aquella tienda tiene **tantos** productos **como** ésta.*
🔴 *Este local es **tan** céntrico **como** ése.*

COMPARATIVOS IRREGULARES: [objeto] + [verbo] + mejor /peor + que + [objeto]
🔴 *Ese local es **mejor que** éste.*

COMPARAR LOS TAMAÑOS O LAS EDADES: mayor / menor
🔴 *Su casa es **mayor que** la mía.*
🔴 *Mi hermano es **menor que** yo, tiene 28 años.*

Localizar en un espacio interior

Para situar objetos en un espacio interior se utilizan las siguientes expresiones:

dentro / fuera	*El ordenador está **dentro** de la habitación y **fuera** está la impresora.*
delante / detrás	*Luis está **delante** de Juana.*
	***Detrás** del sillón está el bolígrafo.*
encima / debajo	*La factura está **debajo** de esos papeles.*
	*La calculadora está **encima** de la mesa.*
al otro lado	*Está **al otro lado** del pasillo.*

 Apéndice léxico

Consulta en el Apéndice léxico: Expresiones

- **Para preguntar sobre opiniones personales.** Pg. 205
- **Para informar sobre opiniones personales.** Pg. 205
- **Para valorar opiniones ajenas.** Pg. 205

Gramática

Cuantificadores

Los cuantificadores se utilizan para indicar una cantidad aproximada.

demasiad**o** ruido	demasiad**a** tranquilidad	**muy** + [adjetivo]	**muy** + [adverbio]
much**o** ruido	much**a** tranquilidad	Es **muy grande.**	Está **muy bien.**
bastante ruido	bastante tranquilidad		
poc**o** ruido	poc**a** tranquilidad		

Verbos irregulares en presente: *–go*

Un grupo de verbos presenta irregularidades únicamente en el presente en la forma de la primera persona del singular, como poner (*pongo*), tener (*tengo*), salir (*salgo*), decir (*digo*), etc.

hacer

yo	hago	nosotros, -as	hacemos
tú	haces	vosotros, -as	hacéis
él, ella, usted	hace	ellos, ellas, ustedes	hacen

Los pronombres posesivos

Indican quién es el poseedor de algo. Concuerdan en género (masculino o femenino) y número (singular o plural) con el nombre que sustituyen.

> ● *¿Es tuyo este bolígrafo?*
> ● *Sí, es mío.*

Los pronombres de complemento directo

En español, los pronombres lo, la, los, las se sitúan delante del verbo, excepto cuando el verbo está en infinitivo, gerundio o imperativo afirmativo, que también pueden ir detrás.

Estos pronombres se usan para referirse a una palabra que se ha mencionado antes.

> ● *El almacén **lo** puedes visitar ahora.*
> ● *Las facturas **las** pongo en ese archivador.*
> ● *Las carta **la** envío ahora.*
> ● *Los informes **los** acabo hoy.*

Apéndice gramatical

Consulta este punto
• **Los pronombres posesivos. Pg. 181**

Evalúa lo que has aprendido

1 Este local es más _____ que el local de la calle Valencia.

a mejor

b barato

c menor

2 Éste no es mi despacho, es el _____.

a nuestra

b tuyo

c vuestros

3 Esta sala es tan grande _____ aquélla.

a que

b como

c de

4 🗨 ¿Cómo es el almacén?

🗨 Es _____. Está muy bien.

a pequeña

b buena

c grande

5 El lavabo está al otro _____ del pasillo.

a encima

b lado

c detrás

6 Ahora (yo) _____ el ordenador debajo de la mesa.

a pones

b pongo

c ponéis

7 🗨 ¿Dónde está la sala de reuniones?

🗨 _____ final de este pasillo.

a Al

b Del

c La

8 En esta sala tenemos _____ espacio.

a muy

b poca

c mucho

9 🗨 ¿Dónde está el almacén?

🗨 _____ vemos ahora mismo.

a Lo

b El

c Al

10 Este local es mejor _____ el de la avenida Diagonal.

a que

b de

c tan

11 Aquel local está muy bien. Ahora (nosotros) _____ del despacho y vamos allí.

a salís

b sale

c salimos

12 🗨 ¿Qué te parece la idea de Alejandro?

🗨 Es _____ buena.

a muy

b mucho

c mucha

Valora lo que has aprendido

• **Puedo expresar opiniones y preguntar por ellas:**

☐ muy bien ☐ bien ☐ mal ☐ muy mal

• **Conozco los pronombres posesivos:**

☐ muy bien ☐ bien ☐ mal ☐ muy mal

• **Sé cómo localizar en un espacio interior:**

☐ muy bien ☐ bien ☐ mal ☐ muy mal

• **Sé comparar cantidades y cualidades:**

☐ muy bien ☐ bien ☐ mal ☐ muy mal

Juego de los N€gocio$

① Suma las respuestas acertadas obtenidas en *Balance* (1 acierto = 1 punto).
Total 1: _____

Resuelve la siguiente situación de empresa y descubre tus aptitudes empresariales.

Una gran inmobiliaria alemana decide entrar en el mercado nacional mediante la compra de una empresa inmobiliaria de Madrid. Sus gestores acuden a *Summa Consultores* para que les ayude a decidir su opción de compra.

10a El estudio del mercado inmobiliario en Madrid muestra los siguientes datos sobre el tipo de cliente potencial y las zonas más solicitadas. Léelo.

CLIENTES:		ZONAS MÁS SOLICITADAS:	
30%:	- Tipo de cliente: empresario. - Presupuesto: 500.000 – 1.000.000 €. - Tipo de inmueble que busca: local.	15%: - Chamartín	68% chalets 25% apartamentos 7% locales
45%:	- Tipo de cliente: particular de clase media. - Presupuesto: 150.000 – 300.000 €. - Tipo de inmueble que busca: apartamento.	20%: - Moncloa	85% locales 12% apartamentos 3% chalets
25%:	- Tipo de cliente: particular de clase alta. - Presupuesto: 250.000 – 500.000 €. - Tipo de inmueble que busca: chalet.	45%: - Cibeles	70% apartamentos 18% chalets 12% locales

10b A continuación, tienes los datos de las tres opciones de compra que negocia la empresa alemana. Se trata de tres empresas inmobiliarias de Madrid. Compara las opciones siguientes con los datos del estudio de mercado: clientes y zonas más solicitadas (que se muestra arriba). ¿Cuál es la mejor opción?

- Presupuesto medio de sus clientes: 250.000 €.
- Zonas de mayor presencia: Cibeles y Moncloa.
- Tipo de inmuebles: apartamentos.

CASA FÁCIL

- Presupuesto medio de sus clientes: 500.000 €.
- Zonas de mayor presencia: Chamartín y Moncloa.
- Tipo de inmuebles: apartamentos.

- Presupuesto medio de sus clientes: 700.000 €.
- Zonas de mayor presencia: Cibeles y Chamartín.
- Tipo de inmuebles: locales.

② Suma las respuestas acertadas obtenidas en *Vida de empresa* (1 acierto = 12 puntos).
Total 2: _____

③ Suma los puntos obtenidos anteriormente y pasa a *El juego de los negocios* (pg. 250).
Resultado de la lección 5 (Total 1 _____ + Total 2 _____) = _____

La casa de campo argentina

La estancia es la casa de campo más común en Argentina. Este tipo de construcciones son establecimientos ganaderos, agrícolas o mixtos. Actualmente, algunas de ellas están adaptadas para recibir turistas.

Los huéspedes pueden realizar numerosas actividades de ocio: observar los paisajes, montar en bicicleta, practicar la caza y la pesca, o pasear a caballo.

Estos establecimientos ofrecen al visitante un servicio más personalizado que un hotel. El huésped se siente como un invitado del dueño de la casa.

La estancia tiene una residencia principal con numerosas habitaciones, algunas con baño propio. Los huéspedes pueden conocerse y dialogar en el amplio *living* o relajarse en las galerías que rodean la fachada.

audio **11a** Luisa y Miguel consultan un catálogo de estancias para pasar un fin de semana. Escucha el diálogo y fíjate en el vocabulario que utilizan para describir el interior del edificio.

audio **11b** Escucha otra vez el diálogo y señala a qué hace referencia el pronombre de complemento directo **la** en las frases siguientes.

1 Mira**la**: _____   2 ¿Querés conocer**la**?: _____

audio **11c** Ahora, vuelve a escuchar el audio, localiza las siguientes estructuras de comparación y escribe las frases que dicen.

1 Comparación de igualdad: *Son tan confortables como las suites de un hotel.*
2 Comparación de inferioridad: _____
3 Comparación de superioridad: _____
4 Comparación de inferioridad: _____

Aspectos léxicos

En el diálogo aparecen algunas muestras de léxico propio del español de Argentina: *pileta* (*piscina* en España y *alberca* en México), *estacionamiento*, válido también para Venezuela y Colombia (*aparcamiento* o *parking* en España y *parqueadero* en Colombia) y *departamento*, que también se utiliza en Chile y México (*piso* en España).

Por otra parte, el adjetivo *linda* se usa en el español de España para describir a personas, y en Argentina puede describir a personas o cosas.

Respecto a la ropa, España y México tienen las siguientes diferencias:

España	México
jersey	*suéter*
vaqueros	*pantalón de mezclilla*
deportivos	*tennis*
camiseta	*playera*
chándal	*panas o pantalonera*
armario	*closet o ropero*

Decidir la decoración

***Nexus Internacional* está a punto de abrir sus puertas. Marta ha encontrado el local ideal para su franquicia y ahora tiene que amueblarlo. Alejandro va a ayudar a Marta a buscar los muebles, la decoración y los equipos informáticos. Sin duda, Marta y Alejandro forman un buen equipo.**

En esta lección vas a aprender

 Cómo comprar y pedir objetos o servicios.
A describir objetos.
A pedir a alguien que haga algo.
Cómo ofrecer y pedir ayuda y cómo aceptarla o rechazarla.

 Verbos irregulares en presente:
$o \Rightarrow ue, e \Rightarrow ie$.
Formas superlativas.
Los números (100 – 1.000).

 Muebles y objetos de la oficina.

Marta está realizando una lista con el material que necesita para su negocio. Alejandro le recuerda algunas cosas que olvida y le propone comprar unos sofás para los clientes importantes. Lee la conversación y fíjate en las imágenes.

Marta tiene que organizar el negocio.

Alejandro tiene mucha experiencia y ayuda a Marta con la organización del negocio.

El mobiliario de la empresa

Hola, Marta. ¿Qué haces con esa revista?

Estoy apuntando los muebles y el material de oficina necesarios para el local.

¿Puedo ayudarte?

Sí, por favor. Siéntate aquí, junto a mí.

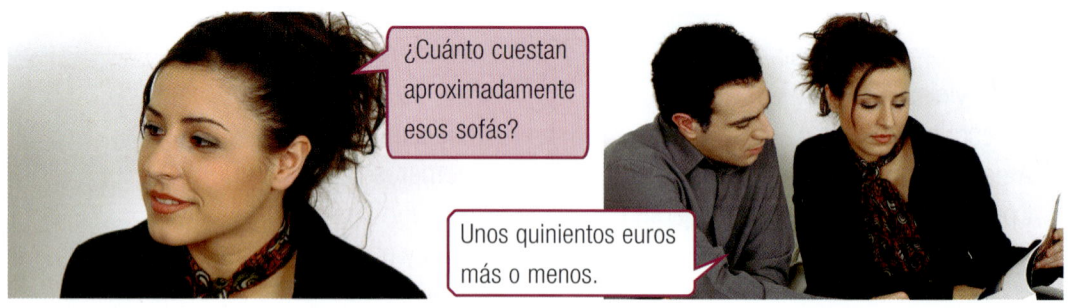

¿Cuánto cuestan aproximadamente esos sofás?

Unos quinientos euros más o menos.

🔊 **audio** Ahora escucha la conversación completa entre Marta y Alejandro.

audio **1a** Lee las expresiones que te mostramos a continuación y observa para qué sirven. A continuación, escucha el diálogo entre Marta y Alejandro y señala el orden en que aparecen.

☐ **Pedir a alguien que haga algo**
¿Puedes acercarme el libro de contabilidad y la calculadora?

☐ **Pedir objetos**
¿Me dejas ver la lista que has hecho?

☐ **Ofrecer ayuda**
¿Puedo ayudarte?

audio **1b** Escucha de nuevo el diálogo y completa las siguientes frases. Observa que estas estructuras sirven para ofrecer ayuda.

1 **ALEJANDRO**: ¿ *Puedo* ayudarte? Conozco todo lo que hace falta en una empresa.
MARTA: Sí, _____. Siéntate aquí, junto a mí.

2 **ALEJANDRO**: ¿Me _____ ver la lista que has hecho?
MARTA: _____, aquí la tienes.

3 **MARTA**: ¿Puedes _____ el libro de contabilidad y la calculadora? Están sobre la mesa.
ALEJANDRO: Sí, _____.

4 **ALEJANDRO**: De nada. ¿_____ llamar ahora a una empresa de material de oficina?
MARTA: _____, pero tengo que ir a la gestoría.

2 Tu compañero y tú necesitáis material para vuestro negocio. Poneos de acuerdo sobre qué necesitáis y elaborad una lista.

3 Escribe las siguientes preguntas en un estilo formal.

1 ¿Qué haces con esa revista?
  ¿Qué hace (usted) con esa revista?
2 ¿Puedo ayudarte?
  _____
3 ¿Qué te parece?
  _____
4 ¿Se te ocurre algo más?
  _____

Gramática

TRATAMIENTO INFORMAL Y FORMAL

En tratamientos informales se utiliza la forma *tú* y en tratamientos formales se usa *usted.* Es importante recordar que la persona *usted* hace referencia a la segunda persona, pero va acompañada de la forma verbal de la tercera persona.

Tú: *¿Puedes cerrar la puerta?*

Usted: *¿Puede cerrar la puerta?*

4a Marta quiere comprar el mobiliario de oficina. Tiene un presupuesto de 720 euros y tiene que comprar 6 sillas para la sala de reuniones y 1 sillón para su despacho. Mira los precios del catálogo y decide cuál es la mejor oferta.

Silla con brazos

Esta silla incluye: respaldo muy cómodo y base con ruedas.

95,55 €

Sillón de piel

Sillón de piel con brazos de madera y respaldo alto.

466,00 €

Silla giratoria

Útil y económica silla. Incluye brazos PVC de alta resistencia, respaldo fijo.

67,61 €

¡OFERTA!

Sillón de piel con brazos

342,00 euro 307,80 €

Sillón tapizado en piel con brazos de piel.

Silla seleccionada: _____. Precio _____ x 6= _____

Sillón seleccionado: _____. Precio _____ x 1= _____

Total= _____

4b Marta está en la tienda de muebles. Escucha la conversación con el vendedor y comprueba si en el ejercicio anterior has elegido lo mismo.

4c Vuelve a escuchar el diálogo y señala quién dice las siguientes frases.

	vendedor	Marta
¿Le puedo ayudar?	☑	☐
Son cuatrocientos cinco euros con sesenta y seis céntimos.	☐	☐
Es nuestra mejor oferta.	☐	☐
Un momento, por favor.	☐	☐
Me quedo con el sillón.	☐	☐
¿Puede enseñarme una silla giratoria?	☐	☐
Sólo vale trescientos siete euros.	☐	☐
¿Cuánto cuestan seis sillas como ésta?	☐	☐

5 Imagina que quieres comprar una silla y un sillón y vas a una tienda. El dependiente, tu compañero, te atiende.

6 Escoge uno de los verbos del recuadro y escribe estos verbos en presente, con la forma correcta, en cada frase.

> poder   querer   tener   decir

1 Los productos de tu empresa son carísimos. ¡No (tú) _puedes_ mantener esos precios!

2 (nosotros) _____ que hablar. ¿(tú) _____ venir a mi despacho o (tú) _____ mucho trabajo?

3 La señora Caman _____ que es un negocio seguro, pero yo _____ estudiar bien la oferta.

4 El presidente _____ discreción absoluta a lo largo de las negociaciones.

🔊 audio

7 Marta está comprando unos sillones de piel. Escucha el diálogo con el vendedor y señala el orden en que dicen las frases siguientes y quién las dice.

	orden	quién la dice
a A mí me gusta el color marrón...	☐	*Marta*
b Estoy interesada en comprar unos sillones de piel...	1	
c Claro, siéntese, por favor.	☐	
d ¿Cuánto cuestan?	☐	

8 Los trabajadores de esta oficina se piden favores. Lee los correos electrónicos y busca los mensajes relacionados.

1 Buenos días, Luis:
¿Puedes enviarme el nuevo cronograma por correo?
Gracias.
Eva

2 Hola, Raúl:
¿Puedes venir a mi despacho esta mañana? Tenemos que hablar de tus vacaciones.
José

a Buenos días, Sr. Heredia:
Por supuesto, antes de las diez estoy en su despacho.
Raúl

b Te envío el cronograma adjunto en este mensaje.

1: _____   2: _____

9 Escribe un correo a tu compañero y pídele un favor.

El problema de la producción

Es evidente que nuestros actuales métodos de **producción** son perjudiciales para el hombre y para la naturaleza.

El sistema **industrial** moderno vive de un capital irreemplazable: los combustibles fósiles, la naturaleza y el hombre. Nuestra obligación es salir de la **pendiente** por la que nos caemos. Debemos entender el problema en su totalidad y pensar en la creación de un nuevo estilo de vida, nuevos métodos de producción y nuevas pautas de **consumo**.

Doy sólo tres ejemplos. En la **agricultura**, podemos crear nuevos métodos de producción biológicamente sanos.

En la industria, podemos interesarnos por la evolución de una tecnología ética.

Y en la política social, podemos crear nuevas formas de asociación entre administración y trabajadores.

Adaptado de *Lo pequeño es hermoso* (1983), de Ernst Friedrich Schumacher.

Vocabulario

producción: fabricación de bienes de consumo.

industrial: relacionado con el conjunto de operaciones que sirven para transformar materias primas en productos que se utilizan para elaborar otros productos o se consumen.

pendiente: camino inclinado hacia abajo.

consumo: gasto de energía, de comestibles o de otros bienes.

agricultura: cultivo de la tierra.

Ernst Friedrich Schumacher (1911). Alemán. Estudios en Oxford y Doctorado en Economía.

10 Lee las siguientes frases y complétalas marcando la opción correcta.

1 La empresa prevé un aumento en la _____.
2 Para llegar a la nave tienes que bajar por esa _____.
3 El sistema _____ mejora cada día.
4 El _____ aumenta en la época de vacaciones.
5 Muchas de las ayudas se destinan a la _____.

☑ producción ☐ industrial
☐ agricultura ☐ pendiente
☐ producción ☐ industrial
☐ consumo ☐ producción
☐ industrial ☐ agricultura

11 El autor del texto expone un problema sobre el actual sistema de producción. Seguidamente, plantea tres posibles soluciones. ¿Cuáles son?

1 En la agricultura, _____

2 En la industria, _____

3 Y en la política social, _____

12a El siguiente texto presenta un sistema de ventas por catálogo. Lee atentamente las instrucciones para hacer negocios con su empresa.

Los miles de Asociados Mayoristas a los que servimos en todas las ciudades de nuestro país comprueban la sencillez y eficacia de nuestro Sistema de Ventas:

●

A partir de hoy Usted será su propio **jefe**: SIN horarios, SIN presiones, SIN preocupaciones.

●

Su principal herramienta de trabajo es nuestro **catálogo** de calzado y bolsas **OTOÑO-INVIERNO 2002.**

Usted ofrece nuestros productos a través de este catálogo a todos sus parientes, conocidos, vecinos, compañeros de escuela y /o trabajo.

●

Aproveche nuestra **promoción** para obtener su catálogo por sólo $99.00 [precio normal $119]. Realice su **depósito** en BITAL cuenta número: 4014278295 a nombre de GLORIA IVETTE VÁZQUEZ [si desea depositar en Banamex o BBVA Bancomer, por favor envíenos un correo electrónico o llámenos sin costo al 01800 054 0077 para proporcionarles los números de cuenta].

●

Esteban Alatorre 200 Zona Zapatera, Guadalajara, Jalisco, México 44360.

catálogo: lista de productos que vende una empresa.

promoción: campaña de publicidad y oferta de un producto para darlo a conocer y aumentar la venta.

mayorista: comerciante o empresa que compra productos en grandes cantidades y los vende a tiendas y establecimientos comerciales.

jefe: persona que manda o dirige a otras personas.

depósito: ingreso de dinero en una cuenta bancaria.

Texto modificado. Información extraída de www.gloriacoleccion.com/sistemadeventas.html

12b Después de leer el texto, indica si las siguientes afirmaciones son verdaderas **(V)** o falsas **(F)**.

	V	F
1 El sistema de ventas es sencillo y eficaz.	☑	☐
2 El trabajo ofrecido provoca grandes presiones y preocupaciones.	☐	☐
3 El catálogo es de camisas.	☐	☐
4 El catálogo es de otoño-invierno.	☐	☐
5 Para obtener el catálogo, hay que realizar un depósito en BITAL.	☐	☐
6 Se trata de una empresa argentina.	☐	☐

12c Crea un anuncio y presenta un sistema de venta por catálogo. El documento de la actividad **12**a te puede orientar.

⊙ Comunicación

Comprar y pedir objetos o servicios

🔊 *Quería* un sillón de piel.　　　🔊 ¿*Tiene(n)* archivadores?

🔊 ¿*Tienen* (ustedes) el modelo 245 en negro?

Para pedir un precio se pueden utilizar distintas construcciones:

🔊 ¿*Cuánto cuesta / vale* enviar un paquete a Madrid?

🔊 ¿*Qué precio tiene* esta máquina?　　🔊 Doscientos treinta euros.

Para pedir objetos utiliza las expresiones marcadas en negrita.

🔊 *Quiero* la lámpara con el número de referencia 4563. En color azul.

🔊 ¿*Me dejas* tu teléfono móvil?

🔊 Sí, toma. / No puedo, es que lo necesito ahora.

🔊 ¿*Me prestas* tu ordenador portátil?

🔊 Por supuesto. / Lo siento, pero lo necesito yo.

Describir objetos

Aprende a describir los objetos que quieres. Cuanto mejor describas el objeto, mejor te entenderán. Para describir un objeto usa el nombre (n.) que tiene y el adjetivo (adj.) o complemento del nombre (C. N.) que lo describe.

🔊 Un _sillón_ (n.) _negro_. (adj.).　🔊 Dos _armarios_ (n.) _de dos metros_. (C.N.)　🔊 Un _paquete_ (n.) _de medio kilo_. (C.N.)

🔊 Una _mesa_ (n.) _grande_. (adj.)　🔊 Una _lámpara_ (n.) _de mesa_. (C.N.)　🔊 Un _ordenador_ (n.) _con grabadora de CD_. (C.N.)

Pedir a alguien que haga algo

🔊 ¿*Puedes llamar* al servicio de mensajería?　　🔊 Sí, claro.

🔊 ¿*Puedes traer* el libro de contabilidad?　　🔊 Ahora mismo.

Ofrecer y pedir ayuda. Aceptarla o rechazarla

Estas frases sirven para **ofrecer ayuda** a otra persona:

🔊 ¿Te puedo ayudar?　　　🔊 ¿Quieres que te ayude?

Estas frases sirven para **pedir ayuda** a alguien:

🔊 ¿Me puedes ayudar?　　　🔊 Necesito tu ayuda.

Las ofertas y las peticiones de ayuda se pueden **aceptar (+)** o **rechazar (-)**:

🔊 ¿Me puedes ayudar?　　🔊 Por supuesto. (+)　　🔊 Lo siento, pero tengo que irme. (-)

🔊 ¿Quieres que te ayude?　　🔊 Sí, por favor. (+)　　🔊 No, gracias, no es necesario. (-)

ⓐⓑⓒ Apéndice léxico

℞ Gramática

Verbos irregulares en presente: o ⇨ ue, e ⇨ ie

Algunos verbos como *poder, recordar* o *mover* sustituyen la o por ue en algunas personas verbales. Otros verbos, como *querer, empezar, cerrar, pensar, preferir* o *entender* cambian e por ie. En ambos casos, la excepción son las formas de *nosotros* y *vosotros,* que mantienen o y e respectivamente.

	poder	querer
yo	puedo	quiero
tú	puedes	quieres
él, ella, usted	puede	quiere
nosotros, nosotras	podemos	queremos
vosotros, vosotras	podéis	queréis
ellos, ellas, ustedes	pueden	quieren

En algunos verbos aparece la terminación –go, en la *primera persona,* junto con otra irregularidad, como e ⇨ ie (*tener*), o e ⇨ i (*decir*) en otras personas verbales.

	tener	decir
yo	tengo	digo
tú	tienes	dices
él, ella, usted	tiene	dice
nosotros, nosotras	tenemos	decimos
vosotros, vosotras	tenéis	decís
ellos, ellas, ustedes	tienen	dicen

Formas superlativas

Para indicar una cualidad en grado máximo, se sustituye la terminación del adjetivo por las siguientes terminaciones.

[adjetivo] + -ísimo / -ísima / -ísimos / -ísimas

interesant**e** ⇨ interesant**ísimo**   car**as** ⇨ car**ísimas**

💬 *Este libro es* **interesantísimo***.*   💬 *Las lámparas son* **carísimas***.*

Los números (100-1.000)

Las centenas concuerdan en género (masculino o femenino) con el nombre.

100 Cien

200 Doscientos / doscientas

300 Trescientos / trescientas

400 Cuatrocientos / cuatrocientas

500 Quinientos / quinientas

600 Seiscientos / seiscientas

700 Setecientos / setecientas

800 Ochocientos / ochocientas

900 Novecientos / novecientas

1.000 Mil

℞ Apéndice gramatical

Consulta estos puntos

• El presente de indicativo. Pg. 185
• Los numerales cardinales. Pg. 182

Evalúa lo que has aprendido

1 🗨 ¿Cuánto cuesta este sillón?

🗨 _____ veinte euros.

a Dos cien
b Doscientos
c Doscientas

2 ¿Me _____ tu teléfono móvil?

a dejas
b quieres
c puedes

3 🗨 ¿Son muy caros estos armarios?

🗨 No mucho. Cuestan 840 euros.

🗨 ¿_____?

🗨 Sí.

a Ochenta y cuarenta
b Ochocientos cuarenta
c Ocho y cuatrocientos

4 ¿Necesitas ayuda? ¿_____ que te ayude?

a Tienes
b Puedes
c Quieres

5 ¿Cuánto cuesta enviar un paquete _____ a Buenos Aires?

a de 600 gramos
b azul
c de mesa

6 ¿_____ poner en orden esta sala?

a Puedes
b Dejas
c Prestas

7 🗨 ¿Te puedo ayudar?

🗨 No, gracias, _____.

a por supuesto
b no es necesario
c claro

8 🗨 Es una empresa grande. Tiene más de 130 empleados.

🗨 ¿_____?

🗨 Sí.

a Ciento treinta
b Trece cien
c Cien y treinta

9 🗨 ¿Podemos hablar un momento?

🗨 Sí, claro. Ahora _____ tiempo.

a tiene
b tengo
c tienen

10 🗨 ¿Puedes preparar una presentación de tu nuevo negocio?

🗨 _____.

a Sí, claro
b No, gracias
c Perdone

11 Necesitamos un ordenador _____.

a de piel
b con grabadora
c de un metro

12 Los precios de este proveedor son demasiado altos. Son _____.

a baratísimos
b interesantísimos
c carísimos

Valora lo que has aprendido

• **Sé comprar y pedir objetos o servicios:**

☐ muy bien ☐ bien ☐ mal ☐ muy mal

• **Sé pedir que alguien haga algo:**

☐ muy bien ☐ bien ☐ mal ☐ muy mal

• **Conozco maneras de describir objetos:**

☐ muy bien ☐ bien ☐ mal ☐ muy mal

• **Puedo ofrecer y pedir ayuda:**

☐ muy bien ☐ bien ☐ mal ☐ muy mal

Juego de los N€gocio$

① Suma las respuestas acertadas obtenidas en *Balance* (1 acierto = 1 punto).
Total 1:_____

> Resuelve la siguiente situación de empresa y descubre tus aptitudes empresariales.

Un inversor de Bolsa solicita a *Summa Consultores* un informe sobre las mejores opciones de compra en el mercado de valores. A partir de los datos del cliente y de las condiciones del mercado, *Summa Consultores* debe proponer tres opciones de compra: un paquete de acciones de una petrolera, otro de un banco y otro de una constructora.

13a Lee los datos del cliente.

DATOS DEL CLIENTE

Presupuesto: 5 millones de euros.

Previsiones: pretende obtener un beneficio del 55% en 3 años.

13b Lee los datos de las opciones de compra que propones al inversor.

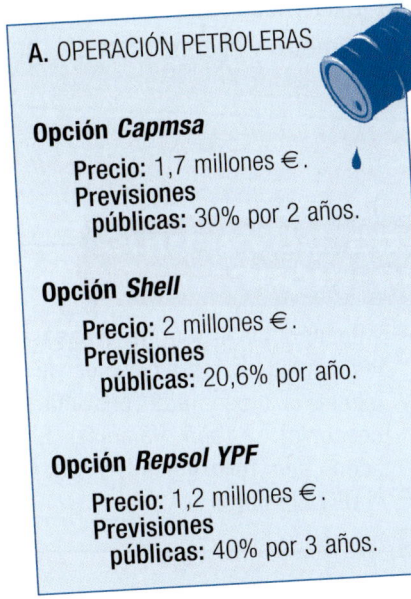

A. OPERACIÓN PETROLERAS

Opción *Capmsa*
Precio: 1,7 millones €.
Previsiones públicas: 30% por 2 años.

Opción *Shell*
Precio: 2 millones €.
Previsiones públicas: 20,6% por año.

Opción *Repsol YPF*
Precio: 1,2 millones €.
Previsiones públicas: 40% por 3 años.

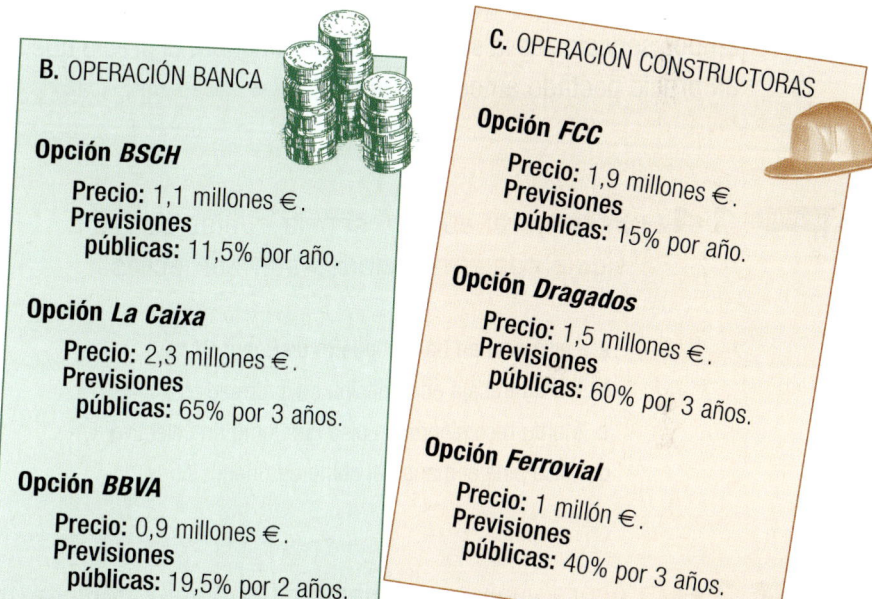

B. OPERACIÓN BANCA

Opción *BSCH*
Precio: 1,1 millones €.
Previsiones públicas: 11,5% por año.

Opción *La Caixa*
Precio: 2,3 millones €.
Previsiones públicas: 65% por 3 años.

Opción *BBVA*
Precio: 0,9 millones €.
Previsiones públicas: 19,5% por 2 años.

C. OPERACIÓN CONSTRUCTORAS

Opción *FCC*
Precio: 1,9 millones €.
Previsiones públicas: 15% por año.

Opción *Dragados*
Precio: 1,5 millones €.
Previsiones públicas: 60% por 3 años.

Opción *Ferrovial*
Precio: 1 millón €.
Previsiones públicas: 40% por 3 años.

Ahora elige una de las empresas petroleras, uno de los bancos y una de las empresas constructoras, para la compra de esos paquetes de acciones. Debes recomendar la inversión más adecuada para tu cliente después de estudiar sus datos y analizar las características de todas las empresas propuestas.

② Suma las respuestas acertadas obtenidas en *Vida de empresa* (1 acierto = 4 puntos).
Total 2: _____

③ Suma los puntos obtenidos anteriormente y pasa a *El juego de los negocios* (pg. 250).
Resultado de la lección 6 (Total 1 _____ + Total 2 _____) = _____

Cómo desplazarse por Buenos Aires

Cada año visitan Buenos Aires más de un millón de personas. La capital de Argentina es una metrópoli grande y bien comunicada. El visitante puede elegir entre varias maneras de desplazarse por la ciudad.

El servicio de buses o colectivos es el medio de transporte más usado en Buenos Aires. Actualmente, hay más de 150 líneas de colectivos que conectan todas las partes de la ciudad de lunes a domingo durante el día. El precio del boleto depende del trayecto elegido y es obligatorio pagar con monedas.

El metro o subte de Buenos Aires tiene cuatro líneas que salen desde el centro y comunican los puntos más importantes de la ciudad. El subte es la manera más rápida de llegar a cualquier lugar de Buenos Aires.

El visitante que quiere desplazarse en auto puede elegir entre los taxis y los remises. La diferencia entre ambos servicios es la siguiente: el taxista cobra el precio que señala el taxímetro y el conductor del remis cobra un precio pactado antes de subir.

audio **14**a Escucha el audio y señala cuáles de las siguientes afirmaciones son correctas.

a Luisa está en un aeropuerto de Buenos Aires.
b Martín trabaja en la oficina de información.
c Martín recomienda a Luisa que tome un colectivo.
d Luisa pide el mapa del subte de Buenos Aires.

audio **14**b Ahora vuelve a escuchar el audio y completa las siguientes expresiones:

a **Martín:** Buen día. ¿En qué le _____ ayudar?
Luisa: Sí. ¿ _____ indicarme dónde está el Hotel Rosenvinge?
b **Luisa:** ¿Cómo _____ llegar hasta allí?
Martín: _____ ir en subte...
c **Martín:** ¿Le _____ ayudar en algo más?
Luisa: Sí. ¿ _____ un mapa de la ciudad?
Martín: Claro. Acá lo tiene.

Los adverbios de lugar

El español de Argentina presenta algunas diferencias en los adverbios de lugar. En Argentina dicen: *acá* (proximidad) / *ahí* (cercanía) / *allá* (lejanía). En España dicen: *aquí* (proximidad) / *ahí* (cercanía) / *allí* (lejanía).

Léxico

En Argentina se llama *valijas* a las maletas, y *subte* al metro.

1   Lee los diálogos y frases y complétalos con las palabras del recuadro.

la derecha   a la izquierda   el centro   detrás del   delante de   arriba   abajo

1   ¿Dónde está el secretario?

    Está ahí, a _____ de Antonio, Juan Carlos está a la izquierda.

2   No encontramos la avenida Paralelo.

    Está justo _____ ti.

3   ¡Sube aquí _____ ahora mismo! ¡Te estamos esperando!

4   ¿Dónde está la plaza Cataluña de Barcelona?

    En _____ de la ciudad. Desde allí salen autobuses hacia todos los barrios de la ciudad.

5   El armario está _____ sofá, así no molesta.

6   ¡Cuidado! Si giras a la derecha nos vamos a perder. Mejor, gira _____.

7   Estamos en el quinto piso y Antonio trabaja en el tercero. Voy _____ para reunirme con él.

2   Observa las siguientes fotos y completa las frases escribiendo el nombre de cada uno de los objetos. Después, relaciónalos, según su utilidad, con la columna de la derecha.

1 Esto es un _____.

2 Esto es un _____.

3 Esto es una _____.

4 Esto es una _____.

5 Esto es una _____.

A Sirve para iluminar una mesa de trabajo.

B Sirve para guardar, ordenar documentos, fichas u otros papeles.

C Sirve para unir y sujetar diversos papeles en un mismo grupo mediante una grapa.

D Sirve para memorizar, gestionar y programar información.

E Sirve para imprimir en papel un documento informático.

3 Lee los siguientes diálogos y elige la opción más adecuada.

1 ¿El nuevo local _____ grande?

Sí, _____ grande.

☐ es / muy
☐ está / pequeño
☐ son / grandes

2 ¿Dónde _____ la oficina central de Bana, S.L.?

En la _____ Urgel, n.º 3.

☐ estás / avenida
☐ está / calle
☐ estamos / calle

3 En esta habitación hay _____ ruido.

Sí, _____ es más tranquila.

☐ poco / este
☐ demasiada / aquél
☐ demasiado / aquélla

4 ¿Qué te _____ el despacho?

Es muy _____.

☐ parece / luminosa
☐ parece / luminoso
☐ pareces / luminoso

5 ¿_____ bolígrafo es tuyo?

Sí, es _____.

☐ Este / tuyo
☐ Esta / suyo
☐ Este / mío

6 ¿Tienes la _____ del señor López?

No, no _____ tengo.

☐ dirección / la
☐ dirección / lo
☐ calle / los

7 ¿_____ es el nuevo comercial?

Es más simpático _____ Pedro.

☐ Cómo / que
☐ Dónde / tan
☐ Cómo / tan

8 ¿Dónde está el _____ de la señora Jiménez?

Está al _____ del pasillo.

☐ oficina / final
☐ despacho / final
☐ oficina / fin

9 ¿_____ una farmacia por aquí cerca?

Sí, sigue todo _____ y la primera, a la izquierda.

☐ Está / recto
☐ Hay / derecha
☐ Hay / recto

10 ¿Me _____ ayudar?

Por _____.

☐ puedo / sí
☐ puedes / supuesto
☐ puedes / claro

Bloque 3
Gestión

Lección 7 — Organizar las tareas

Organizar bien el tiempo de trabajo es importante. Descubre cómo se organizan Marta y Alejandro.

 Funciones comunicativas
- Pedir y dar la hora
- Hablar de horarios

 Estructuras gramaticales
- Referencias temporales
- Marcadores de frecuencia
- El gerundio
- La estructura *estar* + [gerundio]

 Vocabulario
- Organización del trabajo

Lección 8 — Selección de personal

Marta se encarga de seleccionar personalmente a sus trabajadores. ¿Quieres descubrir cómo son?

 Funciones comunicativas
- Concertar citas
- Frases para hablar por teléfono
- Expresar y preguntar si es posible o no hacer algo
- Hablar sobre la obligatoriedad de hacer o no hacer algo

 Estructuras gramaticales
- El participio y el pretérito perfecto
- Verbos con pronombres

 Vocabulario
- Días de la semana

Lección 9 — Comida de negocios

La empresa crece. Descubre cómo Marta emprende negocios internacionales en una comida de negocios.

 Funciones comunicativas
- Invitar y ofrecer
- Pedir en un bar o en un restaurante

 **Estructuras gramaticales**
- El imperativo
- Condiciones: *Si* + [presente] + [presente / imperativo]
- Indefinidos: *algo / nada, alguien / nadie, alguno / ninguno*

 Vocabulario
- Vocabulario de alimentos

Organizar las tareas

Organización del trabajo: horarios, cronogramas, prioridades. Una tarea muy importante es saber organizar el trabajo. Alejandro y Marta hablan sobre cómo organizar su tiempo. ¿Quieres estar presente?

En esta lección vas a aprender

 A pedir y dar la hora.
Cómo hablar de horarios.

 Referencias temporales.
Marcadores de frecuencia.
El gerundio.
La estructura *estar* + [gerundio].

 Organización del trabajo.

Marta está preparando la selección de personal y Alejandro va a verla. Marta entiende que la planificación es muy importante y que debe saber qué tiene que hacer desde la mañana hasta la tarde. Alejandro explica a Marta cómo es su rutina diaria. Marta presta mucha atención. Lee la conversación y fíjate en las imágenes.

Marta está pensando cómo puede organizarse.

Alejandro explica a Marta su rutina diaria.

Marta se quiere organizar

Hola, Marta, ¿qué tal? Mañana tienes la selección de personal, ¿verdad?

Sí. Me espera un día agotador.

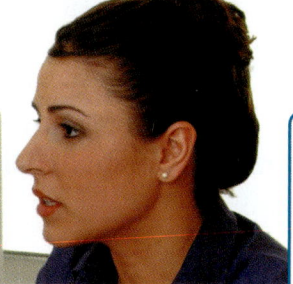

Ahora estoy pensando cómo organizar el trabajo diario. ¿Cómo te organizas tú, Alejandro?

¿La rutina de todos los días? Bueno, por la mañana, me reúno con mi secretaria. Después de la reunión, planifico las actividades del día.

Por último, antes de cerrar, repaso cómo ha ido el día y preparo la reunión del día siguiente.

Entiendo.

🔊 audio Ahora escucha la conversación completa entre Marta y Alejandro.

audio **1a** ¿Qué está haciendo Marta ahora? Escucha de nuevo el diálogo y completa la siguiente frase.

    1 MARTA: "Ahora _____ _____ cómo organizar el trabajo diario".

1b Alejandro se refiere a las siguientes partes del día. ¿Puedes ordenarlas?

Por la tarde ☐   Por la mañana [1]   Al mediodía ☐

> ## 🔍 Gramática
>
> **ESTAR + [GERUNDIO]**
> Observa que la estructura **estar + [gerundio]** se usa para referirse a una acción que sucede en el momento en que se habla.

audio **1c** Alejandro explica a Marta cómo es la rutina diaria en su trabajo. ¿Qué hace Alejandro en cada parte del día? Escucha nuevamente el diálogo y clasifica las frases del cuadro.

> Informarse de cómo van las tareas más urgentes.   Reunión con la secretaria.
> Destinar más recursos a las tareas pendientes.   Planificar las actividades.

mañana	mediodía	tarde
Reunión con la secretaria.		

audio **1d** Ahora, elige la opción correcta para responder a las siguientes preguntas. Recuerda que puedes volver a escuchar el diálogo.

1 ¿Cuándo planifica Alejandro las actividades del día?
☐ Antes de
☐ Después de } la reunión con la secretaria.

2 ¿Cuándo repasa cómo ha ido el día?
☐ Antes de
☐ Después de } cerrar.

2 Habla con tu compañero: ¿cómo es la rutina diaria en su trabajo?, ¿qué hace?, ¿cómo organiza el día?

3 Lee los siguientes diálogos. Fíjate en los horarios y escribe en número las horas. El ejemplo te va a ayudar.

1 🔹 ¿A qué hora paso por su hotel a buscarle?

🔹 Temprano, a las siete y veinte de la mañana.   _7:20_

2 🔹 ¿Cuándo tienes la cita con el distribuidor?

🔹 Al mediodía, sobre las doce y diez. _____:_____

3 🔹 ¿A qué hora sale su avión?

🔹 A las tres menos cuarto de la tarde. _____:_____

4 🔹 ¿Cuándo cierran las oficinas?

🔹 Por la tarde, a las ocho y media. _____:_____

Gramática

LAS HORAS

09:00 h ⇨	Son las nueve de la mañana.
09:05 h ⇨	Son las nueve y cinco de la mañana.
09:15 h ⇨	Son las nueve y cuarto de la mañana.
09:30 h ⇨	Son las nueve y media de la mañana.
09:35 h ⇨	Son las diez menos veinticinco cinco de la mañana.
09:45 h ⇨	Son las diez menos cuarto de la mañana.

audio

4a Marta explica a su amiga Ana el horario de su nueva empresa. Escucha el diálogo y completa el siguiente cuadro.

Horario de oficina

Horario de apertura: _____

Horario de atención al cliente: de _____ a _____

Horario de comida: de _____ a _____

Horario de cierre: _____

audio

4b Escucha de nuevo el diálogo y elige la mejor respuesta a las siguientes preguntas.

1 ¿Qué sucede una hora después de abrir la oficina?

☐ Termina el horario de atención al cliente.

☑ Empieza el horario de atención al cliente.

☐ Es la hora de organizar y planificar.

2 ¿Qué sucede una hora antes de cerrar la oficina?

☐ Empieza el horario de atención al cliente.

☐ Es la hora de organizar y planificar.

☐ Termina el horario de atención al cliente.

3 ¿Cuántas horas al día tienen exclusivamente para organización y planificación?

☐ Ocho horas.

☐ Siete horas.

☐ Dos horas.

4 ¿Cuándo tienen que dejar encendido el fax?

☐ Por la noche.

☐ Por la mañana.

☐ Todo el día.

5a Lee el correo que Héctor envía a su amigo Antonio. Fíjate en las expresiones de frecuencia que Héctor utiliza y luego completa la lista que tienes a continuación. Observa que están ordenadas de mayor a menor frecuencia.

Expresiones de frecuencia: siempre, _____, muchas veces, a veces, _____, nunca.

Gramática

Éste es el orden, de mayor a menor frecuencia, de los adverbios temporales:

+ **siempre**
  casi siempre
  muchas veces
  a veces
  casi nunca
− **nunca**

De: hector@soismuchos.com
Fecha: viernes, 10 de enero de 2003 19:23
Para: antonio@cielo.com
Asunto: Nuevo trabajo

Hola, Antonio:

¿Cómo estás? Yo estoy muy contento: ¡Tengo trabajo! Trabajo de auxiliar administrativo. La oficina está en el centro y siempre voy en metro. Empiezo a trabajar a las ocho y media. Por la mañana abro el correo electrónico, leo los mensajes y contesto a los más urgentes. Después archivo las facturas y los recibos.

Tengo una hora para comer. Como de dos a tres con los compañeros de trabajo en un restaurante cerca de la oficina. Nunca como solo. A veces, me reúno con el jefe de planificación por la tarde. Muchas veces tengo que salir a la calle a cumplir algunos encargos, como hacer fotocopias en color o encuadernar informes.

Durante todo el día contesto a las llamadas telefónicas. Termino de trabajar a las cinco y media, pero casi siempre salgo de la oficina a las seis. Es decir, casi nunca trabajo ocho horas.

Y tú, ¿qué haces? ¿Estás contento con tu trabajo?

Un abrazo,

Héctor

5b Ahora sabes en qué consiste el trabajo de Héctor. Lee de nuevo el correo y completa las siguientes frases. Responde utilizando la 3.ª persona verbal.

1 Siempre _____va en metro._____

2 Casi siempre _____

3 Muchas veces _____

4 A veces _____

5 Casi nunca _____

6 Nunca _____

5c Contesta a las preguntas que tienes a continuación.

1 ¿A qué hora empieza a trabajar? _____A las ocho y media.____

2 ¿Qué hace después de contestar a los mensajes del correo electrónico? _____

3 ¿A qué hora come? _____

4 ¿Qué encargos tiene que hacer en la calle? _____

5 ¿A qué hora sale casi siempre de la oficina? _____

6 ¿Qué haces tú habitualmente? Escribe un correo a un amigo y cuéntale qué haces habitualmente en el trabajo. El texto de la actividad **5a** te puede servir de modelo.

La burocracia

Cuanto más pequeño es un Estado y más reducidas son sus funciones, más probable es que su modo de actuar refleje el **interés general** y no el **interés privado**.

La asamblea ciudadana de Nueva Inglaterra es un buen ejemplo. Allí, los gobernados conocen y pueden controlar a los **gobernantes**.

Cuando crece la **administración de un Estado**, los ciudadanos no pueden estar informados de todas las cuestiones. La **burocracia** es necesaria para la administración del Estado, pero si crece mucho, favorece el interés privado.

Adaptado de *Libertad de elegir* (1983), de Milton Friedman y Rose Friedman.

Milton Friedman (1912). Estadounidense. Doctorado por la Universidad de Chicago. Premio Nobel de Economía en 1976.

abc Vocabulario

interés general: conveniencia o beneficio para toda una comunidad, para todos los ciudadanos.

interés privado: conveniencia o beneficio para un grupo reducido de ciudadanos.

gobernante: persona al mando de una comunidad o país.

Administración del Estado: conjunto de organismos oficiales encargados de dirigir un país.

burocracia: conjunto de normas, papeles y trámites necesarios para gestionar cualquier asunto en un despacho u oficina.

---

7 Completa las siguientes frases con las palabras del recuadro. Si necesitas ayuda consulta las palabras en el diccionario o en el cuadro de vocabulario.

> burocracia   intereses privados   gobernantes   interés general

1 Los gobernantes tienen que preocuparse por el ___interés general___ .

2 La relación entre los ciudadanos y los _____ no debe ser distante.

3 Los gobernantes no deben defender _____

4 La _____ aleja a los ciudadanos de los gobernantes.

8 Después de leer el texto, indica si las siguientes afirmaciones son verdaderas **(V)** o falsas **(F)**.

	V	F
1 En la asamblea ciudadana de Nueva Inglaterra, los gobernantes y gobernados se conocen.	✔	☐
2 Cuando la Administración del Estado crece, los ciudadanos están más informados de todas las cuestiones.	☐	☐
3 La burocracia es necesaria para la Administración del Estado.	☐	☐
4 Si la burocracia no crece mucho, favorece el interés privado.	☐	☐

9 ¿Los ciudadanos tienen que estar informados de todas las cuestiones del Estado? Comenta tu opinión con tus compañeros.

10a ¿Te interesa conocer cómo establecer una empresa en Perú? Lee el texto que tienes a continuación.

Cómo establecer una empresa

Perú
Cómo establecer una empresa

El Perú brinda un nuevo mecanismo para la estabilidad legal de la inversión extranjera, otorgando **garantías**, libertades y derechos.

Las inversiones extranjeras que se efectúan en el país no requieren **autorización** previa, sólo basta una comunicación con la **inversión** que se ha realizado.

La inversión extranjera que se efectúa en moneda libremente **convertible** debe ser canalizada a través del Sistema Financiero Nacional.

EMPRESAS NUEVAS O SUCURSALES

Los inversionistas y empresas extranjeros tienen que decidir si **operan** a través de la constitución de una empresa nueva o de una sucursal.

Las leyes del Perú reconocen diversas formas empresariales, entre las que están la sociedad anónima, la sociedad comercial de responsabilidad limitada, la sociedad colectiva, la sociedad civil de responsabilidad limitada, la sociedad **en comandita** por acciones, las asociaciones en participación, los consorcios y las sucursales.

De las formas societarias antes mencionadas tenemos que las sociedades anónimas y las sucursales de empresas extranjeras son las más usadas en el país, por las ventajas que otorga.

autorización: permiso para hacer algo.

garantía: seguridad de que se va a cumplir algo.

inversión: empleo de una cantidad de dinero en un negocio para que dé beneficios.

convertible: que se puede cambiar.

operar: actuar, realizar o llevar a cabo una actividad.

en comandita: en grupo, en compañía.

Adaptado. Ministerio de Economía y Finanzas. República del Perú. http://www.mef.gob.pe/

10b Ahora, responde a las siguientes preguntas.

1 ¿Qué brinda el Perú para la estabilidad legal de la inversión extranjera? *Un nuevo mecanismo, otorgando garantías, libertades y derechos.*

2 ¿Qué requieren las inversiones extranjeras que se efectúan en el país? _____

_____

3 ¿Qué tienen que decidir los inversionistas extranjeros? _____

_____

4 ¿Cuáles son las formas societarias más usadas en el país? _____

_____

5 ¿Por qué son las más usadas? _____

_____

! Comunicación

Pedir la hora

Informal	Formal
🗨 *¿Qué hora es?*	🗨 *¿Me puede decir la hora?*
🗨 *¿Tienes hora?*	🗨 *¿Tiene hora, por favor?*

Dar la hora

El verbo **ser** y el artículo se utilizan en singular para referirse a *la una,* de la mañana o de la tarde (1:00 ó 13:00), y en plural para referirse al resto de las horas.

🗨 *Es la una. (1:00)*

🗨 *Son las ocho. (8:00)*

Para indicar una hora con exactitud, se utiliza la expresión **en punto**:

🗨 *Son las ocho **en punto**.*

Para indicar una hora cuando pasan algunos minutos de la hora en punto se utiliza **y**:

🗨 *Son las siete **y** cuarto. (7:15)*

🗨 *Son las diez **y** media. (10:30)*

Para indicar una hora cuando faltan algunos minutos para la hora en punto se utiliza **menos**:

🗨 *Es la una **menos** veinticinco. (12:35)*

🗨 *Son las diez **menos** diez de la mañana. (9:50)*

Cuando puede haber confusión o no hay información suficiente, se suele especificar si la hora se refiere a la mañana, a la tarde o a la noche.

🗨 *Olga empieza a trabajar a las once **de la noche** porque trabaja en un hospital.*

Hablar de horarios

🗨 *¿**A qué hora** empieza la reunión?*

🗨 *A las seis y media.*

🗨 ***Empiezo a** trabajar a las siete y termino a la una.*

🖊 Apéndice léxico

Consulta el Apéndice léxico: Expresiones

• Para pedir la hora. Pg. 205

• Para dar la hora. Pg 205

• Para hablar de horarios. Pg. 205

ℛ Gramática

Referencias temporales

Las siguientes expresiones se usan para referirse a un momento en el tiempo.

antes de ⎫
después de ⎬ + ⎰ [nombre]
⎭ ⎱ [infinitivo]

🔊 *Antes de / Después de la entrevista* revisa el informe financiero.

🔊 *Antes de / Después de contestar* el correo archiva las facturas y los recibos.

durante + [nombre]

🔊 *Durante todo el día* contesta las llamadas telefónicas.

desde las + [hora] + hasta las + [hora]
de + [hora] + a + [hora]

🔊 *Tiene reunión desde las diez hasta las doce.*

🔊 *Trabajo de 10 a 2 y de 4 a 8.*

por la mañana	al mediodía	por la tarde	por la noche
de madrugada	de día	de noche	

Marcadores de frecuencia

Las siguientes expresiones sirven para indicar la frecuencia con que se hace una actividad. Aquí las tienes ordenadas de mayor a menor frecuencia:

siempre   casi siempre   muchas veces   a veces   casi nunca   nunca

+ ⟵⟶ −

El gerundio

El gerundio se forma sustituyendo las terminaciones -ar, -er o -ir del infinitivo por las terminaciones -ando, o -iendo.

Infinitivo			Gerundio
hablar	⇨ -ando ⇨		hablando
comer	⇨ -iendo ⇨		comiendo
subir			subiendo

La estructura *estar* + [gerundio]

Expresar una acción que se desarrolla en el mismo momento en que se habla.

🔊 *Estoy trabajando* con el ordenador.

ℛ Apéndice gramatical

Consulta estos puntos

- Las formas verbales no personales. Pg. 185
- Perífrasis verbales. Pg. 190

Evalúa lo que has aprendido

1 🔊 ¿Qué hora es, Eva?

🔊 Las _____ (10:05).

a diez y cinco

b diez menos cinco

c cinco menos diez

2 🔊 ¿Qué estás haciendo?

🔊 _____.

a Soy planificando el trabajo

b Estoy planificando el trabajo

c Estoy planifico el trabajo

3 Agustín _____ nunca va a las reuniones.

a todas

b veces

c casi

4 ¿A qué _____ empiezas a trabajar?

a horario

b tiempo

c hora

5 Por la mañana _____ leo el correo electrónico.

a casi

b siempre

c una vez

6 🔊 ¿Tienes hora?

🔊 Claro, _____ (3:30)

a es las trece y tres

b son las tres y media

c son las tres y trece

7 El horario de atención al cliente empieza una hora _____ abrir.

a muchas veces

b casi nunca

c después de

8 🔊 ¡Qué tarde! Ya son las 9:45.

🔊 ¿Las _____?

🔊 Sí.

a nueve menos cuatro

b diez y cuarto

c diez menos cuarto

9 Perdone, ¿_____ hora?

a tiene

b sabes

c dices

10 Marta está en la oficina de cuatro _____ siete de la tarde.

a a

b ante

c en

11 La oficina abre a las ocho y media _____ mañana.

a por la

b en la

c de la

12 🔊 ¿Tiene hora, por favor?

🔊 Sí, _____. (12:50)

a es la una menos diez

b son las doce menos diez

c son la una y diez

Valora lo que has aprendido

• **Sé pedir y dar la hora:** ☐ muy bien ☐ bien ☐ mal ☐ muy mal

• **Conozco marcadores de frecuencia:** ☐ muy bien ☐ bien ☐ mal ☐ muy mal

• **Puedo hablar de horarios:** ☐ muy bien ☐ bien ☐ mal ☐ muy mal

• **Puedo usar el gerundio:** ☐ muy bien ☐ bien ☐ mal ☐ muy mal

• **Conozco referencias temporales:** ☐ muy bien ☐ bien ☐ mal ☐ muy mal

Juego de los N€gocio$

① Suma las respuestas acertadas obtenidas en *Balance* (1 acierto = 1 punto).

Total 1: _____

Resuelve la siguiente situación de empresa y descubre tus aptitudes empresariales.

Un grupo de inversores decide crear una empresa distribuidora de productos tecnológicos (vídeos, equipos de música, reproductores de DVD, etc.). Acude a *Summa Consultores* para crear una estrategia de mercado.

11a Lee y analiza los datos del grupo de inversores (documento 1) y a continuación analiza la situación del mercado actual, basándote en los datos que te ofrecemos de tres empresas de la competencia (documento 2).

Documento 1
Características del grupo de inversores
- Presupuesto: 8 millones de euros.
- Buenas relaciones con el mercado japonés.
- Son gente emprendedora.
- Quieren liderar el mercado español en 10 años.

Documento 2
Informe situación de mercado actual

EMPRESA A:
Marca norteamericana. Productos de gama alta.
Distribución: 100.000 productos por semana (sólo en Madrid y Barcelona).
Relaciones clientes: club de socios (conciertos, viajes …)
Precios: muy altos.

EMPRESA B:
Productos de calidad media fabricados en Europa del Este.
Distribución: 500.000 productos por semana (en todo el país).
Precios: bajos.

EMPRESA C:
Solamente reproductores de CD de gama alta. Procedencia nacional.
Distribución: 250.000 productos por semana (todas las grandes ciudades).
Relaciones clientes: servicio personalizado de atención al cliente.
Precios: altos.

11b Basándote en los documentos anteriores, decide la mejor estrategia de mercado.

A. Primera decisión: estrategia de producción	Coste
1 Compras la patente de una marca japonesa que no tiene presencia en el mercado nacional.	4 millones de €
2 Te asocias con la empresa C y abres el mercado a otros productos distintos del CD.	1 millón de €
3 Fabricas tus productos.	6 millones de €

B. Segunda decisión: estrategia de distribución	Coste
1 Compras una distribuidora que tiene capacidad de penetración en todas las grandes ciudades del país.	5 millones de €
2 Contratas una distribuidora que tiene que comercializar 150.000 productos por semana.	2 millónes de €
3 Subes el precio del producto un 20% a cambio de tener 500.000 productos distribuidos por semana.	3 millones de €

② Suma las respuestas acertadas obtenidas en *Vida de empresa* (1 acierto = 4 puntos).
Total 2: _____

③ Suma los puntos obtenidos anteriormente y pasa a *El juego de los negocios* (pg. 250).
Resultado de la lección 7 (Total 1 _____ + Total 2 _____) = _____

Diferencias horarias

Existen diferencias entre los horarios de los distintos países de habla española. Por ejemplo, entre España y México hay una diferencia horaria de siete horas, en la costa atlántica, y de ocho en la pacífica.

Las cuatro horas de diferencia entre España y Argentina se convierten en cinco cuando hablamos de Bolivia, Venezuela o Chile. Esta diferencia entre los distintos países hispanos provoca hechos curiosos. Uno de los más divertidos tiene lugar al cruzar el puente Simón Bolívar, que comunica Colombia con Venezuela. Este puente es llamado popularmente «el puente más largo de mundo», porque aunque mide 85 metros, al cruzarlo desde Colombia a Venezuela se pierde un hora por el desfase horario que existe entre los dos países.

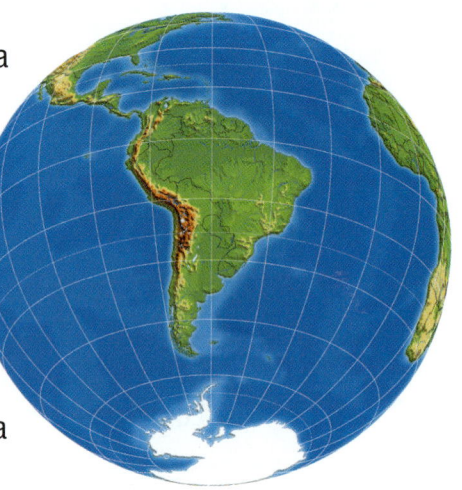

● audio **12a** Escucha el audio y señala cuáles de las siguientes afirmaciones son verdaderas y cuáles son falsas.

	V	F
1 Eugenio prefiere comprar en un supermercado.	☐	☐
2 Los bancos no cierran por la tarde.	☐	☐
3 Eugenio tiene la Visa caducada.	☐	☐

● audio **12b** Ahora vuelve a escuchar el audio y completa las siguientes expresiones.

Eugenio: ¿Vamos a comprar, Elena? Ya (1)_____ la una (13 h).

Elena: Tranquilo, tenemos tiempo.

Eugenio: No, Elena, las tiendas (2)_____ a las dos (14 h).

Elena: Podemos ir a un supermercado, que abre (3)_____ las nueve de la mañana (9 h) (4)_____ las diez de la noche (22 h) y no cierra al mediodía.

Eugenio: Sabes que no me gusta comprar en los supermercados.

Elena: Un día es un día, Eugenio.

Los horarios en México

En México, los horarios habituales en la mayoría de los lugares son los siguientes:

• Administraciones públicas: de 8 h a 15 h.
• Comercios: entre las 8 y las 20 h, con interrupciones, según el caso, entre las 12.30 h y las 15 h.

• Grandes supermercados: de 8 h a 22 h.
• Bancos y casas de cambio: de 10 h a 15 h.
• Horarios de comidas: el almuerzo a partir de las 12 h, y la cena a partir de las 20 h.
• Pubs y discotecas: desde la medianoche hasta el amanecer.

Selección de personal

Marta necesita una secretaria y un contable con experiencia. Hoy está concertando entrevistas con los candidatos. Ante todo, Marta busca a trabajadores inteligentes y con ilusión. ¿Conseguirá a quien necesita para sacar adelante su empresa?

En esta lección vas a aprender

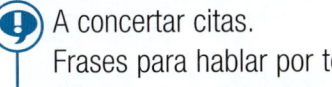 A concertar citas.
Frases para hablar por teléfono.
Cómo expresar y preguntar si es
    posible o no hacer algo.
A hablar sobre la obligatoriedad de
    hacer o no hacer algo.

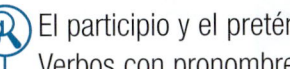 El participio y el pretérito perfecto.
Verbos con pronombres.

 Días de la semana.

Marta ha puesto un anuncio en Internet, necesita una secretaria y un contable. Han llegado muchos currículos y ahora llama por teléfono con un candidato para concertar una entrevista. Lee la conversación y fíjate en las imágenes.

Candidato a contable.
Agustín Gómez es español, tiene 32 años y ha trabajado en muchas empresas como contable y asesor financiero. Agustín ha estudiado Ciencias Económicas y actualmente está estudiando a distancia un curso de Marketing.

Candidata a secretaria.
Eva Muñoz tiene 28 años y ha estudiado Secretariado Internacional. Eva habla inglés y francés. Es organizada, tiene una memoria infalible y una paciencia sin límites.

Marta entrevista a Agustín

Sí, ¿diga?

Buenas tardes. Soy Marta Ventura, de *Nexus Internacional*. Estamos buscando un contable.

Llamo para preguntarle si está interesado y para concertar una entrevista.

Sí, claro, estoy muy interesado.

Perfecto. ¿Cuándo quedamos? ¿Le va bien el miércoles a las once?

Mmm. El miércoles a las once... Mejor a las doce.

🔊 **audio** Ahora escucha la conversación completa entre Marta y Agustín.

audio **1a** Las frases siguientes son muy normales en las conversaciones telefónicas. Escucha de nuevo el diálogo e indica quién las dice: la persona que recibe la llamada o la persona que llama.

1 ¿Diga?

☑ La persona que recibe la llamada. ☐ La persona que llama.

2 ¿El señor Agustín Gómez, por favor?

☐ La persona que recibe la llamada. ☐ La persona que llama.

3 ¿De parte de quién?

☐ La persona que recibe la llamada. ☐ La persona que llama.

4 De Marta Ventura.

☐ La persona que recibe la llamada. ☐ La persona que llama.

5 Un momento, ahora se pone.

☐ La persona que recibe la llamada. ☐ La persona que llama.

> **Gramática**
>
> El **pretérito perfecto** se utiliza para hablar de un pasado reciente:
>
> | | |
> |---|---|
> | yo | he |
> | tú | has |
> | él, ella, usted | ha |
> | nosotros, -as | hemos |
> | vosotros, -as | habéis |
> | ellos, -as, ustedes | han |
>
> + participio

1b Completa las frases que usan en el diálogo para concertar el día, la hora y el lugar de la entrevista.

> mejor   cuándo   quedamos   le va

MARTA: ¿(1) _Cuándo_ quedamos? ¿ (2) _____ bien el miércoles a las once?
AGUSTÍN: (3)_____ a las doce.
MARTA: (4) _____ en la oficina de Nexus.

1c Ordena la frase que dice Marta. Las palabras que forman la frase las tienes en el recuadro inferior. Fíjate en que aparece **destacada** una nueva forma verbal, el pretérito perfecto (*ha enviado*).

> un currículo   que necesitamos   **ha enviado**   usted   al perfil   que se adapta

" _Usted_ _____ _____ _____ _____ _____ "

2 Llamas por teléfono a tu compañero. Su mujer responde al teléfono. Pregúntale por tu compañero.

3 Aquí puedes leer dos conversaciones telefónicas. Ordena las intervenciones de la persona que llama (🗨) escribiendo el número. Si tienes alguna duda, mira en *Consultas*.

Conversación A

1 🗨 *Interface*, ¿dígame?

3 🗨 No está. ¿Quiere dejar algún recado?

5 🗨 Muy bien. Adiós.

____ 🗨 Sí, dígale que ha llamado Ana Piqué.

____ 🗨 Gracias. Adiós.

_2_ 🗨 ¿El señor Felipe Ros, por favor?

Conversación B

1 🗨 ¿Sí, dígame?

3 🗨 Está ocupado en este momento.

5 🗨 Sí, claro.

____ 🗨 Dígale que ha llamado Antonio Sánchez.

____ 🗨 ¿Puedo dejar un recado?

____ 🗨 Hola. ¿Puedo hablar con Salvador?

🔊 **audio**

4a Marta entrevista a Eva, una candidata al puesto de secretaria. Las siguientes frases aparecen en el diálogo. Escucha el audio y complétalas escribiendo las palabras que faltan.

1 **MARTA:** Explíqueme un poco qué _ha_ estudiado.

2 **EVA:** _____ estudiado Secretariado Internacional.

3 **EVA:** También _____ hecho un curso de cien horas de contabilidad básica.

4 **EVA:** _____ trabajado en *Power Systems* tres años.

5 **MARTA:** Bien, _____ leído su currículo y nos parece muy adecuado.

🔊 **audio**

4b Durante la entrevista, Marta y Eva comentan algunas cosas que hay que hacer, otras que se pueden hacer y otras que están prohibidas. Escucha de nuevo el diálogo y completa las frases marcando la opción correcta.

1 En las empresas donde he trabajado también _____ fumar.

☐ hay que ☑ está prohibido ☐ se puede

2 Dentro de la oficina no _____ fumar.

☐ hay que ☐ está prohibido ☐ se puede

3 Ahora _____ trabajar mucho.

☐ hay que ☐ está prohibido ☐ se puede

4 _____ organizar la empresa desde cero y contratar más personal.

☐ Hay que ☐ Está prohibido ☐ Se puede

5 _____ trabajar ahora, al principio, más horas.

☐ Hay que ☐ Está prohibido ☐ Puede

6 _____ trabajar más de ocho horas.

☐ Hay que ☐ Está prohibido ☐ Puedo

5a Agustín también ha tenido una entrevista con Marta. Marta ha escrito en su diario personal cómo ha ido la entrevista. Lee el texto.

Miércoles 24

Hoy Agustín ha llegado a la oficina de *Nexus*. Ha entrado en mi despacho y los dos nos hemos sentado. Agustín se ha esforzado en la entrevista para dar una buena impresión y obtener el puesto de trabajo.
Cuando ha terminado la entrevista, nos hemos levantado. Agustín se ha quedado en la oficina veinte minutos más para conocerla mejor y saber dónde están las cosas. Después, se ha ido.

Gramática

Recuerda que algunos verbos con pronombre cambian su significado sin pronombre.

yo	**me**
tú	**te**
él, ella, usted	**se**
nosotros, -as	**nos**
vosotros, -as	**os**
ellos, ellas, usted	**se**

5b Lee la siguiente lista y subraya los verbos que no aparecen en el texto.

sentarse   acostarse   esforzarse   maquillarse   lavarse   quedarse

5c ¿Qué tienen en común todos los verbos de la lista anterior? Completa la frase marcando la opción adecuada.

Todos llevan un *pronombre / nombre*. Ese *pronombre / nombre* es *igual / distinto* en cada persona.

5d Completa las siguientes frases colocando los pronombres en la frase correcta.

se   me   nos   se   te   se

1 Yo __*me*__ siento en la silla.
2 Tú _____ has esforzado en la entrevista.
3 Usted _____ ha sentado en un buen sitio.

4 Ella _____ ha acostado muy tarde.
5 Nosotros _____ quedamos en la sala de reuniones.
6 Ustedes _____ levantan de la mesa.

5e Mira el diario de Marta, aparece en la actividad **5a**, y fíjate en que esa semana, el 24 es miércoles. Ahora, responde a las preguntas.

1 El 25, ¿qué día es de esa semana?
   Es _*jueves.*_

2 ¿Y el día 26?
   Es _____

3 ¿Y el día 22?
   Es _____

6 Escribe en tu diario qué has hecho hoy. Fíjate en el texto de la actividad **5a**, te puede ayudar.

Los «círculos viciosos»

La pobreza en los países menos desarrollados y los obstáculos que frenan su crecimiento pueden explicarse mediante una serie de «círculos viciosos».

Un buen ejemplo es la **interdependencia** entre los **ingresos** de los trabajadores y los recursos económicos del país. Unos recursos económicos bajos implican un nivel de producción y de ingresos reducido. Un bajo nivel de ingresos no permite **ahorrar** grandes cantidades, y por eso el país no puede **aumentar** sus recursos económicos.

Otro ejemplo es la interdependencia entre los ingresos y la salud. Los ingresos bajos implican un bajo nivel de nutrición y unos servicios médicos escasos para preservar la salud. Una salud deficiente impide el aumento de la producción.

Estas relaciones nos muestran que se necesita un gran esfuerzo para romper los «círculos viciosos».

Adaptado de *Hacia una economía mundial (1983)*, de Jan Tinbergen.

Vocabulario

interdependencia: dependencia que se establece entre dos o más cosas.

ingreso: cantidad de dinero que recibe o gana alguien.

ahorrar: reservar una parte del dinero del que se dispone.

aumentar: hacer mayor o más intensa una cosa.

Jan Tinbergen (1903-1994). Holandés. Doctor en Física por la Universidad de Leiden. Premio Nobel de Economía en 1969.

7   Lee las siguientes palabras y escribe su sinónimo al lado de cada una.

atesorar   depósito   ampliar   dependencia

1 ingreso: ___*depósito.*___

2 aumentar: _____

3 interdependencia: _____

4 ahorrar: _____

8   Después de leer el texto contesta a las siguientes preguntas.

1 ¿Qué implican unos recursos económicos bajos? ___*Implican un nivel de producción y de ingresos reducido.*___

2 ¿Qué no permite un bajo nivel de ingresos? _____

3 ¿Qué impide una salud deficiente? _____

4 ¿Qué se necesita para romper los «círculos viciosos»? _____

9   ¿Tu compañero está de acuerdo con la opinión del autor del texto? Pregúntale.

10a Las siguientes noticias informan de los nuevos nombramientos en empresas importantes. Léelas con atención.

Albert Rojas

Director de Delphi en Cádiz.

Alberto Rojas ha sido nombrado Director de Delphi para Puerto Real (Cádiz). Ha sido Director General de EISA, en Barcelona, del grupo Johnsons Controls Incorporated. En esta compañía ha ocupado otros **puestos**, como el de Director para Fiat en Turín (Italia) y Director de plataforma para Ford en Chelmsford (Reino Unido).

José María Echániz

Director de Development Systems Portugal.

El nuevo director de Development Systems en Portugal tiene 31 años y es **licenciado** en Ciencias Políticas y de la Administración por la Universidad Complutense de Madrid. Con anterioridad, Echániz ha desarrollado su trabajo en esta consultora de recursos humanos, dirigiendo las oficinas de Argentina y **ejerciendo** como consultor en la de São Paulo (Brasil) y en Madrid.

El País Negocios, 1 de septiembre de 2002.

10b Ahora, contesta a las siguientes preguntas.

1 ¿Quién ha desarrollado su trabajo en una consultora de recursos humanos?
   José María Echániz.

2 ¿Quién ha sido director general de EISA?

3 ¿Quién ha ocupado el puesto de director para Fiat?

4 ¿Quién ha ejercido como consultor en un país americano?

! Comunicación

Concertar citas

Formular la pregunta en general:

- *¿Cómo quedamos?*
- *A las ocho en el despacho.*

Preguntar por el momento y el lugar:

- *¿Cuándo quedamos?*
- *¿Qué día quedamos?*
- *¿A qué hora quedamos?*
- *¿Dónde quedamos?*

- *¿El martes te va bien?*
- *El martes.*
- *A las ocho.*
- *En mi despacho.*

- *Perfecto.*
- *De acuerdo.*

Hacer otra propuesta:

- *Mejor a las dos.*

Hacer una propuesta a la vez que se pregunta si hay algún inconveniente:

- *¿Te va bien el martes / a las siete / delante del restaurante La bellota?*
- *Sí, perfecto.*

Frases para hablar por teléfono

Para hablar por teléfono hay que saber cómo preguntar por una persona, cómo identificarse y cómo dejar un recado.

- *¿Progres, dígame?*
- *Buenos días. Llamaba para pedir precio.*
- *Un momento, ahora se pone.*
- *Lo siento, se equivoca.*
- *¿De parte de quién?*
- *En este momento está ocupado.*
- *Ha salido un momento.*
- *¿Quiere dejar algún recado?*

- *¿El señor Pérez, por favor?*
- *Gracias.*
- *Perdone.*
- *De María.*
- *¿Puede dejarle un recado, por favor?*
- *Sí, por favor. Dígale que ha llamado José Vidal.*

Expresar y preguntar si es posible o no hacer algo

Esta estructura se usa para expresar posibilidad o imposibilidad de hacer de forma impersonal.

(No) **Se puede** + [infinitivo]   *¿Se puede fumar en esta oficina?*   *Aquí no se puede fumar. Hay que ir a la otra sala.*

Esta estructura se usa para expresar posibilidad o imposibilidad refiriéndose a una persona en concreto.

(No) **PODER** + [infinitivo]   *Puedes dar tu opinión.*   *No puedes hablar así.*

Hablar sobre la obligatoriedad de hacer o no hacer algo

Para expresar de forma impersonal cosas obligatorias:

Hay que + [infinitivo]

- *Hay que estar en el aeropuerto una hora antes.*

(Estar) Prohibido + [infinitivo]

- *Está prohibido fumar en esta sala.*

abc Apéndice léxico

Consulta en el Apéndice léxico: Expresiones

- **Para concertar citas.** Pg. 205
- **Para expresar posibilidad.** Pg. 205
- **Para expresar imposibilidad.** Pg. 205
- **Para expresar cosas obligatorias.** Pg. 205

Gramática

El participio y el pretérito perfecto

El participio se forma sustituyendo la terminación del infinitivo por –ado o –ido.

Infinitivo			Participio
hablar	⇨	-ado	⇨	hablado
comer	⇨	-ido	⇨	comido
subir			subido

El pretérito perfecto se forma con el presente del verbo haber y el participio del verbo que se conjuga.

	hablar	comer	subir
yo	he hablado	he comido	he subido
tú	has hablado	has comido	has subido
él, ella, usted	ha hablado	ha comido	ha subido
nosotros, -as	hemos hablado	hemos comido	hemos subido
vosotros, -as	habéis hablado	habéis comido	habéis subido
ellos, -as, ustedes	han hablado	han comido	han subido

El pretérito perfecto se usa para expresar acciones terminadas referidas a una unidad temporal que llega hasta el presente.

Por ejemplo: *He acabado el trabajo esta mañana.*

Verbos con pronombres

Hay un grupo de verbos que llevan un pronombre. Este pronombre normalmente va delante del verbo.

	prepararse	levantarse
yo	me preparo	me levanto
tú	te preparas	te levantas
él, ella, usted	se prepara	se levanta
nosotros, -as	nos preparamos	nos levantamos
vosotros, -as	os preparáis	os levantáis
ellos, -as, ustedes	se preparan	se levantan

Apéndice gramatical

Consulta estos puntos

- Perífrasis verbales. Pg. 190
- Las formas verbales no personales (el participio). Pg. 185
- El pretérito perfecto. Pg. 188

Evalúa lo que has aprendido

1 ● *Sistemas Cabel. ¿Dígame?*
● _____.
a Un momento, ahora se pone
b En este momento está ocupado
c ¿Me puede poner con el señor Garcés?

2 ● ¿Quiere dejar algún recado?
● _____.
a Dígale que ha llamado Olga Pérez
b De parte de Olga Pérez
c ¿De parte de quién?

3 ● ¿Dónde quedamos?
● _____.
a El martes
b Mejor a las tres y media
c ¿Te va bien en la puerta del almacén?

4 No _____ tener conectado el teléfono móvil en las reuniones.
a Prohibido
b se puede
c tienes

5 ● ¿Qué estás haciendo?
● _____ estoy preparando para la reunión de mañana.
a Nos
b Se
c Me

6 Para las entrevistas de esta tarde _____ usar la sala de reuniones.
a hay
b puedes
c tienes

7 Está _____ fumar en las reuniones.
a prohibido
b se puede
c no se puede

8 En las entrevistas de trabajo, _____ llegar cinco minutos antes.
a está prohibido
b prohibido
c hay que

9 ● ¿Cuándo quedamos?
● _____.
a El viernes a las ocho
b Mejor en tu oficina
c En mi despacho

10 ● ¿Dónde has estado toda la mañana?
● _____ a un cliente muy importante.
a Veo
b He visitado
c Hablo

11 Andrew _____ ha levantado de la mesa y _____ ha ido.
a te / te
b se / se
c os / os

12 ● ¿Quién ha llamado esta mañana?
● El señor Sánchez, y _____ por ti.
a pregunta
b han preguntado
c ha preguntado

Valora lo que has aprendido

	muy bien	bien	mal	muy mal
• Sé concertar citas:	☐	☐	☐	☐
• Conozco frases para hablar por teléfono:	☐	☐	☐	☐
• Sé expresar si es posible o no hacer algo:	☐	☐	☐	☐
• Puedo usar el pretérito perfecto:	☐	☐	☐	☐
• Puedo hablar sobre la obligatoriedad de hacer o no hacer algo:	☐	☐	☐	☐
• Conozco algunos verbos con pronombres:	☐	☐	☐	☐

Juego de los N€gocio$

① Suma las respuestas acertadas obtenidas en *Balance* (1 acierto = 1 punto).
Total 1:_____

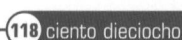

Resuelve la siguiente situación de empresa y descubre tus aptitudes empresariales.

La agencia de publicidad *DZF* ha pedido a *Summa Consultores* la búsqueda y selección de un *creativo* para dirigir la campaña publicitaria de una ONG. La persona seleccionada tiene que ser más o menos de la misma edad que sus compañeros de equipo. En su equipo de trabajo están: Jesús (45 años), ilustrador, Sonia (33), diseñadora gráfica, y Alberto (39), publicista.

11 Después de las entrevistas con los candidatos, los seleccionados son:

LUNES, 11'30h:
ANTONIO LÓPEZ

26 años.
Licenciado en Publicidad. Máster en Publicidad por la *Zoe Design School* de Nueva York. Ha dirigido campañas publicitarias de ropa interior para jóvenes. Ha diseñado la página web de varios movimientos antiglobalización.
Carácter: simpático, con ideas propias.

MARTES, 10h:
GRACIELA ANTUNES

24 años.
Licenciada en Ciencias Sociales. Máster en Publicidad por la Universidad de La Salle de México. Ninguna experiencia laboral.
Carácter: seria.

MIÉRCOLES, 9'30h:
LAURA IZQUIERDO

40 años.
Autodidacta. Se ha especializado en campañas agresivas de diversas ONG. Es la mejor profesional en campañas solidarias. Premio *Publicidad Española* 2001 por un anuncio televisivo.
Carácter: rigurosa.

¿A quién piensas que debe contratar tu cliente? ¿Por qué? _____

---

2 Suma las respuestas acertadas obtenidas en *Vida de empresa* (1 acierto = 12 puntos).
Total 2: _____

3 Suma los puntos obtenidos anteriormente y pasa a *El juego de los negocios* (pg. 250).
Resultado de la lección 8 (Total 1 _____ + Total 2 _____) = _____

La economía de Hispanoamérica

Desde mediados del siglo XX, la economía hispanoamericana ha pasado por tres momentos diferentes. El primero de ellos, entre 1950 y 1980, ha sido el periodo de mayor desarrollo económico y social desde principios de siglo. Las dos causas de este apogeo son fáciles de explicar: la llegada de comerciantes europeos durante la Segunda Guerra Mundial, y las inversiones procedentes de Estados Unidos para producir materias primas (madera, azúcar, café, cobre, etc.).

A continuación, entre 1980 y 1990, la zona padece una fuerte regresión económica, producida principalmente por el desplazamiento del capital hacia los países de Europa del Este: Polonia, Hungría, Rusia, etc.

El tercer momento empieza en 1989, con la caída del muro de Berlín, y llega hasta nuestros días. En este periodo se ha tratado de recuperar el estado de desarrollo anterior. La creación del Mercosur y la reactivación del Pacto Andino han significado una inyección de moral y esperanza para las economías de todos los países hispanoamericanos.

audio 12a Escucha las dos conversaciones telefónicas y señala en cuál de ellas el tratamiento es informal y en cuál el tratamiento es formal.

El tratamiento es informal en la conversación _____.   El tratamiento es formal en la conversación _____.

audio 12b Ahora vuelve a escuchar el audio y completa las siguientes expresiones.

CONVERSACIÓN 1:

SECRETARIO: ¿*Ufesa,* (1) _____?

DOLORES: ¿El Licenciado Agustín Pérez, por favor?

SECRETARIO: ¿(2) _____ de quién?

DOLORES: De Dolores Santos.

CONVERSACIÓN 2:

AGUSTÍN PÉREZ: ¿Cuándo (1) _____ entonces?

DOLORES: Tiene que ser la próxima semana. ¿Qué te (2) _____ el martes?

AGUSTÍN PÉREZ: Bueno. ¿(3) _____ a las siete delante del restaurante de mi calle?

DOLORES: Perfecto.

La abreviatura de calle

La abreviatura c/ por *calle* no se usa ni en México ni en Argentina. En estos dos países se escribe la palabra completa.

El tratamiento de respeto

Como puedes escuchar en la primera conversación, en México no utilizan el tratamiento de *Señor / Señora* en las relaciones profesionales de carácter formal. En su lugar utilizan las siguientes fórmulas: *Licenciado / Licenciada, Doctor / Doctora* o *Ingeniero / Ingeniera*.

Comida de negocios

Las comidas de negocios sirven para conocer a otros empresarios y para cerrar tratos. Marta tiene hoy una comida de negocios con el señor Marín, un distribuidor latinoamericano de ropa. ¿Crees que van a llegar a un acuerdo?

En esta lección vas a aprender

 Formas de invitar y ofrecer.
Cómo pedir en un bar o en un restaurante.

 El imperativo.
Condiciones: *Si* + [presente], + [presente / imperativo].
Indefinidos: *algo / nada, alguien / nadie, alguno / ninguno.*

 Vocabulario de alimentos.

Marta tiene hoy una comida de negocios con el señor Marín, un distribuidor de ropa en Latinoamérica. El señor Marín tiene una oferta muy interesante para Marta. Lee la conversación y fíjate en las imágenes.

Marta y Diego hacen negocios.

Diego Marín es mexicano y tiene 44 años. Desde hace tres años, Diego dirige con éxito una empresa de distribución de ropa en Latinoamérica.

El trato

Creo que me quieres proponer una manera de hacer negocios juntos.

Seguro, Marta. Déjame que te platique. Como te conté antes, yo distribuyo ropa para uso industrial en Latinoamérica.

Mi propuesta es la siguiente. A partir de ahora, si recibes un pedido de un cliente de América Latina, acepta el pedido y me lo das a mí.

Y a cambio, si tú recibes un pedido de España, me lo das a mí. Me parece muy interesante.

Veo que me entendiste. ¿Qué te parece si lo piensas y me dices algo luego?

Puedo contestarte ahora mismo. Estoy de acuerdo con el trato.

🔊 **audio** Ahora escucha la conversación completa entre Marta y el Sr. Marín.

• audio **1a** Escucha la conversación entre Marta y el Sr. Marín. Luego decide si las siguientes afirmaciones son verdaderas **(V)** o falsas **(F)**.

	V	F
1 Marta pide un té con limón.	☐	☑
2 El Sr. Marín no distribuye ropa para uso industrial.	☐	☐
3 Marta sólo distribuye ropa en España.	☐	☐
4 Marta está de acuerdo con el trato.	☐	☐

• audio **1b** Escucha de nuevo el diálogo, fíjate en las siguientes frases y escribe las palabras que faltan.

1 ¿Si _recibes_ un pedido de un cliente de América Latina, _____ el pedido.

2 Si tú _____ un pedido de España, me lo _____ a mí.

1c Observa las frases de la actividad **1**b e indica si esta afirmación es correcta **(C)** o incorrecta **(I)**.

	C	I
Para expresar condición, utilizamos *Si + [presente], + [presente] / [imperativo]*	☐	☐

1d Lee las siguientes frases y complétalas marcando la respuesta correcta.

1 Si _____ reunión, avísame.

tened ☐   tienes ☑

2 Si el señor Martínez _____ al almacén, acompáñale.

vamos ☐   va ☐

3 Si salgo pronto del trabajo, _____ por tu casa.

pasad ☐   paso ☐

4 Si el cliente no _____, visítalo tú.

viene ☐   vienes ☐

5 Si tenéis una reunión, _____ con puntualidad.

llegad ☐   llego ☐

6 Si tengo tiempo, _____ el informe esta tarde.

haced ☐   hago ☐

7 Si _____ la señora Jiménez, pásame la llamada.

llama ☐   llamad ☐

8 Si me _____ tu dirección, te escribo un correo electrónico.

das ☐   da ☐

🔍 Gramática

CONDICIONALES

Cuando una acción depende de una condición, utilizamos la estructura:

Si + Condición, + Acción

    [presente]   [presente o imperativo]

*Si **vas** al cine, **llama** a Juan.*

*Si **vas** al cine, **llámame**.*

2a Aquí puedes leer la carta del restaurante donde Marta lleva a comer al Sr. Marín para hablar de negocios. Busca los términos que no conozcas en el diccionario.

PRIMEROS PLATOS	CARNES Y PESCADOS	NUESTROS POSTRES
Ensalada	Churrasco	Flan, helado, fruta, arroz con
Sopa de pescado	Chuletas de cordero	leche, natillas, tarta de queso
Gazpacho	Ternera con salsa	
Macarrones	Pollo a la plancha	
Paella	Lenguado al horno	**BEBIDAS**
Menestra de verduras	Merluza con patatas	Vino (blanco, rosado, tinto),
Cocido	Atún con tomate	agua (con gas, sin gas), zumos

▶ audio

2b Escucha el diálogo y ayuda al camarero a tomar nota.

	De primero	De segundo	Para beber	De postre
Señor Marín	*paella*			
Marta				

▶ audio

2c ¿Qué lleva la paella? Escucha de nuevo e indica los ingredientes.

> arroz   pasta   pimientos   mejillones
> queso   carne   guisantes   huevo

La paella lleva __arroz__ , _____, _____,

_____ y_____.

La paella no lleva _____, _____ ni

_____.

2d Imaginad tu compañero y tú que tenéis un restaurante y escribid la carta.

▶ audio

2e Escucha otra vez el diálogo y fíjate en qué se ofrecen y cómo lo dicen.

1 a ¿Qué ofrece el Sr. Marín a Marta? *Probar la paella.*
   b ¿Cómo lo dice? *¿Quieres probarla?*

2 a ¿Marta acepta o rechaza? _____
   b ¿Cómo lo dice? _____

3 a ¿Qué ofrece Marta al Sr. Marín? _____
   b ¿Cómo lo dice? _____

4 a ¿El Sr. Marín acepta o rechaza? _____
   b ¿Cómo lo dice? _____

3a Las siguientes frases sirven para pedir algo al camarero. ¿A qué se refieren?

1 [b] ¿Puede traer unas vinagreras?

2 ☐ **Traiga** la cuenta.

3 ☐ **Ponga** un poco más de pan, por favor.

4 ☐ **Traiga** una cuchara para la sopa.

5 ☐ **Traiga** otro cuchillo, por favor.

6 ☐ **Ponga** un café y un cortado.

A   B   C

D   E   F

3b Observa que en las frases de la actividad **4**a aparece destacada una nueva forma verbal. ¿Qué forma verbal es?

☐ imperativo

☐ presente de indicativo

Ⓡ Gramática

EL IMPERATIVO

Expresa órdenes, ruegos o deseos.

	-ar	-er	-ir
(tú)	habla	corre	sube
(usted)	hable	corra	suba
(vosotros)	hablad	comed	subid
(ustedes)	haben	comen	suben

● audio

4 Escucha cómo Eva informa a los clientes de su empresa. A continuación, completa las frases siguientes.

DIÁLOGO 1

Eva: Si le interesa algún producto de nuestro catálogo, *le puedo informar personalmente.*

DIÁLOGO 2

Eva: Si está de acuerdo con nuestra oferta, _____

DIÁLOGO 3

Eva: Si desea más información, _____

DIÁLOGO 4

Eva: Si hace un pedido de más de 500 artículos, _____

5 Lee con atención los siguientes diálogos y subraya la opción más adecuada.

1 🗩 ¿Quieres *algo* / *alguien* de beber?

🗩 No, gracias, no quiero *nada* / *nadie* más.

2 🗩 ¿Queda libre *algo* / *alguna* mesa?

🗩 Lo siento, no me queda *ningún* / *ninguna*.

3 🗩 Esa mesa está libre. No hay *nadie* / *alguien* sentado.

🗩 Sí, pero está reservada para las dos y media.

4 🗩 ¿Tienen *algún* / *alguno* vino blanco italiano?

🗩 Lo siento, no me queda *nada* / *ninguno*, pero tenemos uno español buenísimo.

Alguien tiene que perder

Nuestros problemas económicos se pueden **resolver** pero alguien debe perder en el juego económico. Siempre hay ganancias y pérdidas. Siempre hay **ganadores** y **perdedores**, pero nadie se ofrece **voluntario** para ese papel. Nadie quiere asumir la **pérdida** económica.

La economía es un juego de suma cero pero nuestra estructura política no puede asumirlo sin riesgos. Un juego de suma cero es cualquier juego en que las pérdidas igualan exactamente a las **ganancias**. Todos los acontecimientos deportivos son juegos de suma cero. Sólo pueden existir ganadores si hay perdedores. Lo que gana el jugador ganador debe perderlo el jugador perdedor. En la economía sucede exactamente lo mismo.

Adaptado de *La sociedad de suma cero* (1983), Lester C. Thurow.

Vocabulario

resolver: solucionar.

ganador: persona que saca dinero de algo o que vence en una competición.

perdedor: persona que no gana.

voluntario: persona que hace algo porque quiere, no por obligación.

pérdida: cantidad o cosa que se deja de tener.

ganancia: beneficio, rendimiento.

Lester C. Thurow (1938) Estadounidense. Doctor en Política Económica por la Universidad de Oxford y en Economía por la Universidad de Harvard.

---

6 Completa las frases con las palabras del recuadro.

> ganador resolver ganancias perdedor voluntario pérdidas

1 No encontramos ninguna solución, no se puede _resolver._

2 La empresa *VEBA* ha sufrido muchas _____

3 Este año ha sido un buen año, hemos obtenido muchas _____

4 Nadie se ha ofrecido _____

5 Este trofeo es para el _____

6 El señor López está decepcionado, ha sido el _____ del concurso.

---

7 Después de leer el texto, indica si las siguientes afirmaciones son verdaderas **(V)** o falsas **(F)**.

	V	F
1 Nuestros problemas económicos no tienen solución.	☐	☑
2 Nunca hay ganancias y pérdidas.	☐	☐
3 En un juego de suma cero las ganancias son las mismas que las pérdidas.	☐	☐
4 Los perdedores existen porque existen los ganadores.	☐	☐

8a El siguiente texto ofrece consejos sobre las comidas de negocios. Lee los consejos que ofrece y fíjate en los imperativos que aparecen.

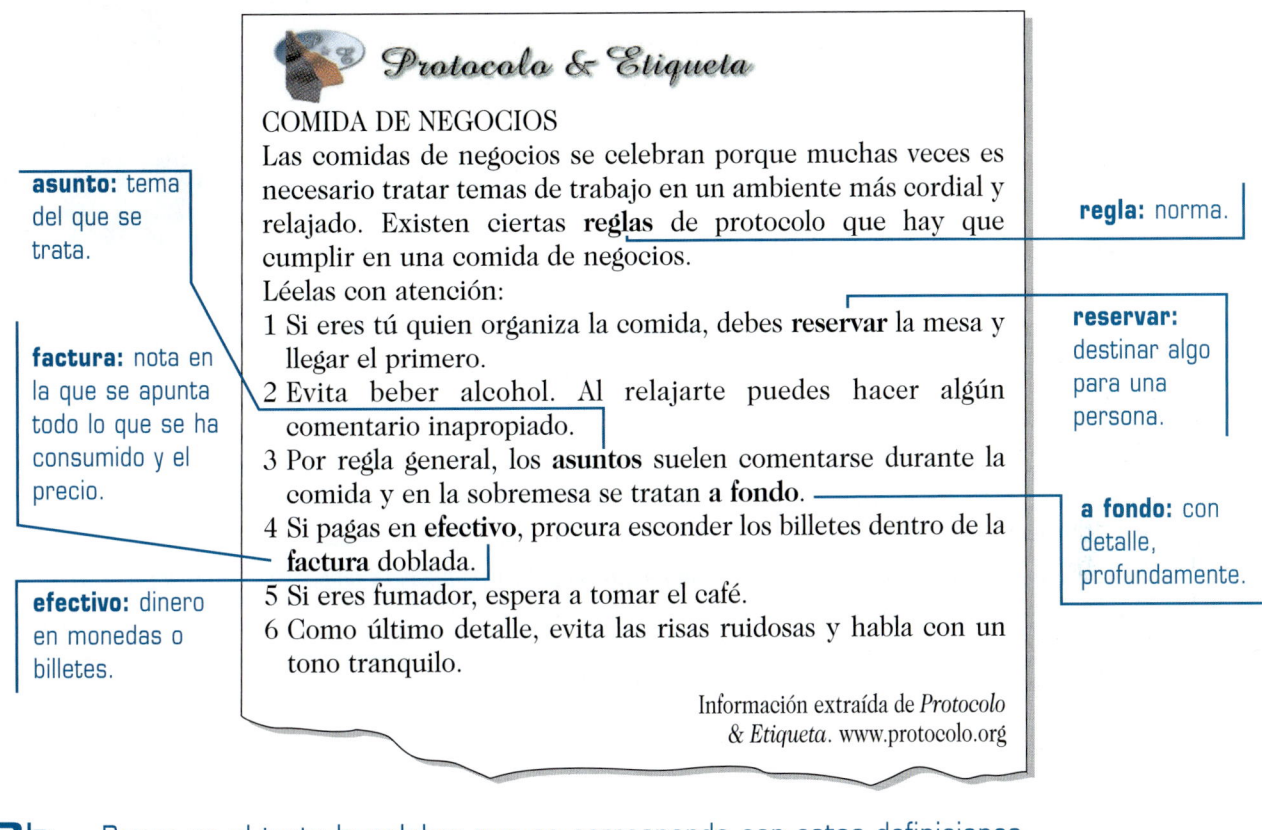

asunto: tema del que se trata.

factura: nota en la que se apunta todo lo que se ha consumido y el precio.

efectivo: dinero en monedas o billetes.

Protocolo & Etiqueta

COMIDA DE NEGOCIOS

Las comidas de negocios se celebran porque muchas veces es necesario tratar temas de trabajo en un ambiente más cordial y relajado. Existen ciertas **reglas** de protocolo que hay que cumplir en una comida de negocios.

Léelas con atención:

1 Si eres tú quien organiza la comida, debes **reservar** la mesa y llegar el primero.
2 Evita beber alcohol. Al relajarte puedes hacer algún comentario inapropiado.
3 Por regla general, los **asuntos** suelen comentarse durante la comida y en la sobremesa se tratan **a fondo**.
4 Si pagas en **efectivo**, procura esconder los billetes dentro de la **factura** doblada.
5 Si eres fumador, espera a tomar el café.
6 Como último detalle, evita las risas ruidosas y habla con un tono tranquilo.

Información extraída de *Protocolo & Etiqueta*. www.protocolo.org

regla: norma.

reservar: destinar algo para una persona.

a fondo: con detalle, profundamente.

8b Busca en el texto la palabra que se corresponde con estas definiciones.

1 *Sobremesa* _____ : tiempo durante el que se está sentado a la mesa después de haber comido.

2 _____ : amable.

3 _____ : algo inoportuno o equivocado.

4 _____ : conjunto de reglas que se deben seguir en ciertos actos o con ciertas personas importantes.

8c Después de leer el texto, contesta a las siguientes preguntas.

1 ¿Por qué se celebran las comidas de negocios? *Porque muchas veces es necesario tratar temas de trabajo en un* *ambiente más cordial y relajado.*

2 ¿Quién debe reservar la mesa? _____

3 ¿Es aconsejable beber alcohol? ¿Por qué? _____

4 Si pagas en efectivo, ¿qué debes hacer? _____

8d Ponte de acuerdo con tu compañero y escribid una lista de consejos que se deben seguir en una comida de negocios.

! Comunicación

Formas de invitar y ofrecer

Estas fórmulas permiten invitar y ofrecer algo.

- 🗨 *¿Quieres* dar un paseo?
- 🗨 *¿Te apetece* comer ahora?
- 🗨 *Toma* un poco más de vino.

Con estas formas se acepta un ofrecimiento.

- 🗨 ¿Quieres dar un paseo?
- 🗨 ¿Te apetece comer ahora?
- 🗨 Toma un poco más de vino.

- 🗨 *¡Vale!* ¿Adónde vamos?
- 🗨 *Estupendo,* tengo mucha hambre.
- 🗨 *Sí, muchas gracias.*

Cuando se rechaza una invitación o un ofrecimiento, es necesario dar una justificación para no resultar descortés.

- 🗨 ¿Quieres dar un paseo?
- 🗨 ¿Te apetece comer ahora?
- 🗨 Toma un poco más de vino.

- 🗨 *No, gracias,* hoy no puedo. Otro día, ¿vale?
- 🗨 *Lo siento,* no me apetece, gracias.
- 🗨 *Es que* tengo mucho trabajo y no puedo beber tanto.

Pedir en un bar o en un restaurante

En un bar:

- 🗨 ¿Qué le pongo?
- 🗨 Un café descafeinado.
- 🗨 Aquí tiene.
- 🗨 Cóbrese, por favor.

En un restaurante:

- 🗨 ¿Qué va a tomar?
- 🗨 ¿Puedo ver la carta?
- 🗨 Sí, por supuesto.

- 🗨 ¿Ya ha elegido?
- 🗨 Sí, de primero, sopa y, de segundo, pollo con patatas.
- 🗨 ¿Y de postre tomarán alguna cosa?
- 🗨 Un flan.
- 🗨 Para beber, ¿qué desea?
- 🗨 Vino de la casa.

Preguntar los ingredientes:

- 🗨 ¿Qué lleva el cocido?
- 🗨 Garbanzos, verduras y carne.

abc Apéndice léxico

Consulta el Apéndice léxico: Expresiones

- • Para invitar y ofrecer algo. Pg. 205
- • Para aceptar un ofrecimiento. Pg. 206
- • Para rechazar un ofrecimiento. Pg. 206

Gramática

El imperativo

El imperativo sólo se utiliza con las personas *tú, usted, vosotros, vosotras* y *ustedes*.

Se usa para expresar órdenes, mandatos, ruegos y deseos.

	trabajar	comer	vivir	sentarse
tú	trabaja	come	vive	siéntate
usted	trabaje	coma	viva	siéntese
vosotros, -as	trabajad	comed	vivid	sentaos
ustedes	trabajen	coman	vivan	siéntense

Condiciones

Cuando queremos expresar una condición de una manera general, podemos usar la palabra si y un verbo en presente seguido de otro verbo en presente o imperativo.

Si + [presente], + [presente]

◀ *Si estás interesado, puedo hacer una oferta.*

Si + [presente], + [imperativo]

◀ *Si estás de acuerdo, envíame un fax.*

Indefinidos

Las palabras algo, alguien y alguno hacen referencia a una cantidad imprecisa.

Se usan para referirse a…

	…personas	…cosas	…personas o cosas
Presencia	alguien	algo	alguno, -a, -os, -as
Ausencia	nadie	nada	ninguno, -a, -os, -as

Algo / Nada

◀ *¿Vamos a tomar algo?*

◀ *Gracias, no me apetece nada.*

Alguno / Ninguno

◀ *¿Me dejas alguno de vuestros catálogos?*

Alguien / Nadie

◀ *Me han dicho que aquí había alguien.*

◀ *Pues yo no he visto a nadie.*

◀ *Espera que miro si me queda alguno.*

◀ *Creo que no me queda ninguno.*

Alguno y *ninguno* se transforman en *algún* y *ningún* si van seguidos de un nombre en masculino singular:

◀ *No sé si me queda algún catálogo.*

◀ *No me queda ningún catálogo.*

Apéndice gramatical

Consulta estos puntos

• El imperativo. Pg. 190

• Los indefinidos. Pg. 183

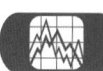

Evalúa lo que has aprendido

1 Si usted está de acuerdo con la oferta, _____ un fax de confirmación del pedido.
a envías
b envíe
c enviad

2 _____ te gusta el pescado, pide merluza. Aquí la hacen muy buena.
a Se
b Si
c Os

3 He llamado por teléfono a las siete de la tarde pero no me ha contestado _____.
a alguno
b nadie
c alguien

4 ¿Te _____ tomar un café?
Sí, vamos.
a quiere
b vienes
c apetece

5 Si _____ una buena promoción, podemos tener una buena posición en el mercado.
a hacemos
b decimos
c hablamos

6 ¿Qué quieren tomar para beber?
Agua con _____.
a gas
b sal
c azúcar

7 Si haces un pedido importante, _____ hacer un descuento.
a tengo
b digo
c puedo

8 Esta salsa está muy buena. _____ un poco más.
a Pones
b Ponéis
c Ponte

9 ¿Qué quieren de postre?
Yo, _____.
a verdura
b fruta
c pescado

10 Camarero, ¿podemos ver la _____?
Por supuesto.
a menú
b carta
c letra

11 ¿Tenéis catálogos de vuestros productos?
Lo siento, ahora no me queda _____.
a nadie
b alguno
c ninguno

12 ¿Quieres tomar _____? Vamos al bar.
a algo
b alguien
c nada

Valora lo que has aprendido

• **Sé invitar y ofrecer:**
☐ muy bien ☐ bien ☐ mal ☐ muy mal

• **Conozco expresiones para pedir en un restaurante:**
☐ muy bien ☐ bien ☐ mal ☐ muy mal

• **Sé usar el imperativo:**
☐ muy bien ☐ bien ☐ mal ☐ muy mal

• **Puedo expresar condiciones:**
☐ muy bien ☐ bien ☐ mal ☐ muy mal

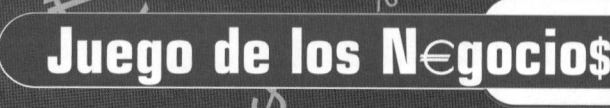

Juego de los N€gocio$

① Suma las respuestas acertadas obtenidas en *Balance* (1 acierto = 1 punto).
Total 1:_____

Resuelve la siguiente situación de empresa y descubre tus aptitudes empresariales.

La importante petrolera *Amras de Caracas* (Venezuela) celebra su 25 aniversario. La directora de relaciones institucionales, Annie Cramer, quiere organizar una cena de empresa para sus 450 empleados.

9a Los criterios para elegir el restaurante son los siguientes. (Fíjate en los números porque indican el orden de preferencia de estos requisitos para la empresa).

1.º Presupuesto: 40-60 euros por persona.
2.º Fecha: próxima al 17 de julio.
3.º Sala de exposición para una muestra fotográfica sobre la historia de la empresa.
4.º Zona ajardinada.
5.º Orquesta.

Hotel Rey Don Jaime
Precio menú: **60 euros**
Día disponible: **20 de julio**
Sala de exposición: **sí**
Zona ajardinada: **sí**
Orquesta: **sí**

Club Náutico
Precio menú: **55 euros**
Día disponible: **23 de julio**
Sala de exposición: **no**
Zona ajardinada: **no**
Orquesta: **sí**

Hotel Majestic
Precio menú: **100 euros**
Día disponible: **21 de julio**
Sala de exposición: **sí**
Zona ajardinada: **sí**
Orquesta: **no**

¿Qué restaurante te parece la mejor opción? ¿Por qué? _____

9b Los comensales de la mesa presidencial sólo pueden ser cinco. El presidente y la señora Fernández Ruiz, abogada de la empresa, deben estar allí. Entre los siguientes invitados, ¿quiénes deben ocupar los otros tres asientos?

- **Jacinta López:** consejera de Obras Públicas en el gobierno local.
- **Frank Gould:** esposo de Fernández Ruiz y ex marido de Jacinta López.
- **Manuel Gutiérrez:** propietario de las tierras donde el presidente quiere instalar nuevos pozos de petróleo.
- **Sandra Cruz:** empresaria de prestigio y muy amiga del presidente.

② Suma las respuestas acertadas obtenidas en *Vida de empresa* (1 acierto = 6 puntos).
Total 2: _____

③ Suma los puntos obtenidos anteriormente y pasa a *El juego de los negocios* (pg. 250).
Resultado de la lección 9 (Total 1 _____ + Total 2 _____) = _____

La comida mexicana

Uno de los principales atractivos turísticos de México es la variedad gastronómica de su cocina tradicional. La diversidad de zonas climáticas, ofrece gran abundancia de vegetales, legumbres, frutas y carnes. El sabor picante y característico de la cocina mexicana se lo proporciona el chile, el ingrediente estrella de la mayoría de las salsas y platos mexicanos (nachos, tacos, burritos). Existen más de 40 variedades de chile y aunque hay que tener cuidado, tomado con moderación, el chile es un alimento altamente saludable y digestivo.

audio 10 Escucha atentamente el audio y aprende a expresarte en un restaurante mexicano. Luego completa el diálogo, fíjate en que usan el tratamiento formal:

MANUELA: ¡Mozo!

Mozo: Hola, buen día. Si ya (1)_____ lo que quiere, le (2)_____ nota.

MANUELA: Sí. De primero quiero chícharos con jamón.

Mozo: No nos quedan, señorita. Si (3)_____ le puedo traer papas.

MANUELA: De acuerdo, pero con un poco de chile.

Mozo: Vale. ¿Y qué va a tomar de (4)_____?

MANUELA: Si tiene, puerco con maíz.

Mozo: Sí que (5)_____. ¿Y de postre?

MANUELA: Plátano.

Mozo: Muy bien. ¿Qué va a (6)_____?

MANUELA: Una (7)_____ muy fría.

Mozo: Perfecto. ¿(8)_____ algo más?

MANUELA: Sí, ¿puede traerme un cenicero?

Mozo: Ahora mismo.

Alimentos en Hispanoamérica

Como has podido escuchar en la conversación, existen muchas diferencias entre los distintos países de habla hispana para designar el vocabulario de comida. A continuación te ofrecemos una lista con los nombres de algunos alimentos:

España	Argentina	México	Cuba	España	Argentina	México	Cuba
cerdo	lechón	puerco	marrano	tarta, pastel	tarta, torta	pastel	pastel
cerveza	cerveza	chela, cheve	bruski	plátano	banana	plátano	plátano
guindilla	ají	chile, picante	ají	zumo	jugo	jugo	jugo
guisantes	arvejas	chícharo	petit pois	melocotón	durazno	durazno	durazno
patata	papa	papa	papa	pomelo	toronja	toronja	toronja
maíz	choclo	maíz, elote	maíz	judías, alubias	frijol blanco, aluvias	aluvias	frijol blanco
judía verde	chaucha	ejote	habichuela				

1 Relaciona las intervenciones de la columna de la izquierda con las de la columna de la derecha.

1 🔊 Perdona, ¿tienes hora?

2 🔊 ¿Qué estás haciendo?

3 🔊 ¿Dónde está Andrés?

4 🔊 ¿Puedes ayudarme a archivar los documentos?

5 🔊 ¿Cuándo empezamos la reunión?

6 🔊 ¿Qué haces los domingos?

7 🔊 ¡Ven aquí ahora mismo!

8 🔊 ¿Tienes alguna moneda de 50 céntimos?

a 🔊 A las once.

b 🔊 Son las tres y media.

c 🔊 No, no tengo ninguna.

d 🔊 Leo la prensa y descanso.

e 🔊 Estoy preparando el informe.

f 🔊 Sí, ahora te ayudo.

g 🔊 Está en el almacén.

h 🔊 Ahora no puedo. Luego voy.

2 Intenta completar las siguientes frases con las palabras del cuadro.

algunos	muchas	todavía	después	ningún	una	luego	nunca	algunas

1 Quiero saber _____ palabras en español; cuantas más, mejor.

2 Tengo _____ conocimientos de español, pero _____ necesito mejorar.

3 _____ de acabar este curso, quiero viajar a México.

4 Éste es el mejor restaurante de la ciudad. En _____ sitio se come mejor que aquí.

5 Quiero conocer _____ ciudades de España, y _____ escoger _____
 donde montar un negocio.

6 Este clima es perfecto. Casi _____ llueve.

3 Escribe el gerundio y el participio de los siguientes infinitivos. Después, completa las frases: la primera con **estar** + [gerundio] y la segunda con el pretérito perfecto.

Infinitivo	Gerundio	Participio
1 *ganar*		
	Faustino _____ mucho dinero con su nueva empresa.	
	¿Quién _____ mucho dinero con su nueva empresa?	
2 *subir*		
	Marta _____ por la escalera.	
	¿Quién _____ por la escalera?	
3 *transferir*		
	Nuria _____ todos los datos.	
	¿Quién _____ todos los datos?	

4 María escribe una carta a su amiga Nuria y le explica qué hace habitualmente. Léela y complétala con la forma verbal de los verbos que aparecen entre paréntesis.

Hola, Nuria:

¿Cómo estás? Yo muy bien. Estoy muy contenta, tengo un nuevo trabajo. Los días laborables, (despertarse, yo) (1)_____
a las siete, pero soy muy perezosa y siempre estoy un cuarto de hora más en la cama. (levantarse, yo) (2)_____ a las siete y cuarto. Lo primero que hago, para despejarme, es escuchar música clásica. A las siete y media, (ducharse, yo) (3)_____;
luego, (peinarse, yo) (4)_____ el cabello delante del espejo, y (desayunar, yo) (5)_____. (salir, yo) (6)_____ de casa a las ocho y cuarto, y tardo tres cuartos de hora en llegar al trabajo.
A las nueve en punto estoy allí. Termino el trabajo a las tres de la tarde. (regresar, yo) (7)_____ a casa. (comer, yo) (8)_____
y (echarse, yo) (9)_____ la siesta. A las cinco de la tarde, (ir, yo) (10)_____ al gimnasio.

¡Estoy muy ocupada! Y, ¿tú?, ¿qué haces?

Besos,

María

Bloque 4

Balance

Lección 10 — Trabajo en equipo

Marta se reúne con su equipo para informarse de la situación de la empresa. Analízala con ellos.

 Funciones comunicativas
- Relacionar acontecimientos del pasado
- Expresar distintos grados de seguridad
- Felicitar

 Estructuras gramaticales
- Ordenar un relato
- El pretérito indefinido
- Expresiones de tiempo pasado

 Vocabulario
- Situaciones sociales

Lección 11 — Reunión de trabajo

El ideal de Marta es la mejora continua de su empresa. ¿Cómo piensa lograrlo? ¡Conoce sus planes!

 Funciones comunicativas
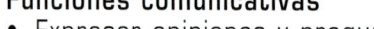
- Expresar opiniones y preguntar por ellas
- Manifestar acuerdo y desacuerdo
- Referirse a hechos, circunstancias y situaciones en el pasado

 Estructuras gramaticales
- El contraste entre *ya* y *todavía no*
- Frases de relativo: *donde, que*
- El pretérito imperfecto
- Contraste entre el pretérito imperfecto y el pretérito indefinido

 Vocabulario
- Organizar cartas

Lección 12 — Hacer balance

Marta, Alejandro y el Sr. Williams estudian el balance. ¿Qué planes tiene Marta? ¡Descúbrelo!

 Funciones comunicativas
- Hablar del futuro: planes y proyectos
- Proponer actividades y reaccionar ante ellas
- Referirse a intenciones y objetivos

 Estructuras gramaticales
- Marcadores temporales de futuro
- El doble pronombre

 Vocabulario
- Vocabulario del balance

Trabajo en equipo

Nexus Internacional está en marcha desde la semana pasada. Los pedidos de ropa crecen y Marta está al día de todas las novedades gracias a las reuniones que tiene con Eva y Agustín.

En esta lección vas a aprender

 Cómo relacionar acontecimientos del pasado.
A expresar distintos grados de seguridad.
A felicitar.

 Cómo ordenar un relato.
El pretérito indefinido.
Expresiones de tiempo pasado.

 Situaciones sociales.

La empresa de Marta ya tiene una semana de vida. Marta es muy exigente con su secretaria y Eva no le defrauda. La empresa funciona a la perfección gracias al trabajo en equipo de sus empleados.
Lee esta conversación y fíjate en las imágenes.

Eva hace un resumen de la actividad empresarial.

Marta está contenta con Eva. Su trabajo durante la semana ha sido bueno.

Eva hace un informe

Eva, ¿puedes hacerme un resumen de la actividad empresarial de la semana pasada?

Claro, Marta. Durante la semana pasada recibimos trece pedidos.

¿Cuántos enviamos? Creo que todos, ¿no?

Casi todos, sólo falta uno.

Sí, aquí lo tienes.

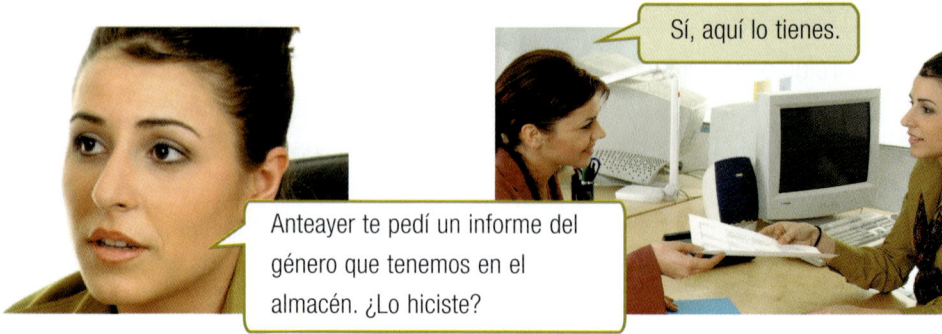

Anteayer te pedí un informe del género que tenemos en el almacén. ¿Lo hiciste?

▶ audio Ahora escucha la conversación completa entre Marta y Eva.

audio

1a Las siguientes expresiones indican distintos grados de seguridad. Escucha la conversación entre Marta y Eva y escribe con un número el orden en que aparecen.

[1] Creo que todos. ☐ Me parece que llega hoy. ☐ Seguro que no vuelve a ocurrir.

audio

1b Escucha de nuevo el diálogo y completa las siguientes frases con las expresiones que has ordenado.

1 A Eva le _____ que el material llega hoy.

2 Marta _____ que enviaron todos los pedidos.

3 Eva está _____ de que no vuelve a repetir el mismo error.

🔍 Gramática

EXPRESIONES DE PASADO

Algunas expresiones de pasado son:

Esta mañana
Este año } *he hablado con el señor Jiménez.*

Ayer
El otro día } *fui al almacén.*
El mes pasado

Hace poco { *he estado en la fábrica.*
estuve en la fábrica.

audio

1c Vuelve a escuchar el diálogo y responde a las preguntas marcando la opción correcta. Observa con atención los marcadores temporales que aparecen en el texto.

1 Marta pide a Eva un resumen empresarial _____.
☐ del mes pasado ☑ de la semana pasada

2 Durante _____ recibieron trece pedidos.
☐ la semana pasada ☐ el año pasado

3 El material procedente de los Estados Unidos _____.
☐ llega pasado mañana ☐ llega hoy

4 La bienal de turismo de _____ acabó con todo el género.
☐ el año pasado ☐ la semana pasada

5 Marta le pidió un informe a Eva _____.
☐ la semana pasada ☐ anteayer

6 ¿Cuándo terminaron el stock de trajes de azafata?
☐ Ayer ☐ El mes pasado

2 Tu compañero y tú trabajáis en la misma empresa. Vuestro jefe os ha pedido un resumen de la actividad empresarial de la semana pasada. Decidid el tipo de empresa en la que trabajáis y redactad el informe.

•audio **3a** Marta llama a Diego Marín para preguntarle qué opina de la fiesta de inauguración de la semana pasada. Escucha el audio y completa el diálogo.

Gramática

El pretérito indefinido expresa un pasado alejado de la época presente

	-ar	-er, -ir
yo	compré	bebí
tú	compraste	bebiste
él, ella, usted	compró	bebió
nosotros, -as	compramos	bebimos
vosotros, -as	comprasteis	bebisteis
ellos, ellas, ustedes	compraron	bebieron

MARTA: ¿Qué te (1) _pareció_ la inauguración de la (2)_____ pasada?

SR. MARÍN: ¿La semana pasada? ¿Qué inauguración?

MARTA: ¡Por favor! ¡La inauguración de mi tienda! ¡Fue hace una semana, no (3)_____ el año pasado!

SR. MARÍN: Disculpa, ¡qué despistado soy! Es que el (4)_____ (5)_____ a otra inauguración y ya no sé dónde tengo la cabeza. Esta (6)_____ (7)_____ a cuatro inauguraciones sin contar la tuya.

MARTA: Pues sí que estás ocupado de fiesta en fiesta. (8)_____ me (9)_____ la sensación de que te lo pasas muy bien en tu trabajo.

SR. MARÍN: No me puedo quejar, pero es muy cansado. Mira, el mes (10)_____ (11)_____ que ir a tres fiestas de clientes. Piensa que ir a una fiesta por trabajo no siempre es agradable.

MARTA: Sí, ya te entiendo. En (12)_____ trabajé como relaciones públicas, asistí a muchísimas fiestas y también las organicé. ¡Y la verdad, nunca me gustó demasiado!

SR. MARÍN: Bueno, tu fiesta de inauguración fue excelente. ¡Cuánta gente! ¡Muchas felicidades!

3b Ahora fíjate en las expresiones de pasado que hay en el diálogo entre Marta y el señor Marín e indica el tiempo verbal que aparece al lado de cada expresión.

1 La semana pasada	**4** Hace una semana	**7** En 1999	**Pretérito perfecto:** _____
2 El año pasado	**5** El domingo	**8** Nunca	**Pretérito indefinido:** _1,_____
3 Esta semana	**6** Siempre	**9** El mes pasado	

4 Fíjate en las terminaciones de los verbos del recuadro. Coloca cada uno en la persona correspondiente.

> convertisteis   gané   dirigí   vendimos   logré   presentaste   ganó
> completó   enviasteis   escribiste   enviaron   establecimos   planificaron

Yo: _gané,_____

Tú: _____

Él, ella, usted: _____

Nosotros, nosotras: _____

Vosotros, vosotras: _____

Ellos, ellas, ustedes: _____

5 Amanda, una amiga de Marta, explica por qué no pudo ir a la inauguración de la semana pasada. Lee el siguiente texto y ordénalo.

_1_ **Primero** tuve reuniones hasta las siete de la tarde, una tras de otra. No paré en todo el día.

____ **Al final** no pude ir a la inauguración.

____ **Después** del trabajo fui a casa para ducharme, arreglarme e ir a la inauguración. Al entrar en casa, tropecé y me caí.

____ **Luego** me senté en el sofá, me quedé dormida y me desperté a las seis de la mañana.

6a En las biografías se usa mucho el pretérito indefinido. Lee la de King Gillette y complétala con los verbos del recuadro. Utiliza la forma verbal correcta.

> nacer   trabajar   empezar   luchar   tener   dar   imaginar   tener   idear

King Gillette

King Gillette (1) _nació_ en Wisconsin en 1855 y (2)_____ a trabajar como viajante comercial a los 18 años de edad. Hijo de inventor, desde muy joven (3)_____ innumerables inventos mecánicos, pero no (4)_____ ninguna salida comercial.

A los 35 años (5)_____ como vendedor en la *Baltimore Seal Company*. En una ocasión, el presidente de esta compañía, Willian Painter, le (6)_____ un consejo muy útil para Gillette: «Si quieres hacerte rico, inventa un objeto desechable que la gente compre una y otra vez».

Días después, Gillette (7)_____ una idea: «En aquel momento (8)_____ la hoja de afeitar desechable con dos filos sujeta a un mango metálico».

Durante diez años, King Gillette (9)_____ duramente para realizar su sueño. Hoy día su empresa es una multinacional presente en más de 200 países, cuenta con más de 40.000 empleados y sus ventas anuales superan la cifra de los 10 mil millones de dólares.

Texto adaptado de www.centro-emprende.com

6b Ahora escribe tu biografía. Recuerda que el texto de la anterior actividad te puede ayudar.

Monedas y tesoros

El dinero se utiliza desde la Antigüedad, pero sólo algunas veces se ha aceptado sin problemas. Durante unos 4.000 años, los **comerciantes** utilizaron metales para sus **intercambios**, principalmente, la plata, el cobre y el oro. Durante largos periodos, la plata fue el metal más usado, y durante periodos más cortos, el oro ocupó el primer lugar.

La plata se usó para las **transacciones** comerciales habituales; el oro se utilizó para transacciones excepcionales. En otras épocas, en cambio, el oro —debido a su abundante uso—, tuvo menos **categoría** que el cobre.

Durante breves periodos también se utilizó el hierro. Y mucho más tarde, el tabaco. Otros **artículos** más raros fueron las cabezas de ganado, el whisky y las piedras, aunque solamente se utilizaron en zonas rurales.

En la **práctica**, el dinero casi siempre fue un metal más o menos precioso.

Adaptado de *El dinero* (1975), **de** J. K. Galbraith.

Vocabulario

comerciante: persona que se dedica a comprar y vender productos o cambiar unos por otros para obtener beneficio.

intercambio: hecho de dar una cosa a cambio de otra que se recibe.

transacción: acuerdo comercial entre personas o empresas.

categoría: valor, clase de un cosa.

artículo: cualquier cosa que se compra o se vende.

práctica: aplicación de algo teórico a casos reales.

John Kenneth Galbraith (1908). Canadiense. Doctor en Filosofía de la Economía por la Universidad de California.

7 Lee las siguientes frases y subraya la opción más adecuada.

1 Estas Navidades vamos a ampliar la cantidad de <u>artículos</u> / transacción.
2 El nuevo diseño es original, pero, en la *comerciante / práctica*, no funciona.
3 El tipo de *transacción / intercambiar* está determinado.
4 A Antonio le gusta ir a los mercadillos e *intercambiar / comerciante* cómics.
5 Tu nuevo coche tiene más *transacción / categoría* que el antiguo.
6 Ayer los *comerciantes / artículos* se manifestaron en el centro de la ciudad.

8 Después de leer el texto, indica si las siguientes afirmaciones son verdaderas **(V)** o falsas **(F)**.

	V	F
1 Los comerciantes nunca han empleado metales para sus intercambios.	☐	☑
2 La plata fue más utilizada que el oro.	☐	☐
3 El oro no se empleó para transacciones comerciales habituales.	☐	☐
4 En algunos momentos el cobre tuvo menos categoría que el oro.	☐	☐
5 El dinero nunca se ha considerado un metal más o menos precioso.	☐	☐

9a ¿Qué debe hacer la persona que organiza una fiesta? ¿Cuáles son sus obligaciones? En el siguiente texto tienes las respuestas a estas preguntas. Léelo.

𝓟𝓻𝓸𝓽𝓸𝓬𝓸𝓵𝓸 & 𝓔𝓽𝓲𝓺𝓾𝓮𝓽𝓪

Organizar una fiesta

El anfitrión es la persona que organiza la fiesta. Es decir, aquella persona que recibe y se encarga de atender a los invitados. Saber atender a los invitados es la garantía del éxito en nuestra vida social, laboral e incluso familiar. Hay una serie de **obligaciones** que debe cumplir una persona para ser un perfecto anfitrión, vamos a **repasarlas** brevemente:

- Recibir. El anfitrión siempre debe estar atento a las personas que llegan para darles la bienvenida, saludarlas y conversar unos minutos con ellas. Es importante no **alargar** la conversación de bienvenida, ya que no es correcto mantener a un invitado demasiado tiempo en la entrada.
- Presentar. Durante el desarrollo de la **velada**, los anfitriones se encargan de presentar a los invitados entre sí.
- Animar. El anfitrión debe estar siempre atento al desarrollo de la fiesta, por esa razón ha de observar que sus invitados no se aburren y se quedan en silencio. Un buen anfitrión siempre es capaz de iniciar conversaciones, de introducir temas e incluso de moderar las conversaciones, aunque los temas laborales debe tratarlos con mucho cuidado.
- Despedir. El anfitrión ha de estar preparado para despedir a los invitados que se van y para agradecerles su **presencia** en la fiesta.

Información extraída de Protocolo y Etiqueta. www.protocolo.org

repasar: volver a mirar o examinar una cosa, sobre todo para corregir defectos o errores.

obligación: cosa que hay que hacer o cumplir.

alargar: hacer que algo dure más tiempo.

velada: reunión nocturna de varias personas para charlar y entretenerse.

presencia: asistencia de alguien a un determinado lugar.

9b Después de leer el texto seguro que puedes responder las siguientes preguntas.

1 ¿Qué es un anfitrión?

El anfitrión es la persona que organiza la fiesta.

2 ¿Qué debe hacer un anfitrión al recibir a las personas invitadas?

3 Si los invitados se aburren o se quedan en silencio, ¿de qué es capaz siempre un buen anfitrión?

4 ¿Cuál de las siguientes palabras es un sinónimo de *moderar: mediar, controlar* o *censurar?*

5 Cuando los invitados se van, ¿qué debe agradecer el anfitrión?

ⓘ Comunicación

Relacionar acontecimientos del pasado

Cuando hablamos de hechos sucedidos en el pasado, el verbo suele ir acompañado por marcadores temporales:

> *El año anterior* a su boda, abrieron el negocio.
>
> *Ese mismo año* organizaron varios viajes de negocios.
>
> *Más tarde* tuvieron que cerrar el negocio.
>
> *Al año siguiente* se compraron un coche nuevo.
>
> *Un año después* del accidente cambió de trabajo.

Expresar distintos grados de seguridad

Hay distintas expresiones que se utilizan para matizar el grado de seguridad o inseguridad.

El hablante utiliza seguro que para indican que lo que dice le parece muy probable. Esta expresión va seguida de un verbo en indicativo: presente, pasado o futuro.

> *Seguro que* está enfermo.

Con creo que; me imagino que; me parece que el hablante indica no está completamente seguro de lo que dice, hace hipótesis sobre lo que quiere comunicar. Estas expresiones van seguidas de un verbo en indicativo: presente, pasado o futuro.

> *Creo que* está enfermo.
>
> *Me parece que* estaba enfermo.
>
> *Me imagino que* está enfermo.

Las expresiones anteriores se usan para preguntar y también para responder.

> 💬 *¿Seguro que* la reunión fue ayer?
>
> 💬 *Creo que* sí.

Felicitar

Para felicitar por un trabajo bien hecho, un premio recibido, etc., se utilizan las siguientes expresiones:

> 💬 *¡Felicidades*   💬 *Enhorabuena.*
>
> 💬 *Te felicito.*   💬 *Muchas felicidades.*

Apéndice léxico

Consulta en el Apéndice léxico: Expresiones

• Para expresar el grado de seguridad. Pg. 206

• Para felicitar. Pg. 206

Gramática

Ordenar un relato

Para ordenar hechos en un relato podemos utilizar las siguientes expresiones:

🗨 **Primero** fuimos al aeropuerto, **después** recogimos a los clientes, **luego** hicimos la reunión y **al final** fuimos a comer.

El pretérito indefinido

Se usa cuando queremos expresar una acción realizada y acabada en el pasado sin relación con el presente.

Las terminaciones de los verbos regulares son las siguientes:

	env**iar**	respond**er**	escrib**ir**
yo	env**ié**	respond**í**	escrib**í**
tú	env**iaste**	respond**iste**	escrib**iste**
él, ella, usted	env**ió**	respond**ió**	escrib**ió**
nosotros, -as	env**iamos**	respond**imos**	escrib**imos**
vosotros, -as	env**iasteis**	respond**isteis**	escrib**isteis**
ellos, -as, ustedes	env**iaron**	respond**ieron**	escrib**ieron**

Expresiones de tiempo pasado

Algunas expresiones de pasado se usan tanto con el pretérito indefinido como con el pretérito perfecto.

Hace poco	Hace un momento	Siempre	Nunca

🗨 **Hace poco hemos comprado / compramos** un nuevo local.

Las siguientes expresiones se utilizan sólo con el pretérito indefinido:

Anteayer	El domingo	Ayer	La semana pasada
El mes pasado	El otro día	En 2002	

🗨 **En 2002 implantamos** un sistema para prevenir riesgos laborales.

Las siguientes expresiones se emplean sólo con el pretérito perfecto.

Hoy	Esta semana / mañana / tarde	Este mes / año

🗨 **Esta mañana he tenido** tres reuniones.

Apéndice gramatical

Consulta este punto

• El pretérito indefinido. Pg. 189

Evalúa lo que has aprendido

1 ¿Por qué no han invitado al señor Sancho?

Me _____ que Marta y Eva se han olvidado.

a seguro
b imagino
c creo

2 El mes pasado, Eva _____ todas las invitaciones por correo.

a envió
b envié
c envías

3 _____ por la fiesta de inauguración. Estuvo muy bien organizada.

a Feliz
b Buena hora
c Enhorabuena

4 En la fiesta de ayer primero sirvieron los canapés y _____ habló el director general.

a este mes
b siempre
c después

5 ¿Por qué no vino la señora Ramos?

No lo sé. Me _____ que está de viaje.

a seguro
b parece
c creo

6 En 1998 estuve en Caracas y al año _____, en 1999, fui a Bogotá.

a mismo
b anterior
c siguiente

7 ¿Dónde está Ana?

Se ha marchado hace _____.

a anteayer
b un momento
c hoy

8 Ayer los invitados _____ hasta las once.

a estuvo
b estuve
c estuvieron

9 En marzo hablé con Fernando y el mes _____ con Alejandro.

a tarde
b anterior
c luego

10 La semana pasada yo te _____ un correo electrónico.

a escribí
b escribís
c escribió

11 _____ inauguramos la fábrica de Guadalupe y después la de Galicia.

a Primero
b Siguiente
c Al final

12 Esta empresa funciona muy bien. Te _____, Marta.

a felicidades
b felicitar
c felicito

Valora lo que has aprendido

	muy bien	bien	mal	muy mal
• Sé cómo relacionar acontecimientos del pasado:	☐ muy bien	☐ bien	☐ mal	☐ muy mal
• Conozco expresiones de tiempo pasado:	☐ muy bien	☐ bien	☐ mal	☐ muy mal
• Puedo expresar distintos grados de seguridad:	☐ muy bien	☐ bien	☐ mal	☐ muy mal
• Sé cómo ordenar un relato:	☐ muy bien	☐ bien	☐ mal	☐ muy mal
• Conozco formas de felicitar:	☐ muy bien	☐ bien	☐ mal	☐ muy mal
• Puedo usar el pretérito indefinido:	☐ muy bien	☐ bien	☐ mal	☐ muy mal

Juego de los N€gocio$

① Suma las respuestas acertadas obtenidas en *Balance* (1 acierto = 1 punto).

Total 1: _____

Resuelve la siguiente situación de empresa y descubre tus aptitudes empresariales.

Una empresa de electrodomésticos de alcance nacional prepara su balance anual. Ha sido su primer año en la producción y venta de cocinas de vitrocerámica. Ha acudido a *Summa Consultores* para sacar conclusiones sobre los resultados obtenidos.

10a Aquí tienes los datos, léelos atentamente.

Informe del PRIMER CUATRIMESTRE	
Gasto en producción y distribución	200.000 €
Gasto en marketing y publicidad	90.000 €
Gasto en investigación e innovación del producto	25.000 €
Ventas [1.000 unidades]	500.000 €

Informe del SEGUNDO CUATRIMESTRE	
Gasto en la producción y distribución	200.000 €
Gasto en marketing y publicidad	150.000 €
Gasto en investigación e innovación del producto	20.000 €
Ventas [1.300 unidades]	650.000 €

Informe del TERCER CUATRIMESTRE	
Gasto en producción y distribución	190.000 €
Gasto en marketing y publicidad	200.000 €
Gasto en investigación e innovación del producto	22.000 €
Ventas [1.410 unidades]	705.000 €

10b Ahora, calcula los beneficios obtenidos en cada cuatrimestre.

Beneficios del primer cuatrimestre: _____

Beneficios del segundo cuatrimestre: _____

Beneficios del tercer cuatrimestre: _____

10c En función de los beneficios obtenidos en cada cuatrimestre, señala la conclusión más acertada.

a El incremento del gasto en investigación e innovación del producto aumenta los beneficios. ☐

b No conviene invertir grandes cantidades en ningún ámbito. ☐

c La inversión más rentable es la de marketing y publicidad. ☐

d El incremento del gasto en producción y distribución provoca grandes beneficios. ☐

② Suma las respuestas acertadas obtenidas en *Vida de empresa* (1 acierto = 6 puntos).
Total 2: _____

③ Suma los puntos obtenidos anteriormente y pasa a *El juego de los negocios* (pg. 250).
Resultado de la lección 10 (Total 1 _____ + Total 2 _____) = _____

La figura del gaucho en América del Sur

Los colonizadores españoles transformaron la palabra *huachu* (vagabundo), procedente de la lengua quichua, para denominar a los hombres que vivían de manera solitaria fuera de las ciudades.

Desde entonces, hasta nuestros días, el espacio natural del gaucho es la llanura que se extiende desde la pampa del sur de Argentina y Uruguay, hasta el Estado de Río Grande del Sur, en Brasil.

Desde finales del siglo XIX, esta figura tan característica ha vivido en la llanura sudamericana, como único habitante de esas inmensas extensiones de terreno, realizando todo tipo de tareas ganaderas y agrícolas.

Los gauchos se caracterizaron por su destreza física, su carácter reservado y melancólico. También fueron jinetes hábiles, realizaron casi todas las tareas a caballo, animal que constituyó su mejor compañero y su única riqueza.

audio **11a** Escucha el audio y localiza una expresión utilizada para mostrar seguridad.

La expresión utilizada para mostrar seguridad es: _____

audio **11b** Ahora, vuelve a escuchar el audio, fíjate en los tiempos verbales que utilizan Luisa y Miguel, y escríbelos en la columna adecuada.

Presente de indicativo	Pretérito indefinido	Pretérito perfecto
estás		

La pronunciación chilena

Como has podido escuchar en la conversación, en Chile, como en casi en toda Hispanoamérica, se pronuncian igual la **s** y **c** ante **i** y **e**.

Este fenómeno se denomina **seseo** y se produce en todo el país. De esta forma, si no hay un contexto que aclare la situación y el significado de ciertas palabras, se pueden producir malentendidos y un chileno podría estar, por ejemplo, «en la **cima** de una montaña» o «en la **sima** de un océano».

El uso del diminutivo

El diminutivo en *ito* /-a o *ecito* /-a es muy propio y distintivo del español de Chile. Muy rara vez te invitan a tomarte *un café*, *un té* o *un mate*. Siempre te ofrecen *un cafecito*, *un tecito* o *un matecito*.

Reunión de trabajo

Es el momento de hacer una valoración en la empresa de Marta. Ella confía plenamente en Eva y en Agustín y les pide su opinión sobre el funcionamiento de la empresa. ¿Qué crees que opinan sus empleados? ¿Qué ideas tienen para mejorar la franquicia?

En esta lección vas a aprender

 A expresar opiniones y preguntar por ellas.
Formas de manifestar acuerdo y desacuerdo.
Cómo referirse a hechos, circunstancias y situaciones en el pasado.

 El contraste entre *ya* y *todavía no*.
Frases de relativo: *donde, que.*
El pretérito imperfecto.
Contraste entre el pretérito imperfecto y el pretérito indefinido.
 Organizar cartas.

Es hora de valorar cómo funciona la empresa. Marta quiere saber qué opinan sus empleados sobre su gestión en los primeros meses de la franquicia. Eva y Agustín opinan que va muy bien, pero tienen algunas ideas para mejorar el funcionamiento de la empresa. Lee esta conversación y fíjate en las imágenes.

Agustín opina sobre cómo va el negocio.

Marta quiere valorar el funcionamiento de la empresa.

Eva habla de la franquicia.

La hora de la verdad

Con toda sinceridad, decidme, ¿cómo os parece que va la franquicia?

A mí me gusta mucho cómo diriges la empresa.

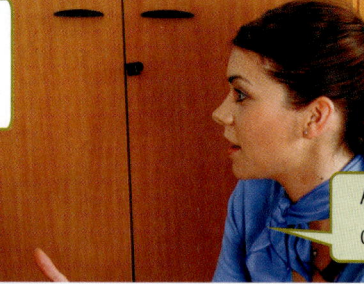

¿Y creéis que podemos mejorar alguna cosa?

Yo creo que es el momento de invertir más dinero en marketing y publicidad.

¿Creéis que nuestros clientes están contentos con nosotros?

Seguro. Nunca hemos recibido ninguna queja.

🔊 audio Ahora escucha la conversación completa entre Marta, Eva y Agustín.

audio **1a** Escucha la conversación entre Marta, Eva y Agustín, y luego completa las siguientes frases con las palabras del recuadro.

> todavía   interesa   ya   idea   también   acuerdo   gusta

1 Marta, Agustín y Eva __ya__ llevan tiempo trabajado juntos.
2 A Eva le _____ cómo dirige Marta la empresa.
3 A Agustín _____ le gusta cómo trabaja Marta.
4 Agustín cree que es el momento de invertir en publicidad, porque _____ no tienen competencia.
5 Eva está de _____ con Agustín.
6 Marta quiere saber qué opinan los clientes, y a Eva también le _____.
7 Agustín piensa que no es mala _____.

Gramática

ADVERBIOS TEMPORALES

Ya indica la reciente ejecución de una acción conocida y esperada por los hablantes:

Ya ha llegado el paquete que envié ayer.

Todavía no indica la no ejecución de algo que se espera:

Todavía no ha empezado el partido.

audio **1b** Vuelve a escuchar la conversación y decide si las siguientes frases son verdaderas **(V)** o falsas **(F)**. Observa que aparecen destacadas expresiones de opinión.

	V	F
1 Agustín **cree que** es buena idea invertir más dinero en marketing.	☑	☐
2 Eva **cree que** todavía no es el momento de promocionarse.	☐	☐
3 Eva **está de acuerdo** con Agustín en invertir en publicidad.	☐	☐
4 Eva **no está de acuerdo** en hacer una encuesta porque nunca han recibido ninguna queja.	☐	☐
5 Agustín **cree que** hacer una encuesta no es una buena idea.	☐	☐

2 ¿Es bueno invertir en marketing y publicidad? ¿Qué crees? Comenta tu opinión con tu compañero.

audio **3a** Eva y Agustín están hablando sobre su trabajo y comentan las cosas que les gustan y las que no les gustan. Escucha el diálogo y descubre qué opina Agustín.

	Le gusta	No le gusta	Le gustan	No le gustan
El horario flexible	✔			
El salario				
Trabajar con prisas				
Los jefes autoritarios				
Los jefes que saben delegar				
Tomar decisiones				

audio **3b** Escucha de nuevo el diálogo. ¿Qué opina Eva de la empresa?

	Le gusta	No le gusta	Le gustan	No le gustan
El horario flexible	✔			
El salario				
Los jefes autoritarios				
Los jefes que saben delegar				
Tomar decisiones				

3c Fíjate en que sólo se usa *gustan* con nombres en plural: *los jefes*. Mira de nuevo las frases anteriores. ¿Cuándo se usa *gusta*?

Con nombres en _____: *el horario, el salario*. También con verbos en _____: *trabajar, tomar*.

audio **3d** En la empresa donde Agustín trabajaba antes, las cosas no eran igual. Escucha de nuevo la conversación y subraya la mejor opción para completar la frase.

Cuando Agustín trabajaba en la otra empresa...

...**ganaba** *más / menos*.

...**planificaban** *bien / mal* el trabajo.

...los compañeros **eran** muy *eficientes / ineficientes*.

4 Piensa en el último trabajo que tuviste. Escribe lo que te gustaba y lo que no.

5a Mira el siguiente correo electrónico. ¿Qué tipo de texto crees que es? Luego léelo y comprueba si tu hipótesis es correcta.

☐ Una carta para las personas responsables.

☐ Un mensaje interno para todos los empleados.

☐ Publicidad.

◯◯◯ ✉ Buenas noticias

✉ Enviar ahora ✉ Enviar más tarde 🗐 ✎ ▾ 🗑 📎 ✐ Firma ▾ 🗋 ▾ 📋 📑 Insertar ▾ 📋 Categorías ▾

De: [   ] ⬍

Para: @

CC:

Asunto: Buenas noticias

▶ Datos adjuntos:ninguno

🔤 | Verdana ▾ | Medio ▾ | **N** *K* S T | ▦ | ≡ ≡ ≡ ≟ ⋮≡ ⋮≡ ⋮≡ ⋮≡ | ■A▾ | 🪣 ▾ | ——

Estimados compañeros:

Me dirijo a vosotros para daros buenas noticias. Ya hemos alcanzado los objetivos de ventas que teníamos para este año. Otra buena noticia es que ya hemos firmado el contrato que negociamos el mes pasado con el distribuidor de Colombia y Venezuela. La última buena noticia es que ya está pintada la sala donde se reúnen los jefes. Los pintores no van a molestar más.

Pero todo no son buenas noticias. Todavía no hemos conseguido entregar algunos productos en los plazos acordados con los clientes. Y otra cosa, los compañeros del departamento de administración todavía no apagan el ordenador cuando se marchan.

Esta empresa puede funcionar cada vez mejor con el esfuerzo de todos.

Saludos,

5b El texto informa de que han sucedido cosas que se esperaban. ¿Cuáles son las buenas noticias?

1 *Ya han alcanzado los objetivos de ventas que tenían para este año.* _____

2 _____

3 _____

5c Algunas cosas no han sucedido, pero se espera que pasen próximamente. ¿Cuáles son las malas noticias?

1 _____

2 _____

5d En el texto tienes dos tipos de expresiones: una indica que ha sucedido algo que se esperaba y otra expresa que no se ha logrado el objetivo esperado. Fíjate en las actividades **5**b y **5**c y escribe a continuación cuáles son estas palabras.

_____ y _____

La estrategia del Banco Interamericano de Desarrollo (BID)

Desde su creación en 1993, las dos metas del BID fueron el **desarrollo sostenible** desde el punto de vista ecológico y la **reducción** de la pobreza y la desigualdad.

Para conseguir estas metas, el BID tiene tres objetivos prioritarios: la **competitividad** industrial, el desarrollo social y la modernización del Estado.

En los últimos años, el BID procuró reforzar la **cooperación** entre sus miembros y patrocinó encuentros entre empresarios de distintos países.

Adaptado de *La exigencia de un desarrollo sostenible* (2002), de Enrique Iglesias.

Enrique V. Iglesias (1930). Español, vive actualmente en Uruguay. Licenciado en Economía y Administración por la Universidad de la República de Uruguay.

abc Vocabulario

desarrollo: proceso por el que algo aumenta o mejora.

desarrollo sostenible: desarrollo que atiende las necesidades actuales de las personas pero no pone en peligro los recursos de otras generaciones futuras.

reducción: disminución del tamaño, la cantidad o la intensidad de una cosa.

competitividad: competencia entre dos o más personas o empresas para conseguir un mismo fin.

cooperación: ayuda que se presta para lograr un fin común.

6 Relaciona las palabras de la columna izquierda con su antónimo (significan lo contrario) de la columna derecha.

1 cooperación   **a** empeoramiento

2 reducción   **b** competencia

3 competitividad   **c** colaboración

4 desarrollo   **d** ampliación

7 Después de leer el texto, indica si las siguientes afirmaciones son verdaderas **(V)** o falsas **(F)**.

	V	F
1 El BID no se ha preocupado por la reducción de la pobreza y desigualdad.	☐	☑
2 El BID tiene dos objetivos para lograr sus metas.	☐	☐
3 Uno de sus objetivos principales es el desarrollo social.	☐	☐
4 El BID ha intentado intensificar la cooperación entre sus miembros.	☐	☐
5 El BID también patrocina encuentros entre empresarios de distintos países.	☐	☐

8a Ahora vas a conocer cuáles son las características de los buenos y los malos jefes de proyecto. Observa con atención el siguiente cuadro, busca las palabras que no conoces en un diccionario.

compromiso: acuerdo por el que una persona está obligada a hacer algo.

objetivo: fin que se quiere conseguir.

papeleo: conjunto de los documentos y de las cosas que hay que hacer para resolver un determinado asunto. Exceso de trámites en la resolución de un asunto.

	BUEN jefe de proyecto	MAL jefe de proyecto
Tipo de objetivos	(1)_____ y ambiciosos.	Poco realistas y conservadores.
Organización	Se planifican los plazos.	Hay (2)_____, prisas e improvisación.
Personal del proyecto	Ocupación estable y cooperación.	**Cuellos de botella**, falta de responsabilidad y desocupación.
Jefe de proyecto	Está disponible, coordina y toma decisiones.	Quiere hacerlo todo y es indeciso.
Ambiente de trabajo	Responsabilidad, colaboración e información mutua.	Rivalidades, pasividad, falta de responsabilidad y conflictos.
Empleo del tiempo	**Compromiso** por cumplir los objetivos según su importancia.	Pérdidas de tiempo en tareas no importantes e **incoherencia**.
Estilo de mando	(3)_____, cooperador. Selecciona, educa, motiva e impulsa a sus empleados.	No delega y no decide.
Relaciones	Abiertas, flexibles, frecuentes e informales.	**Escasas**, rígidas, formalistas, falta de cooperación.
Prioridades	Cumplimiento global de los **objetivos**.	Tareas no planificadas que impiden el cumplimiento de los objetivos.
Técnicas de gestión	Planificación, decisión, control y (4)_____.	Normas y **papeleo**.

cuello de botella: expresión utilizada para denominar la situación en la que la producción total se ve limitada por una de sus actividades, la de menor capacidad.

incoherencia: falta de lógica en las cosas que se dicen o se hacen.

escasa: poco abundante.

Adaptado de *Dirección y gestión de proyectos*, de Jaime Pereña Brand.

prioridad: lo que se considera más importante.

8b Como has observado, en el cuadro hay algunos huecos. Trata de completarlos con las siguientes palabras. Si tienes alguna duda, busca su antónimo en la columna de al lado.

> participativo   realistas   desorden   motivación

8c Un cuello de botella se produce cuando algo (una tarea, una acumulación de tareas, etc.) impide el avance normal o el cumplimiento de los plazos de un proyecto. Señala cuál es la principal consecuencia de los cuellos de botella.

Los retrasos ☐   La organización ☐   La desmotivación ☐

8d ¿Cuál de las características del buen jefe de proyecto te parece más positiva? Y de las características de mal jefe de proyecto, ¿cuál te parece más negativa? Coméntalo con tus compañeros.

! Comunicación

Expresar opiniones y preguntar por ellas

Hay verbos como **interesar**, **gustar** o **encantar** con una construcción especial: siempre aparece el pronombre de la persona que experimenta la sensación: *me, te, le, nos, os, les.*

(A mí)	**me**	interesa este proyecto.	(A nosotros, -as)	**nos**	interesa este proyecto.
(A ti)	**te**	encanta este proyecto.	(A vosotros, -as)	**os**	encanta este proyecto.
(A él, ella, usted)	**le**	gusta este proyecto.	(A ellos, ellas, ustedes)	**les**	gusta este proyecto.

Los verbos **gustar**, **interesar** o **encantar** aparecen en tercera persona del singular si están delante de un nombre en singular (*el cine*) o de un verbo en infinitivo (*ir*):

- 🗨 *A mí me **gusta** el cine.*
- 🗨 *A nosotros nos **encanta** el cine.*
- 🗨 *A mí me **gusta** ir al cine.*
- 🗨 *A nosotros nos **interesa** ir al cine.*

El verbo aparece en tercera persona de plural si está delante de un nombre en plural (*las películas*).

- 🗨 *A mí me **interesan** tus ideas.*
- 🗨 *Nos **encantan** tus flores.*
- 🗨 *Le **gustan** tus ojos.*

Manifestar acuerdo y desacuerdo

Para manifestar que se coincide en algo con otra persona:

- 🗨 *Yo, de segundo quiero carne.*
- 🗨 *Ah, pues yo **también**.*
- 🗨 *Yo no fumo.*
- 🗨 *Yo **tampoco**.*
- 🗨 *Me encanta la paella.*
- 🗨 *A mí **también**.*
- 🗨 *No me gustan nada los lunes.*
- 🗨 *A mí **tampoco**.*

Para manifestar que no hay coincidencia:

- 🗨 *Yo no tengo perro.*
- 🗨 *Pues **yo sí**, me encantan.*
- 🗨 *A mí no me gusta el marisco.*
- 🗨 *A mí sí. Muchísimo.*
- 🗨 *Yo leo casi todas las noches.*
- 🗨 ***Yo no**, porque no tengo tiempo.*
- 🗨 *Me encanta viajar.*
- 🗨 ***A mí no**.*

Cómo referirse a hechos, circunstancias y situaciones en el pasado

Para referirse a hechos, circunstancias y situaciones en el pasado, se utiliza el pretérito imperfecto:

- 🗨 *¿Dónde **trabajabas** antes?*
- 🗨 ***Trabajaban** en una relojería.*
- 🗨 *¿Dónde **ibas** de vacaciones cuando **eras** pequeño?*
- 🗨 *Siempre **iba** a un pueblecito de la costa.*
- 🗨 *¿Cómo **eran** tus compañeros de trabajo?*
- 🗨 ***Eran** muy agradables.*

abc Apéndice léxico

Consulta en el Apéndice léxico: Expresiones

- Para expresar opiniones. Pg. 206
- Para manifestar acuerdo. Pg. 206
- Para manifestar desacuerdo. Pg. 206
- Para manifestar que no hay coincidencia. Pg. 206

Gramática

El contraste entre *ya* y *todavía no*

Ya informa de que ha sucedido algo que se espera. **Todavía no** informa de una acción que no ha ocurrido, pero que esperamos que se cumpla próximamente.

- ¿*Ya* has recibido la lista de precios?
- No, **todavía no** la he recibido.

Frases de relativo: *donde, que*

En ocasiones, nos encontramos dos oraciones relacionadas por un mismo nombre, pero una de las dos es más importante que la otra. Normalmente decidimos incorporar la frase menos importante dentro de la más importante. Para ello usamos los pronombres relativos **que** y **donde**. Así, unimos las dos frases y sustituimos el nombre repetido por uno de los dos pronombres relativos.

Que se usa para referirse a cosas o personas.

- *El hombre vino aquí. El hombre traía unos papeles.* ⇨ *El hombre [**que** vino aquí] traía unos papeles.*

Donde se usa para referirse a lugares.

- *Nos reunimos en la sala. La sala tenía aire acondicionado.* ⇨ *La sala [**donde** nos reunimos] tenía aire acondicionado.*

El pretérito imperfecto

El pretérito imperfecto se usa para expresar acciones pasadas sin indicar el principio ni el final de la acción.

Se forma añadiendo las siguientes terminaciones:

	envi**ar**	respond**er**	escrib**ir**
yo	envi**aba**	respond**ía**	escrib**ía**
tú	envi**abas**	respond**ías**	escrib**ías**
él, ella, usted	envi**aba**	respond**ía**	escrib**ía**
nosotros, -as	envi**ábamos**	respond**íamos**	escrib**íamos**
vosotros, -as	envi**abais**	respond**íais**	escrib**íais**
ellos, -as, ustedes	envi**aban**	respond**ían**	escrib**ían**

Contraste entre pretérito imperfecto y pretérito indefinido

El pretérito imperfecto se utiliza para hablar de acciones durativas en el pasado. Para hablar de acciones puntuales se usa el pretérito indefinido.

*Cuando **salía** de la oficina, **vi** a Pedro.*

El pretérito imperfecto se utiliza para describir en pasado y el pretérito indefinido para narrar en pasado.

***Hacía** un día muy frío y **llovía** mucho. El director del banco **entró** en la oficina. **Era** un señor alto y muy delgado. Se **acercó** a la secretaria y **preguntó** por el señor González...*

Apéndice gramatical

Consulta este punto

- **El pretérito imperfecto.** Pg. 188

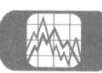

Evalúa lo que has aprendido

1 ¿Qué te parecen las propuestas de Alejandro?
Me _____.
a gusta
b interesa
c encantan

2 No he visto a Marta en toda la mañana.
Yo _____.
a tampoco
b también
c ya

3 Había mucho ruido en la sala _____ estábamos.
a quien
b donde
c como

4 Las empresas de la competencia han bajado los precios.
Bueno, _____.
a nosotros también
b a nosotros no
c a nosotros sí

5 Alejandro es muy eficiente. Me encanta como trabaja.
_____.
a Yo no
b Yo sí
c A mí también

6 ¿Qué hacías antes de trabajar en esta empresa?
_____ en una fábrica de piezas de recambio.
a Trabajaban
b Trabajaba
c Trabajabas

7 Yo antes _____ menos responsabilidades que ahora.
a tenía
b tengo
c teníais

8 _____ no hemos recibido las nóminas del gestor.
a Ya
b También
c Todavía

9 ¿Qué opina María de mis ideas para aumentar las ventas?
_____ gustan mucho.
a Os
b Le
c Te

10 A todos nos _____ aumentar las ventas.
a interesan
b interesa
c encantan

11 El hombre _____ ha llamado quería hablar con Alejandro.
a donde
b como
c que

12 ¿Has recibido el paquete del almacén?
Sí, _____ lo he recibido.
a ya
b todavía
c tampoco

Valora lo que has aprendido

• **Sé formas de expresar opiniones y preguntar por ellas:**
☐ muy bien ☐ bien ☐ mal ☐ muy mal

• **Puedo manifestar acuerdo y desacuerdo:**
☐ muy bien ☐ bien ☐ mal ☐ muy mal

• **Sé referirme a hechos y circunstancias del pasado:**
☐ muy bien ☐ bien ☐ mal ☐ muy mal

• **Conozco el contraste entre *ya* y *todavía*:**
☐ muy bien ☐ bien ☐ mal ☐ muy mal

Juego de los N€gocio$

① Suma las respuestas acertadas obtenidas en *Balance* (1 acierto = 1 punto).
Total 1: _____

Resuelve la siguiente situación de empresa y descubre tus aptitudes empresariales.

En la empresa farmacéutica multinacional *Fatum* ha surgido un problema urgente, y su presidenta, Elena Bass, se encuentra de viaje de negocios. La señora Bass llama a *Summa Consultores* para buscar una solución al problema.

9a Escucha la conversación entre la señora Bass y el Director de Medioambiente de *Summa Consultores*.

9b El director de la fábrica informa a *Summa Consultores* sobre la posición de las personas implicadas. Léela atentamente.

Sr. Sampedro, alcalde del pueblo.
No quiere que el festival de música cambie de lugar. Las próximas elecciones municipales se realizan en dos meses. El alcalde es amigo personal de Elena Bass. No cree necesario cerrar la fábrica que da empleo a 1.500 operarios. Propone reducir la producción al 70%.

Mr. Greensmann, líder del grupo *She Stops the Rain*.
La fábrica cierra o el festival se traslada a otro pueblo. Se ofrece dar un concierto gratuito en el pueblo cuando la fábrica reduzca sus emisiones de residuos químicos.

Sr. Quistainz, Director Técnico de *Fatum*.
Afirma que la fábrica no puede rebajar su producción hasta el próximo mes. Debe atender un pedido internacional y puede ser penalizada si se demora en los plazos. Sugiere trasladar el festival a una población cercana.

Sr. Alonso, organizador del festival.
Cambiar de lugar le resulta muy caro. Trasladar toda la infraestructura del festival a una población cercana cuesta 3.000 €. Cree que la fábrica debe cerrarse durante los días del festival.

Antes de dar una solución, ten en cuenta que *Fatum* ha entregado 12.000 € al señor Alonso para patrocinar el festival de música popular. Ya se han invertido 9.000 € en publicidad.

9c ¿Cuál es la mejor solución para *Fatum*?

Opción 1: Anular el festival de música popular. ☐

Opción 2: Trasladar el festival de música popular a otro pueblo. ☐

Opción 3: No cumplir el encargo internacional. ☐

9d ¿Con qué recursos económicos puede afrontarse la solución?

9e Ya que el alcalde está preocupado por la proximidad de las elecciones, ¿qué solución tienes para él?

② Suma las respuestas acertadas obtenidas en *Vida de empresa* (1 acierto = 4 puntos).
Total 2: _____

③ Suma los puntos obtenidos anteriormente y pasa a *El juego de los negocios* (pg. 250).
Resultado de la lección 11 (Total 1 _____ + Total 2 _____) = _____

Cuba: la tradición del café en la isla

El cubano toma café, solo o con leche, a todas horas: en el desayuno, al final del almuerzo y después de la cena. Además, esta infusión es el acompañante indispensable en visitas y reuniones de negocios.

La historia de esta sana costumbre es muy interesante. En 1748, un grupo de comerciantes procedentes de Santo Domingo introdujo el café en la isla. Hasta ese momento, la bebida que se consumía popularmente era el chocolate. Cien años después, el país ya disponía de más de dos mil cafetales, plantaciones dedicadas al cultivo y proceso del grano de café.

El café constituye, junto al ron cubano y el inigualable habano, una trilogía a la que es difícil resistirse, sobre todo para los visitantes que acuden a la isla en busca de descanso.

•◗audio 10a Escucha la conversación de Rafael y Gloria, y señala cuáles de las siguientes afirmaciones son verdaderas **(V)** y cuáles son falsas **(F)**.

	V	F
1 Rafael propone a Gloria ir a tomar café.	☐	☑
2 A Gloria no le gusta el merendero de la facultad.	☐	☐
3 Rafael ya conoce el restaurante de la facultad.	☐	☐
4 En el restaurante de la facultad ponen mucho ají en la comida.	☐	☐

•◗audio 10b Ahora vuelve a escuchar el audio y completa las siguientes expresiones para mostrar acuerdo y desacuerdo.

a GLORIA: A mí me gusta mucho la sambumbia que hacen. ¿Y a ti? **RAFAEL:** _____ me gustó mucho.

b RAFAEL: Sí, ya fui. Pero la comida no me gusta, ponen demasiado ají. **GLORIA:** _____ me gusta la comida con ají.

c RAFAEL: Yo prefiero comer en casa. Es más sano y más barato. **GLORIA:** _____, no sé cocinar.

Saludos del español de Cuba

En Cuba la *sambunbia* es un tipo de café claro muy dulce. Se llama *merenderos* a las cafeterías situadas en centros docentes (escuelas, colegios, facultades universitarias). En España un merendero es un bar o quiosco situado en un lugar campestre y donde va la gente a merendar o comer.

Hacer balance

Después de un año de trabajo, Marta se reúne con Alejandro y con Andrew Williams. El balance es muy positivo y Marta les explica cuáles son sus planes de futuro. Ellos escuchan muy atentos las explicaciones de Marta.

En esta lección vas a aprender

 Cómo hablar del futuro: planes y proyectos
A proponer actividades y reaccionar ante ellas.
Cómo referirse a intenciones y objetivos.

 Marcadores temporales de futuro.
El doble pronombre.

 Vocabulario del balance.

Marta tiene una reunión con Alejandro y con el Sr. Williams. Hoy debe exponerles el balance anual de la franquicia. Además, ellos quieren saber si piensa realizar alguna inversión para modernizar la empresa.
Lee la conversación y fíjate en las imágenes.

El Sr. Williams se reúne con Marta para conocer el balance.

Marta va a exponer el balance anual de la franquicia. El Sr. Williams habla con Marta.

Alejandro asiste a la reunión.

El balance

Bueno, Marta. Explícanos cómo va la franquicia. Creo que funciona muy bien.

Sí. Hemos tenido unos beneficios netos inesperados.

¿Y qué piensas hacer a partir de ahora?

Quiero invertir parte de los beneficios en publicidad.

Bueno, Marta. En la próxima reunión nos explicas cómo van tus proyectos.

Eso espero, Sr. Williams. Hasta pronto.

🔊 **audio** Ahora, escucha la conversación completa entre Marta, Alejandro y el Sr. Williams.

audio

1a Marta, Alejandro y el Sr. Williams utilizan diversas expresiones para hablar del futuro. Escucha el diálogo y señala el orden en que las utilizan y quién las dice. Fíjate en los marcadores temporales que aparecen.

	Orden	Marta	Alejandro	Sr. Williams
Quieres abrir el mercado.				
Quiero tener un gran stock.				
Vas a invertir en publicidad.				
Vamos a necesitar una secretaria.				
Quiero invertir parte de los beneficios.	*1*	✔		
Pienso ampliar la plantilla.				

1b Completa las siguientes frases con las palabras del cuadro.

quiere invertir   va   está   piensa

1 Marta _quiere invertir_ en publicidad porque quiere abrir el mercado.
2 Marta _____ pensando alquilar otro almacén para tener más existencias.
3 Marta _____ ampliar la plantilla.
4 Eva tiene mucho trabajo y Marta _____ a contratar a otra secretaria que se ocupe del inventario.

🔊 Gramática

MARCADORES DE FUTURO

Algunos marcadores de futuro son:

Mañana

Pasado mañana   El mes que viene

El año que viene   La semana que viene

Mañana entregan los informes.

Pasado mañana tenemos una reunión.

El mes que viene empieza una nueva promoción.

El próximo mes hacen inventario.

audio

1c Escucha de nuevo el diálogo y señala si las siguientes frases son verdaderas (V) o falsas (F).

	V	F
1 Para Marta, la empresa ha obtenido los beneficios esperados.	☐	☑
2 Marta va a comprar un nuevo almacén.	☐	☐
3 Marta piensa ampliar la plantilla.	☐	☐
4 Alejandro le propone contratar a un mozo de almacén.	☐	☐

2 Marta está pensando en alquilar otro almacén y en ampliar la plantilla, ¿crees que son buenas ideas? ¿Por qué? Comenta tu opinión con un compañero.

audio

3a Escucha una conversación de trabajo entre Marta, Eva y Agustín. Después, completa las siguientes frases.

1 Tenemos que ___*encontrar*___ la estrategia adecuada para ahorrar costos.

2 Sí, hemos _____ algo. Mira, nuestros productos llegan a los comercios a través de los intermediarios, pero ¿para qué nos sirven?

3 Buena pregunta. ¿Para qué nos _____?

4 ¡Ésa es la cuestión, Marta! ¿Por qué los _____?

5 Sí. _____ eliminar los tramos intermedios de la distribución.

6 Sí, me parece buena idea. _____ a establecer relaciones directas con los comercios.

audio

3b Ahora identifica a la persona que dice las frases de la actividad anterior. Si lo necesitas, escucha el diálogo de nuevo.

	Frases n.º	
Agustín	_1_ y _____	
Eva	_____ y _____	
Marta	_____ y _____	

3c Fíjate en la siguiente intervención extraída del diálogo y luego marca si hace referencia al presente o al futuro.

MARTA: Pues a partir de mañana empezamos a pensar qué necesitamos para distribuir directamente nuestros productos.

Al presente. ☐   Al futuro. ☐

4 Como ya sabes, Marta quiere encontrar la estrategia adecuada para ahorrar costos. Escribe una propuesta y luego coméntala con tu compañero.

5 Elige una respuesta del cuadro de la derecha para cada una de las siguientes preguntas y escríbela donde corresponda.

1 ¿Cuándo termina el plazo de entrega del proyecto?

D Hay que entregarlo a finales del mes que viene

2 ¿Para qué vas a contratar a otro gestor?

_____

3 Podemos ir a cobrar la factura pasado mañana.

_____

4 ¿Por qué no abrimos una sucursal en Bilbao?

_____

5 ¿Y si bajamos los precios un 3%?

_____

6 ¿Cuándo piensas acabar el informe?

_____

A Me parece una buena idea ir pasado mañana.

B No estoy de acuerdo. Eso es competencia desleal.

C Para tener más capacidad de gestión.

D Hay que entregarlo a finales del mes que viene.

E Mañana. No puedo acabarlo antes.

F Porque ahora no tenemos suficiente capital.

6 Sustituye las palabras **destacadas** por los pronombres correspondientes. Si necesitas ayuda consulta el cuadro que aparece al lado de este ejercicio.

1 Tengo que comprar **(a mí) un ordenador personal**.

Tengo que comprármelo.

2 Voy a decir **(a ti) una nueva estrategia de venta**.

_____

3 Han comprado **unos cuadros (a nosotros)**.

_____

4 Eva envía **unas facturas (a vosotros)**.

_____

Gramática

PRONOMBRES DE COMPLEMENTO DIRECTO

	Singular	Plural
Masculino	**lo**	**los**
Femenino	**la**	**las**

PRONOMBRE DE COMPLEMENTO INDIRECTO

	Singular
1.ª persona	**me** (a mí)
2.ª persona	**te** (a ti)
3.ª persona	**le / se** (a él, a ella, a usted)
	Plural
1.ª persona	**nos** (a nosotros)
2.ª persona	**os** (a vosotros)
3.ª persona	**les /se** (a ellos, a ellas, a ustedes)

7 Escucha el diálogo entre Marta y Alejandro y saca tus propias conclusiones. A continuación, señala si las siguientes frases son verdaderas **(V)** o falsas **(F)**.

	V	F
1 El Sr. Williams va a despedir a Marta por su mala gestión de la franquicia.	☐	☑
2 Alejandro va a montar un negocio solo.	☐	☐
3 Alejandro y Marta van a montar un negocio juntos.	☐	☐
4 Marta va a cocinar esa noche.	☐	☐
5 Marta y Alejandro van a hablar por la noche de su proyecto de negocio.	☐	☐

Los objetivos políticos de la economía

¿Qué tipo de políticas económicas son las más **eficientes** para el **conjunto** de la sociedad? Los economistas ofrecen muchas respuestas a esta pregunta. Uno de los **criterios** más extendidos es el siguiente: una política económica provoca la mejora de una parte de la población, son los «ganadores»; otras personas empeoran, son los «perdedores».

Podemos plantear una **hipótesis**. Los ganadores **compensan** con sus ganancias a los perdedores y después de esa compensación, los ganadores mejoran económicamente. En ese caso, se considera que la política económica es eficiente.

Por el contrario, la política económica no es adecuada si los ganadores compensan con sus ganancias a los perdedores y empeoran respecto a la **posición** inicial.

Adaptado de *La economía injusta* (1976), de J. E. Meade.

J. E Meade (1907-1995). Británico. Licenciado en Filosofía, Ciencias Políticas y Economía. Premio Nobel de Economía en 1977.

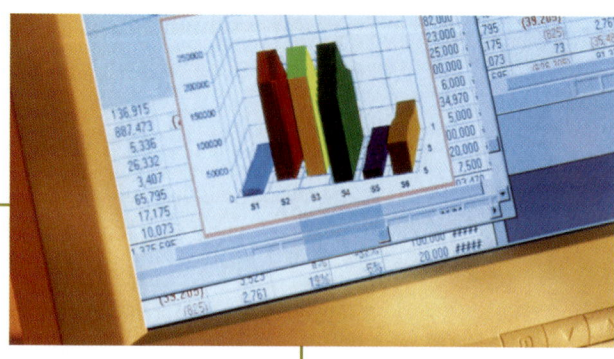

Vocabulario

eficiente: que tiene capacidad para lograr un efecto determinado.

conjunto: reunión de varias personas o cosas.

criterio: norma o regla que se utiliza para hacer o jugar una cosa.

hipótesis: explicación de una cosa que se considera razonable, aunque no esté probada, y que sirve para sacar de ella una consecuencia.

compensar: equilibrar, igualar una cosa mala con otra buena.

compensación: dinero que se da a alguien que ha sufrido un daño o bien que se le hace.

posición: lugar en que algo o alguien está situado dentro de un orden.

---

8 Lee las siguientes palabras y escribe al lado de cada una el sinónimo del recuadro.

> compensar   conjunto   posición   eficiente   criterio

1 puesto - *posición*

2 competente - _____

3 grupo - _____

4 pauta - _____

5 nivelar - _____

---

9 Después de leer el texto, completa estas frases marcando la solución más adecuada.

1 Los *economistas / económicas* tienen muchas respuestas a la pregunta: ¿Qué tipo de políticas *ecologistas / medioambiental* son las más eficientes para el conjunto de la sociedad?

2 Los *ganadores / perdedores* compensan con sus *ganacias / pérdida* a los perdedores.

3 Si después de la *compensación / empeoran*, los ganadores *reparto / mejoran*, la política económica es eficiente.

10 El siguiente texto trata de la distribución de productos. Léelo con atención y responde a las preguntas.

fabricante: persona o empresa dedicada a la producción de objetos mediante máquinas, a partir de productos o de sustancias naturales.

controlar: dirigir, mandar sobre algo o sobre alguien.

promocionar: hacer campañas de publicidad y ofrecer ofertas de un producto para aumentar las ventas.

Intermediarios, ¿sí o no?

En general, lo ideal para un **fabricante** o vendedor de un producto es vender directamente a su cliente final, sin necesidad de intermediarios. Cuando esto es posible, el fabricante o el vendedor va a lograr los siguientes beneficios:

a) Reducir los **costes de comercialización.**
b) Estar en contacto directo con el mercado.
c) **Controlar** directamente el proceso de marketing y las ofertas de su stock.

Sin embargo, la venta directa es muy difícil de conseguir y sus costes resultan muy elevados para los pequeños empresarios. Por ello, tienen que **recurrir** a intermediarios que **promocionan** y distribuyen los productos a tiempo y en todos los lugares del mundo.

intermediario: persona que lleva un producto desde donde se fabrica hasta las personas que lo compran.

coste de comercialización: precio que se debe pagar por poner en el mercado un producto o artículo.

recurrir: acudir a alguien para conseguir algo necesario.

1 ¿Qué es lo ideal para un fabricante? _____

2 ¿Es difícil conseguir la venta directa? _____

3 ¿Cuál es la función de los intermediarios? _____

11 Los siguientes gráficos te explican dos canales de distribución diferentes. Obsérvalos y responde a las siguientes preguntas.

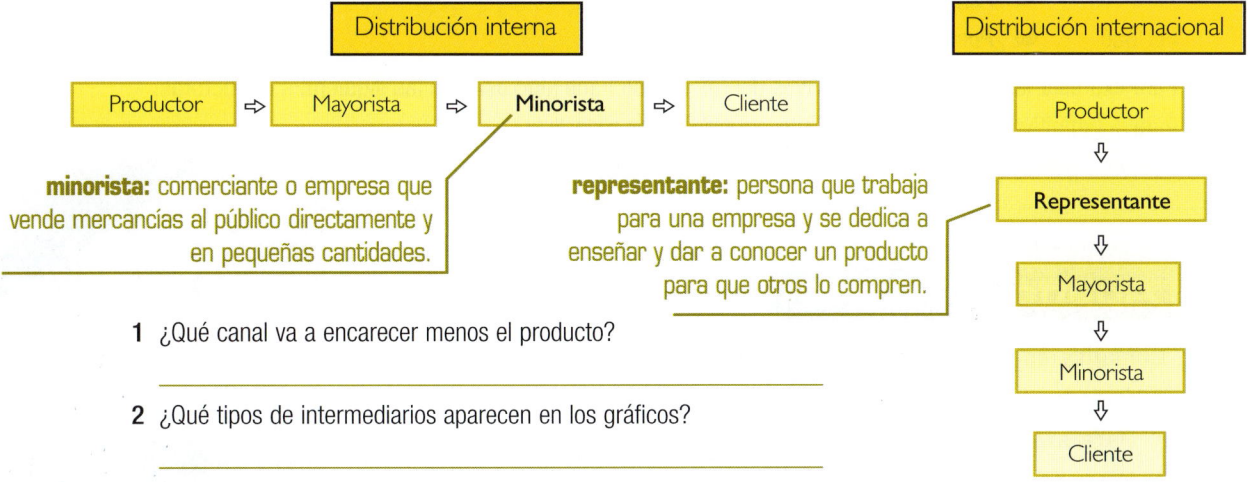

minorista: comerciante o empresa que vende mercancías al público directamente y en pequeñas cantidades.

representante: persona que trabaja para una empresa y se dedica a enseñar y dar a conocer un producto para que otros lo compren.

1 ¿Qué canal va a encarecer menos el producto?
_____

2 ¿Qué tipos de intermediarios aparecen en los gráficos?
_____

12 ¿Conoces algún producto que se comercialice en tu país por medio de un canal de distribución internacional? ¿Y nacional? Coméntalo con tu compañero.

! Comunicación

Hablar del futuro: planes y proyectos

Éstas son algunas formas de hablar de planes y proyectos para el futuro.

Ir a + [infinitivo]
🔹 *¿Qué **vais a hacer** mañana?*
🔹 ***Vamos a pasar** las facturas.*

Pensar + [infinitivo]
🔹 *¿Qué **piensas hacer** este fin de semana?*
🔹 ***Pienso quedarme** en casa.*

Podemos expresar intenciones sobre lo que nos gustaría hacer:

Querer + [infinitivo]
🔹 *¿Qué **quieres hacer** el próximo verano?*
🔹 *El año que viene **quiero trabajar** en un pueblo con playa.*

Cualquier verbo en presente puede tener significado de futuro si va acompañado de una expresión futuro.

🔹 *El año que viene **inauguramos** una nueva sede.*
🔹 *La próxima semana **viene** el auditor.*

Proponer actividades y reaccionar ante ellas

🔹 *¿Por qué no invertimos más en marketing?*
🔹 *¿Y si lanzamos una nueva campaña publicitaria?*

🔹 *Me parece una buena idea.*
🔹 *No sé si es una buena idea.*

Poder + [infinitivo]
🔹 ***Podemos contratar** un ayudante*
🔹 ***Me parece** una buena idea.*

Referirse a intenciones y objetivos

Para preguntar la finalidad y los objetivos por los que se hace algo usamos:

Para qué
🔹 *¿**Para qué** vamos a adquirir un nuevo local?*

Por qué
🔹 *¿**Por qué** estudias español?*

Para expresar la finalidad y los objetivos por los que se hace algo usamos las siguientes estructuras:

Para + [infinitivo]
🔹 ***Para** tener más oportunidades de negocio.*

Porque + [frase]
🔹 ***Porque** es un mercado muy interesante para nosotros.*

abc Apéndice léxico

Consulta en el Apéndice léxico: Expresiones
- Para hablar de planes y proyectos para el futuro. Pg. 206
- Para expresar lo que nos gustaría hacer. Pg. 206
- Para proponer actividades. Pg. 206
- Para preguntar por qué se hace algo. Pg. 206
- Para expresar por qué se hace algo. Pg. 206

℞ Gramática

Marcadores temporales de futuro

Para referirse a un momento en el futuro se pueden usar, entre otras, las siguientes palabras y expresiones.

- 🗨 *Mañana tenemos reunión.*
- 🗨 *Pasado mañana vamos a ir a la fábrica.*
- 🗨 *La Sra. Torres llega la semana que viene.*
- 🗨 *El próximo verano pensamos lanzar un nuevo producto.*

El doble pronombre

En general, los pronombres van delante de las formas verbales.

- 🗨 *Hoy he visto a Carlos.*   🗨 *Ah, ¿sí? Yo lo he visto esta mañana.*
- 🗨 *Normalmente me despierto a las siete.*

En las perífrasis verbales, los pronombres pueden ir delante o detrás de las formas verbales.

- 🗨 *Lo tengo que ver.*   = *Tengo que verlo.*
- 🗨 *Lo vamos a ver.*   = *Vamos a verlo.*
- 🗨 *Lo puedes ver.*   = *Puedes verlo.*

La perífrasis Hay que + [infinitivo] es excepcional y sólo puede llevar los pronombres detrás.

- 🗨 *Hay que arreglarlo.*

En ocasiones, los pronombres de complemento directo lo, la, los, las, coinciden en la oración con los de complemento indirecto me, te, nos, os. En estos casos, el orden entre ellos siempre es el mismo: primero me, te, nos, os y después lo, la, los, las.

- 🗨 *Me lo ha dicho.*
- 🗨 *Me lo tienes que enseñar.*   = *Tienes que enseñármelo.*
- 🗨 *Te las puedo dar.*   = *Puedo dártelas.*

Observa que cuando los dos pronombres van delante del verbo, se escriben en dos palabras separadas. Sin embargo, cuando van detrás del verbo, se escriben junto a él y forman una única palabra.

℞ Apéndice gramatical

Consulta estos puntos
- Los pronombres personales en la función de complemento directo. Pg. 179
- Los pronombres personales en la función de complemento indirecto. Pg. 180

Evalúa lo que has aprendido

1 Eva, recuerda que _____ mañana es la reunión con los proveedores.
a que viene
b próxima
c pasado

2 ¿Sabes que hay una reunión con los proveedores?
Sí, ya _____ ha dicho Marta.
a los me
b nos los
c me lo

3 _____ aumentar la producción el año que viene.
a Pensamos
b Vamos
c Querer

4 ¿Para qué vamos a abrir una oficina en México?
_____ aumentar las ventas allí.
a Porque
b Para
c Que

5 Me parece que hay pocas personas en el departamento de ventas.
¿ _____ incorporamos diez nuevos empleados?
a Y si
b Tenemos que
c Hay que

6 Los gastos son muy elevados. _____ tenemos que reducir _____.
a Los / los
b Los / Ø
c Ø / Las

7 Vamos a prestar más atención al marketing _____ mejorar la imagen de nuestra empresa.
a para
b porque
c donde

8 El _____ año queremos aumentar la facturación.
a próximo
b que viene
c pasado

9 En el futuro queremos _____ una empresa líder.
a eres
b ser
c somos

10 El año que viene _____ a tener beneficios.
a queremos
b pensamos
c vamos

11 Creo que el control de calidad no funciona bien en esta empresa.
¿_____ tenemos una reunión con el responsable?
a Porque sí
b Y no
c Por qué no

12 ¡Qué interesante es esta revista que estás leyendo!
¿Sí? Pues si quieres, _____ dejo después.
a me lo
b te la
c la me

Valora lo que has aprendido

• **Sé hablar del futuro:**
☐ muy bien   ☐ bien   ☐ mal   ☐ muy mal

• **Sé referirme a intenciones y objetivos:**
☐ muy bien   ☐ bien   ☐ mal   ☐ muy mal

• **Puedo proponer actividades:**
☐ muy bien   ☐ bien   ☐ mal   ☐ muy mal

• **Conozco algunos marcadores de futuro:**
☐ muy bien   ☐ bien   ☐ mal   ☐ muy mal

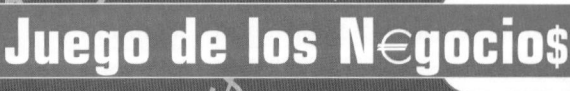

Juego de los N€gocio$

① Suma las respuestas acertadas obtenidas en *Balance* (1 acierto = 1 punto).
Total 1:_____

Resuelve la siguiente situación de empresa y descubre tus aptitudes empresariales.

Una compañía de telecomunicaciones del sur de México estudia las previsiones de ventas para el próximo año. La dirección general pide a *Summa Consultores* asesoramiento para la toma de decisiones.

13a Observa la siguiente tabla y calcula el incremento medio de ventas de los cuatro últimos años.

TENDENCIA DE VENTAS:

		Unidades vendidas		Beneficios netos %
Hace 4 años.	⇒	11.980	⇒	+ 13%
Hace 3 años.	⇒	12.820	⇒	+ 7%
Hace 2 años.	⇒	14.100	⇒	+ 10%
El año pasado.	⇒	14.600	⇒	+ 3%
INCREMENTO MEDIO:				_____

13b Compara los resultados de ventas de la tabla anterior con las decisiones que tomó la empresa en los años anteriores.

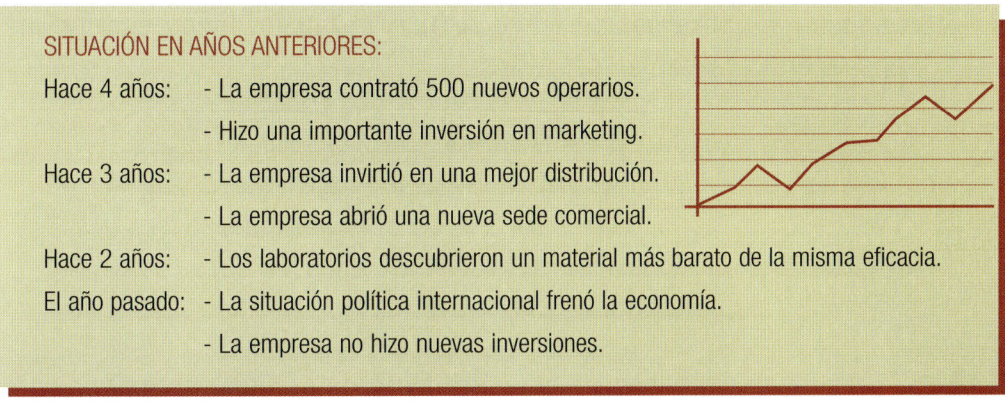

SITUACIÓN EN AÑOS ANTERIORES:

Hace 4 años: - La empresa contrató 500 nuevos operarios.

- Hizo una importante inversión en marketing.

Hace 3 años: - La empresa invirtió en una mejor distribución.

- La empresa abrió una nueva sede comercial.

Hace 2 años: - Los laboratorios descubrieron un material más barato de la misma eficacia.

El año pasado: - La situación política internacional frenó la economía.

- La empresa no hizo nuevas inversiones.

13c Ante una perspectiva de recuperación de la economía para el año próximo, ¿cuál es la decisión adecuada?

a Abrir nuevas sedes comerciales.

b Invertir en investigación.

c Invertir en marketing y contratar operarios.

d No hacer nuevas inversiones.

② Suma las respuestas acertadas obtenidas en *Vida de empresa* (1 acierto = 6 puntos).
Total 2: _____

③ Suma los puntos obtenidos anteriormente y pasa a *El juego de los negocios* (pg. 250).
Resultado de la lección 12 (Total 1 _____ + Total 2 _____) = _____

Dos proyectos de futuro: el Mercosur y el Pacto Andino

Integrado inicialmente por Brasil, Argentina, Uruguay y Paraguay, el Mercosur es un ambicioso proyecto de integración económica. Su principal objetivo es aumentar la competitividad de los países que lo forman. Desde 1995, se estableció una unión aduanera entre los países miembros que amplió las dimensiones de sus mercados y aceleró su desarrollo económico. En el futuro, es probable que el Mercosur atraiga nuevos miembros y se convierta en la unión económica más importante de América Latina.

Actualmente, el Pacto Andino lo forman Bolivia, Colombia, Ecuador, Perú y Venezuela. Aunque su desarrollo se detuvo durante los años ochenta, desde principios de la década de los noventa la alianza andina recobró su impulso inicial.

La creación del Mercosur y del Pacto Andino responde a la existencia de grandes espacios económicos en el mundo y a la necesidad de lograr una mayor cooperación internacional económica y comercial.

●)audio **14**a Escucha la conversación entre Arturo y Claudia, luego escribe las expresiones que aparecen para hablar del futuro.

1 _¿Qué piensas hacer este fin de semana?_ _____

2 _____

3 _____

4 _____

5 _____

●)audio **14**b Ahora, vuelve a escuchar el audio, fíjate en la última intervención de Arturo y señala a quién o qué sustituyen los pronombres *te*, *me* y *lo*.

ARTURO: No te preocupes, no voy a olvidármelo.

Te sustituye a _____ .

Me sustituye a _____

Lo sustituye a _____

El español de Colombia

Es interesante anotar que, dentro del mundo hispano, el acento del español de Colombia es de los menos marcados.

El tratamiento

El **tú** se usa con amigos íntimos, familiares y padres. El **usted** es formal y se utiliza en relaciones de respeto.

1 Osvaldo Pérez es el presidente de una empresa textil. Observa el siguiente gráfico, en el que se indican algunas experiencias de su vida, tanto pasadas como más recientes. Después, ordena estas experiencias en un breve relato de su vida.

15 / IV / 01	15 / III / 03	8 / IV / 03	13 / IV / 03	**Hoy** **15 / IV / 03**
Creación de la empresa Alicante	Apertura de una sucursal	Reunión del Consejo de Administración	Comida con el Presidente	

Hace dos años, Osvaldo Pérez _____

_____

_____

_____

_____

_____

2 Fíjate bien en las siguientes frases, transforma el infinitivo en indefinido o imperfecto y escríbelo para completar las frases.

1 Todas las mañanas José María (leer) _____ el periódico.

2 Cuanto más (comer) _____, más hambre tenía.

3 Solamente (estar) _____ tres horas en la ciudad y luego se marchó.

4 Ayer María (oír) _____ un gran ruido.

5 Caminábamos por la Gran Vía y todo el mundo (fijarse) _____ en nosotros.

6 Cuando Pedro te (conocer) _____, eras más educado que ahora.

7 Llegó al restaurante, se sentó, comió y (fumarse) _____ un puro.

8 No era un buen día. Hacía mucho frío y (llover) _____. Las calles estaban vacías.

9 En ese momento, Enrique no (querer) _____ preparar el café.

10 Normalmente, Enrique no (querer) _____ preparar el café.

3   Lee los siguientes diálogos y complétalos marcando la opción correcta.

1   ¿Para qué sirve un archivador?

Para _____ documentos,

☐ escribir
☐ archivar
☐ corregir

2   ¿Cuándo _____ a ir a Chile?

Espero ir el mes que viene.

☐ vas
☐ fuiste
☐ voy

3   ¿Para qué sirve este almacén?

Es el almacén _____ se guarda la maquinaria estropeada.

☐ donde
☐ que
☐ quien

4   ¿Qué tiempo hizo el fin de semana pasado?

_____ un sol espléndido.

☐ Hacemos
☐ Hacía
☐ Hizo

5   Hoy es miércoles, y necesito la factura para el viernes.

De acuerdo, _____ te doy la factura.

☐ ayer
☐ pasado mañana
☐ antes de ayer

6   Estoy esperando a Luis. ¿Lo has visto?

Sí. Me ha dicho que no puede _____ porque está enfermo.

☐ vino
☐ viene
☐ venir

7   Cuando el señor Ramírez _____ , el señor Merlo no estaba.

☐ llegamos
☐ llegabais
☐ llegó

8   ¡Ahora todo el mundo tiene prisa!

Sí. _____ la gente vivía más tranquila.

☐ Antes
☐ El mes que viene
☐ Después

9   ¿Cuándo se acaba la promoción?

Se acaba _____ .

☐ antes de ayer
☐ luego
☐ el mes que viene

10   ¿Qué hicisteis ayer?

Primero, fuimos a la oficina. Después, comimos. _____ , visitamos a unos clientes.

☐ Por último
☐ Por otra parte
☐ De repente

Apéndice gramatical

Índice

1. El abecedario

El alfabeto español está formado por las siguientes letras.

Nombre	En mayúscula	En minúscula	Sonido	Ejemplo	Nombre	En mayúscula	En minúscula	Sonido	Ejemplo
a	A	a	[a]	**a**lbarán	o	O	o	[o]	**o**ferta
be	B	b	[b]	**b**anco	pe	P	p	[p]	**p**anel
ce	C	c	[θ / s]	nego**c**io	cu	Q	q	[k]	**q**uiebra
			[k]	**c**ontrato	erre, ere	R	r	[r]	ba**r**ato
de	D	d	[d]	**d**escuento				[rr]	**r**atón
e	E	e	[e]	**e**valuar	ese	S	s	[s]	**s**alario
efe	F	f	[f]	**f**actura	te	T	t	[t]	**t**alón
ge	G	g	[g]	**g**asto	u	U	u	[u]	**u**suario
			[x]	**g**erente	uve	V	v	[b]	**v**aler
hache	H	h	no tiene	**h**aber	uve doble	W	w	[w]	**w**hisky
i	I	i	[i]	**i**nforme				[b]	**W**agner
jota	J	j	[x]	ca**j**ero	equis	X	x	[ks]	e**x**positor
ka	K	k	[k]	**k**ilogramo				[s]	**x**enofobia
ele	L	l	[l]	**l**egal	i griega	Y	y	[y]	ma**y**orista
eme	M	m	[m]	**m**áquina				[i]	ha**y**
ene	N	n	[n]	**n**ómina	zeta	Z	z	[θ / s]	**z**ona
eñe	Ñ	ñ	[ɲ]	espa**ñ**ol					

2. Relación entre letras y sonidos

- La letra **h** no tiene sonido.
- El grupo de letras **ch** tiene un sonido propio [tʃ], como en *no**ch**e*.
- El grupo de letras **ll** tiene un sonido propio [ʎ], como en *llamar*.
- La letra **q** siempre va acompañada de **u (qu)** y se usa delante de *e, i*, para reproducir el sonido [k], como en ***que**brar* o *ase**qui**ble*.
- La letra **c** se pronuncia igual que la letra **z** [θ] delante de *e, i*, como en ***ce**sión* o *adquisi**ci**ón*, e igual que la **k** delante de *a, o* y *u*, como en ***ca**pital, **co**misión* o *espe**cu**lación*.
- La letra **g** se pronuncia como [g] delante de *a, o* y *u*, por ejemplo ***ga**nar, **go**bierno* o *confi**gu**rar*, y como la letra **j** [x], delante de *e, i*, por ejemplo *ge**s**tión, **gi**ro*. Para que la letra **g** se pronuncie como [g] delante de *e, i*, tendremos que escribir **gu**, por ejemplo ***gue**rra, **guí**a*.
- La letra **r** generalmente se pronuncia con una sola vibración de la lengua por ejemplo *ca**r**o, di**r**ección*. Suena con dos o más vibraciones cuando se escribe **rr** *(aho**rr**o)*, o **r** al principio de la palabra *(**r**enta)*.

3. El género de los nombres

En muchos casos, el género masculino se forma con la terminación **–o**, y el femenino con la terminación **–a**. Sin embargo, tal y como vemos en la siguiente tabla, no siempre es así:

Terminación	Masculino	Femenino
–o /–a	el cajer**o**	la cajer**a**
– / –a	el director	la director**a**
–a	el oficinist**a**	la oficinist**a**
–e	el gerent**e**	la gerent**e**
–a	el diagram**a**	
–o		la man**o**

4. El número de los nombres

En español, el plural del nombre se forma añadiendo **–s**, o **–es** a la forma en singular. Cuando el nombre en singular termina en vocal, añadimos **–s** *(coche**s**, banco**s**);* cuando el nombre termina en consonante, añadimos **–es** *(reunion**es**).*

Casos particulares:
- Cuando el nombre termina en *–í, –ú* con tilde, añadimos **–es** *(tabú**es**).*
- El plural de los nombres terminados en *–z* se forma cambiando *z* por *c* y añadiendo **–es** *(aprendi**z** - aprendi**ces**).*
- Algunos nombres en singular terminados en *–s* no sufren cambios en su forma plural (***el** análisi**s** - **los** análisi**s**).*

5. Los artículos

El artículo acompaña al nombre y tiene siempre su mismo género (masculino o femenino) y su mismo número (singular o plural). Por ejemplo:

El negocio	**Los** negocio**s**	**Un** negocio	**Unos** negocio**s**
La factura	**Las** factura**s**	**Una** factura	**Unas** factura**s**

5.1. Los artículos determinados

Se usa cuando el nombre al que acompaña no es un elemento nuevo para los hablantes, sino conocido. También se usan para hablar en sentido genérico.
Por ejemplo: ***El** cliente siempre tiene razón.*

	Masculino	Femenino
Singular	**el** empleado	**la** venta
Plural	**los** empleados	**las** ventas

Se usan cuando es la primera vez que hablamos de una persona o cosa:

	Masculino	Femenino
Singular	**un** empleado	**una** venta
Plural	**unos** empleados	**unas** ventas

6. Los pronombres personales

Los pronombres personales se usan para sustituir nombres de personas que, por algún motivo, no aparecen en el discurso.
Por ejemplo: *Ella es abogada.*

6.1. Los pronombres personales en la función de sujeto

La forma de los pronombres personales en español varía según su función dentro de la oración. Éstas son las formas utilizadas en función de sujeto:

	Primera persona		Segunda persona		Tercera persona	
	Masculina	Femenina	Masculina	Femenina	Masculina	Femenina
Singular	yo		tú		él	ella
			usted			
Plural	nosotros	nosotras	vosotros	vosotras	ellos	ellas
			ustedes			

Las personas **usted / ustedes** se refiere a la segunda persona, pero va acompañada de las formas verbales de la tercera persona. En España, se usa **usted** cuando se habla con personas mayores o en contextos formales, mientras que con la familia o en situaciones informales se trata de **tú**. En la mayor parte de los países hispanoamericanos, la forma **tú** se utiliza muy poco y se usa **usted** en contextos informales.

A diferencia de otras lenguas, en español no se emplea siempre el pronombre personal porque las terminaciones del verbo indican de qué persona se trata. Sin embargo sí se usa para dar énfasis o para marcar una oposición.

🗨 *Trabajo en una fábrica.*   🗨 *Pues **yo** trabajo en un banco.*

6.2. Los pronombres personales en la función de complemento directo

En función de complemento directo se usan los siguientes pronombres cuando el referente es una persona:

	Singular	Plural
1.ª persona	El gerente **me** conoce *(a mí).*	El gerente **nos** conoce *(a nosotros).*
2.ª persona	El gerente **te** conoce *(a ti).*	El gerente **os** conoce *(a vosotros).*
3.ª persona	El gerente **lo / la** conoce *(a él, a ella, a usted).*	El gerente **los / las** conoce *(a ellos, a ellas, a ustedes).*

Cuando el referente del pronombre no es una persona, se utilizan las formas **lo**, **la**, **los**, **las**. Se usa uno u otro pronombre según el género y el número de la palabra a la que se refiere.

	Singular	Plural
Masculino	¿El contrato ya **lo** tienes preparado?	Los recibos ahora te **los** enseño.
Femenino	La factura todavía no **la** he recibido.	Las facturas **las** tengo que archivar.

6.3. Los pronombres personales en la función de complemento indirecto

Los pronombres que realizan la función de complemento indirecto son los siguientes:

	Singular	Plural
1.ª persona	La secretaria **me** envía una factura *(a mí)*.	La secretaria **nos** envía una factura *(a nosotros)*.
2.ª persona	La secretaria **te** envía una factura *(a ti)*.	La secretaria **os** envía una factura *(a vosotros)*.
3.ª persona	La secretaria **le** envía una factura *(a él, a ella, a usted)*. La secretaria **se** envía una factura *(a ella misma)*.	La secretaria **les** envía una factura *(a ellos, a ellas, a ustedes)*. Las secretarias **se** envían facturas *(a ellas mismas, o una secretaria a la otra)*.

7. Los posesivos

Los posesivos indican una relación de pertenencia entre el nombre que acompañan y el poseedor de éste.
Por ejemplo: *¿Dónde está **tu** informe?*

7.1. Los determinantes posesivos

Los determinantes posesivos van delante de un nombre y coinciden con éste en número.

	Singular	Plural
Pertenece a la 1.ª persona del singular *(yo)*	**mi** trabajo / oficina	**mis** trabajos / oficinas
Pertenece a la 2.ª persona del singular *(tú)*	**tu** trabajo / oficina	**tus** trabajos / oficinas
Pertenece a la 3.ª persona del singular *(él, ella)* **o 2.ª persona formal** *(usted)*	**su** trabajo / oficina	**sus** trabajos / oficinas
Pertenece a la 1.ª persona del plural *(nosotros, nosotras)*	**nuestro** trabajo **nuestra** oficina	**nuestros** trabajos **nuestras** oficinas
Pertenece a la 2.ª persona del plural *(vosotros, vosotras)*	**vuestro** trabajo **vuestra** oficina	**vuestros** trabajos **vuestras** oficinas
Pertenece a la 3.ª persona del plural *(ellos, ellas)* **o 2.ª persona formal** *(ustedes)*	**su** trabajo **su** oficina	**sus** trabajos **sus** oficinas

7.2. Los pronombres posesivos

El pronombre posesivo se usa para expresar la pertenencia de algo que se ha mencionado antes. En ocasiones va precedido de un artículo. Por ejemplo: *Este informe es* **tuyo**. *El* **mío** *es ése.*

	Singular	Plural
Pertenece a la 1.ª persona del singular *(yo)*	mío	míos
Pertenece a la 2.ª persona del singular *(tú)*	tuyo	tuyos
Pertenece a la 3.ª persona del singular *(él, ella, usted)*	suyo	suyos
Pertenece a la 1.ª persona del plural *(nosotros, nosotras)*	nuestro / nuestra	nuestros / nuestras
Pertenece a la 2.ª persona del plural *(vosotros, vosotras)*	vuestro / vuestra	vuestros / vuestras
Pertenece a la 3.ª persona del plural *(ellos, ellas, ustedes)*	suyo / suya	suyos / suyas

8. Los demostrativos

Los demostrativos se utilizan para expresar una referencia espacial: sitúan al nombre en un lugar en relación con los hablantes. Por ejemplo: *Dame* **esa** *factura.*

8.1. Los adjetivos demostrativos

Acompañan a un nombre con el que concuerdan en género y número.

Referido a algo situado...	Singular		Plural	
	Masculino	Femenino	Masculino	Femenino
...cerca de [yo]	**este** despacho	**esta** oficina	**estos** despachos	**estas** oficinas
...cerca de [tú]	**ese** despacho	**esa** oficina	**esos** despachos	**esas** oficinas
...lejos de [yo/tú]	**aquel** despacho	**aquella** oficina	**aquellos** despachos	**aquellas** oficinas

8.2. Los pronombres demostrativos

Tienen la misma forma que los determinantes demostrativos, pero nunca acompañan a un nombre; lo sustituyen. Concuerdan en género y número con el nombre al que sustituyen. Para diferenciarse de los determinantes, acostumbran a llevar tilde (´) .

- ¿*De quién son estos ordenadores?*
- **Éste** *es de Luis y* **ése** *es de Ana.*

Referido a algo situado...	Singular		Plural	
	Masculino	Femenino	Masculino	Femenino
...cerca de [yo]	éste	ésta	éstos	éstas
...cerca de [tú]	ése	ésa	ésos	ésas
...lejos de [yo/tú]	aquél	aquélla	aquéllos	aquéllas

No es necesario escribir la tilde. Sólo se escribe cuando se puede confundir el pronombre con el adjetivo.

9. Los numerales

Los adjetivos numerales pueden ser cardinales u ordinales.

9.1. Los numerales cardinales

Los numerales cardinales indican una cantidad exacta. Son invariables, excepto los que se refieren al uno y a las centenas sucesivas a cien, que concuerdan en género con el nombre al que se refieren.

Por ejemplo: *Tenemos **doscientas cinco** aspiradoras en el almacén.*

1	uno / –a	16	dieciséis	70	setenta
2	dos	17	diecisiete	80	ochenta
3	tres	18	dieciocho	90	noventa
4	cuatro	19	diecinueve	100	cien
5	cinco	20	veinte	101	ciento uno / –a
6	seis	21	veintiuno / –a	102	ciento dos
7	siete	22	veintidós / –a	...	
8	ocho	...		200	doscientos / –as
9	nueve	30	treinta	300	trescientos / –as
10	diez	31	treinta y uno / –a	400	cuatrocientos / –as
11	once	32	treinta y dos	500	quinientos / –as
12	doce	...		600	seiscientos / –as
13	trece	40	cuarenta	700	setecientos / –as
14	catorce	50	cincuenta	800	ochocientos / –as
15	quince	60	sesenta	900	novecientos / –as
				1000	mil

Los numerales cardinales pueden ir precedidos de un artículo determinado cuando el referente se ha mencionado antes, o bien lo conocen los hablantes.

__Cuatro__ obreros van a la fábrica. *Los __cuatro__ obreros van a la fábrica.*
__Cuatro__ van a la fábrica. *Los __cuatro__ van a la fábrica.*

9.2. Los numerales ordinales

Los numerales ordinales indican el orden de los elementos de un conjunto. Se usan siempre con un artículo determinado. Concuerdan con el nombre y el artículo en género y número. No se suelen usar para indicar cifras superiores a quince.

Por ejemplo: *Esa empresa es **la primera** en su sector.*

1	primer(o) / –a / –os / –as	9	noveno / –a / –os / –as
2	segundo / –a / –os / –as	10	décimo / –a / –os / –as
3	tercer(o) / –a / –os / –as	11	decimoprimer(o) / –a / –os / –as
4	cuarto / –a / –os / –as	12	decimosegundo / –a / –os / –as
5	quinto / –a / –os / –as	13	decimotercer(o) / –a / –os / –as
6	sexto / –a / –os / –as	14	decimocuarto / –a / –os / –as
7	séptimo / –a / –os / –as	15	decimoquinto / –a / –os / –as
8	octavo / –a / –os / –as	16	decimosexto / –a / –os / –as

10. Los indefinidos

Los indefinidos se utilizan para indicar una cantidad imprecisa. Funcionan como determinantes cuando acompañan a un nombre *(He recibido **algunas** facturas)* y como pronombres cuando sustituyen al nombre *(He recibido **algunas**)*.

Se refiere a...	Forma	Ejemplo
...una cosa de identidad indeterminada	Algo	*¿Tienes **algo** para escribir?*
...la ausencia de cosas	No ... nada	*No, no tengo **nada**.*
	No ... ningún + [nombre]	*No tengo **ningún** lápiz.*
...una persona o cosa de identidad desconocida	Algún / –a + [nombre]	*¿Tienes **alguna** factura?*
	Alguno / –a	*¿Tienes **alguna**?*
...una persona de identidad indeterminada	Alguien	***¿Alguien** ha oído algo?*
...la ausencia de personas	No ... nadie	*No, no lo ha oído **nadie**.*

En la mayoría de ocasiones, nada y **nadie** aparecen detrás del verbo. En estos casos, el verbo siempre es precedido por el adverbio negativo *no*.

> *Al cliente no le gustaba **nada**.*
> *La dirección no la sabía **nadie**.*

11. Los pronombres interrogativos

La forma del pronombre interrogativo depende de la información que se quiere obtener: persona, lugar, cantidad... Los pronombres interrogativos siempre llevan tilde (´). Cuando se escribe una oración interrogativa, se encierra dentro del signo ¿ al inicio y del signo ? al final.

Para preguntar por...	Pronombre	Ejemplo
...algo desconocido	Qué	*¿**Qué** facturas?*
		*¿**Qué** presupuesto quieres?*
...algo integrado en un conjunto	Cuál / Cuáles	*Los dos son baratos. ¿**Cuál** prefieres tú?*
		*¿**Cuáles** busca, los rojos o los verdes?*
...una persona	Quién / Quiénes	*¿**Quién** ha escrito ese informe?*
...un lugar	Dónde	*¿**Dónde** está la fábrica?*
...un momento	Cuándo	*¿**Cuándo** empezaste a trabajar aquí?*
...el modo o manera	Cómo	*¿**Cómo** vas a la oficina?*
...una cantidad	Cuánto / –a / –os / –as	*¿**Cuánto** cuestan estas sillas?*
...una causa	Por qué...	*¿**Por qué** llegas tarde?*
...la finalidad	Para qué...	*¿**Para qué** has llamado al administrador?*

12. Adverbios de cantidad: *demasiado, muy, mucho, bastante, poco*

Los adverbios **demasiado**, **muy**, **mucho**, **bastante** y **poco** expresan distintas cantidades. Se usan en las siguientes estructuras:

Estructura		
[verbo] + **[adverbio]** + [adjetivo / adverbio]		
Ejemplo		
Demasiado	*Es **demasiado** caro.*	*Comí **demasiado** ayer.*
Muy	*¿Está **muy** lejos?*	*Subí **muy** alto.*
Mucho	———————	———————
Bastante	*Estoy **bastante** ocupado.*	*Corriste **bastante** rápido.*
Poco	*Vivo un **poco** lejos de aquí.*	*Estoy un **poco** enfadada contigo.*

Estructura		
[verbo] + **[adverbio]**		
Ejemplo		
Demasiado	*Trabajas **demasiado**.*	*El viernes hablaste **demasiado**.*
Muy	———————	———————
Mucho	*¿Ganaste **mucho**?*	*Hoy te has reído **mucho**.*
Bastante	*Trabaja **bastante**.*	*Ayer me aburrí **bastante**.*
Poco	*Vendemos **poco** últimamente.*	*Nadas **poco** en la piscina.*

13. Los verbos

Los verbos se clasifican en tres conjugaciones, según su terminación.

1.ª conjugación: verbos terminados en –ar
2.ª conjugación: verbos terminados en –er
3.ª conjugación: verbos terminados en –ir

Las diferentes formas verbales se obtienen eliminando **–ar**, **–er**, o **–ir** *(trabajar ⇨ trabaj–)* y añadiendo la terminación propia del tiempo, la persona y el número que se quiera conjugar *(trabajo)*.

13.1. Las formas verbales no personales

En español existen tres formas verbales no personales:

	1.ª conjugación	2.ª conjugación	3.ª conjugación
Infinitivo	trabaj**ar**	respond**er**	viv**ir**
Gerundio	trabaj**ando**	respond**iendo**	viv**iendo**
Participio	trabaj**ado**	respond**ido**	viv**ido**

Algunas formas irregulares de gerundio son las siguientes:

oír ⇨ o**y**endo   traer ⇨ tra**y**endo   d**e**cir ⇨ d**i**ciendo   p**e**dir ⇨ p**i**diendo

Algunas formas irregulares de participio son las siguientes:

abrir ⇨ **abierto**   decir ⇨ **dicho**   escribir ⇨ **escrito**   hacer ⇨ **hecho**

poner ⇨ **puesto**   ver ⇨ **visto**   volver ⇨ **vuelto**   freir ⇨ **frito**

13.2. El presente de indicativo

• **Las formas regulares:**

	TRABAJAR	RESPONDER	ESCRIBIR
yo	trabaj**o**	respond**o**	escrib**o**
tú	trabaj**as**	respond**es**	escrib**es**
él, ella, usted	trabaj**a**	respond**e**	escrib**e**
nosotros, nosotras	trabaj**amos**	respond**emos**	escrib**imos**
vosotros, vosotras	trabaj**áis**	respond**éis**	escrib**ís**
ellos, ellas, ustedes	trabaj**an**	respond**en**	escrib**en**

• **Las formas irregulares:**

Hay verbos que cambian la **e** de la raíz por **ie** en todas las personas, excepto *nosotros* y *vosotros*, como *cerrar, empezar, entender, pensar, perder, preferir, querer*, etc.

	QUERER
yo	quiero
tú	quieres
él, ella, usted	quiere
nosotros, nosotras	queremos
vosotros, vosotras	queréis
ellos, ellas, ustedes	quieren

Hay verbos que cambian la **o** de la raíz por **ue** en todas las personas, excepto *nosotros* y *vosotros*, como *acostarse, dormir, poder, volar, volver*, etc.

	PODER
yo	puedo
tú	puedes
él, ella, usted	puede
nosotros, nosotras	podemos
vosotros, vosotras	podéis
ellos, ellas, ustedes	pueden

Hay verbos que cambian la **e** de la raíz por **i** en todas las personas, excepto *nosotros* y *vosotros*, como *pedir, repetir, seguir, vestir*, etc.

	PEDIR
yo	pido
tú	pides
él, ella, usted	pide
nosotros, nosotras	pedimos
vosotros, vosotras	pedís
ellos, ellas, ustedes	piden

Hay verbos que tienen una terminación especial en la persona *yo*, como *hacer*, *poner*, *salir*, *traer*, etc.

	HACER
yo	ha**go**
tú	haces
él, ella, usted	hace
nosotros, nosotras	hacemos
vosotros, vosotras	hacéis
ellos, ellas, ustedes	hacen

Hay verbos que reúnen dos irregularidades, como *decir*, *tener* o *venir*.

	DECIR	TENER
yo	d**igo**	ten**go**
tú	d**i**ces	t**ie**nes
él, ella, usted	d**i**ce	t**ie**ne
nosotros, nosotras	decimos	tenemos
vosotros, vosotras	decís	tenéis
ellos, ellas, ustedes	d**i**cen	t**ie**nen

El presente se usa para expresar algo que ocurre en el instante en que hablamos:

__Escribo__ una carta a unos proveedores.

También informa de algo que hacemos habitualmente:

María __lee__ los informes en su despacho.

Permite expresar una verdad genérica o referirse a una realidad de duración indefinida:

El ruido no me __deja__ trabajar.

Se usa para expresar una acción futura que va a ocurrir sin duda:

Mañana __voy__ a Madrid.

Se usa para ofrecer algo al interlocutor en forma de pregunta:

¿__Quieres__ un café?

También se usa en una pregunta para sugerir una acción al interlocutor:

¿__Vienes__ a la reunión?

13.3. El pretérito perfecto de indicativo

Se forma con el presente del verbo auxiliar *haber* y el participio del verbo principal. Recuerda que algunos participios son irregulares (*escribir* ⇨ *escrito*).

	TRABAJAR	RESPONDER	VIVIR	ESCRIBIR
yo	**he** trabajado	**he** respondido	**he** vivido	**he** escrito
tú	**has** trabajado	**has** respondido	**has** vivido	**has** escrito
él, ella, usted	**ha** trabajado	**ha** respondido	**ha** vivido	**ha** escrito
nosotros, nosotras	**hemos** trabajado	**hemos** respondido	**hemos** vivido	**hemos** escrito
vosotros, vosotras	**habéis** trabajado	**habéis** respondido	**habéis** vivido	**habéis** escrito
ellos, ellas, ustedes	**han** trabajado	**han** respondido	**han** vivido	**han** escrito

Se usa para expresar acciones del pasado integradas en una unidad temporal que para el hablante no ha terminado. Va acompañado de marcadores temporales que se refieren a un tiempo que incluye el del momento en que se habla: *hoy, esta mañana, este año,* etc.

> Hoy **ha tenido** varias reuniones.
> Esta mañana **he visitado** a unos clientes.

También se usa para referirse a algo cuyos efectos se considera que llegan hasta el presente:

> No **ha llovido** nada desde hace tres meses.
> El negocio **ha crecido** mucho en los últimos años.

13.4. El pretérito imperfecto de indicativo

Las formas de la segunda y de la tercera conjugación son iguales.

	TRABAJAR	RESPONDER	ESCRIBIR
yo	trabaj**aba**	respond**ía**	escrib**ía**
tú	trabaj**abas**	respond**ías**	escrib**ías**
él, ella, usted	trabaj**aba**	respond**ía**	escrib**ía**
nosotros, nosotras	trabaj**ábamos**	respond**íamos**	escrib**íamos**
vosotros, vosotras	trabaj**abais**	respond**íais**	escrib**íais**
ellos, ellas, ustedes	trabaj**aban**	respond**ían**	escrib**ían**

Se usa para expresar acciones habituales en el pasado:

> En la empresa donde trabajaba antes **imponían** las cosas.

Para comparar cómo eran las cosas antes y cómo son ahora:

*Antes no **tenía** tantas responsabilidades.*

Describir una situación en el pasado:

*En la otra empresa los compañeros **eran** muy eficientes.*

Para referirse a una circunstancia que contrasta con una acción:

*Se marchó de la empresa porque no **estaba** satisfecho.*

13.5. El pretérito indefinido

• **Las formas regulares:**

	TRABAJAR	RESPONDER	ESCRIBIR
yo	trabaj**é**	respond**í**	escrib**í**
tú	trabaj**aste**	respond**iste**	escrib**iste**
él, ella, usted	trabaj**ó**	respond**ió**	escrib**ió**
nosotros, nosotras	trabaj**amos**	respond**imos**	escrib**imos**
vosotros, vosotras	trabaj**asteis**	respond**isteis**	escrib**isteis**
ellos, ellas, ustedes	trabaj**aron**	respond**ieron**	escrib**ieron**

• **Las formas irregulares:**

Muchos verbos irregulares cambian la raíz y llevan la misma terminación.

decir ⇨ dij-   estar ⇨ estuv-   hacer ⇨ hiz- / hic-

poner ⇨ pus-   querer ⇨ quis-   tener ⇨ tuv-

	ESTAR	PONER	TENER
yo	estuv**e**	pus**e**	tuv**e**
tú	estuv**iste**	pus**iste**	tuv**iste**
él, ella, usted	estuv**o**	pus**o**	tuv**o**
nosotros, nosotras	estuv**imos**	pus**imos**	tuv**imos**
vosotros, vosotras	estuv**isteis**	pus**isteis**	tuv**isteis**
ellos, ellas, ustedes	estuv**ieron**	pus**ieron**	tuv**ieron**

El indefinido es el tiempo más usado para referirse al pasado. Se usa para expresar acciones concluidas situadas en un momento del pasado.

*El año pasado **fui** a Londres.*

*La semana pasada **estuvimos** en la montaña.*

13.6. El imperativo

• Formas regulares:

El imperativo sólo se utiliza en las personas *tú*, *usted*, *vosotros*, *vosotras* y *ustedes*.

	TRABAJAR	RESPONDER	ESCRIBIR	SENTARSE
tú	trabaj**a**	respond**e**	escrib**e**	siént**ate**
usted	trabaj**e**	respond**a**	escrib**a**	siént**ese**
vosotros, vosotras	trabaj**ad**	respond**ed**	escrib**id**	sent**aos**
ustedes	trabaj**en**	respond**an**	escrib**an**	siént**ense**

En la forma *vosotros* de los verbos con pronombres, desaparece la *d*:

senta**d**os ⇨ senta**os**.

• **Formas irregulares:**

Hay verbos irregulares sólo en la persona *tú*. Son los siguientes:

decir ⇨ di   hacer ⇨ haz   ir ⇨ ve   poner ⇨ pon

salir ⇨ sal   ser ⇨ sé   tener ⇨ ten   venir ⇨ ven

El imperativo se usa para ordenar o pedir al interlocutor que haga algo.

Ordena esta mesa.

Para ofrecer algo al interlocutor.

Toma un poco de café.

Para conceder permiso.

🗨 *¿Puedo abrir la ventana?*   🗨 *Sí claro, **ábre**la.*

13.7. Perífrasis verbales

Las perífrasis verbales son estructuras compuestas por un verbo conjugado y una forma no personal (infinitivo, gerundio o participio). Algunas perífrasis llevan un elemento de enlace entre los dos verbos (*a*, *que*, etc.).

Estructura	Significado	Ejemplo
Tener que + [infinitivo]	Obligación.	**Tienes que ir** a la reunión.
Hay que + [infinitivo]	Necesidad de hacer algo.	**Hay que llegar** puntual.
Ir a + [infinitivo]	Proyecto de hacer algo en el futuro.	**Voy a preparar** la presentación.
Querer + [infinitivo]	Deseo de hacer algo en el futuro.	**Quiero comprar** un coche nuevo.
Pensar + [infinitivo]	Intención de hacer algo en el futuro.	**Pienso quedarme** hasta tarde.
Poder + [infinitivo]	Petición.	**¿Puedes abrir** la puerta?
	Posibilidad.	**Puedes hacer** preguntas.
Estar + [gerundio]	Acción que ocurre en el momento en que se habla.	**Está hablando** por teléfono.

Apéndice léxico

El siguiente apéndice te ayudará a aprender y recordar, puesto que el vocabulario está situado en un contexto y se vincula con otras palabras similares. Se trata de términos y expresiones de ámbito profesional. Algunas palabras llevan un asterisco (*) que indica que presentan variantes de uso en el español de Hispanoamérica. Si quieres conocer estos términos hispanoamericanos, consulta *Variantes del español* (pg. 219). El apéndice léxico está organizado en cuatro apartados:

Léxico en imágenes. Contiene imágenes que relacionan objetos con las palabras correspondientes. Además, se ha reservado un espacio para que puedas escribir la traducción de las cada término a tu lengua.

Redes de palabras. Muestra visualmente el vocabulario de forma interrelacionada y te ayuda a recordarlo mediante asociaciones lógicas. En esta sección también dispones de un espacio para escribir la traducción de las palabras, si así lo deseas.

Expresiones. Te ayuda a recordar las expresiones que has aprendido en el curso. Aparecen agrupadas por su significado y siguen el mismo orden de aparición que en las lecciones. Algunas de ellas presentan la abreviatura *form.*, que hace referencia al uso y significa «formal». Aquí también cuentas con un espacio para anotar la traducción de las expresiones y así recordarlas.

Vocabulario de negocios multilingüe. Conocerás el significado exacto de vocabulario específico del mundo de los negocios. Las palabras que recoge están extraídas de las lecciones y al lado de cada una dispones de su traducción en cinco idiomas.

La oficina

① La impresora	⑥ El bolígrafo*	⑪ El ratón*	⑯ El reloj
② El papel	⑦ El teléfono móvil*	⑫ El teclado	⑰ El teléfono
③ La agenda	⑧ El lápiz	⑬ El archivador*	⑱ La silla
④ El escritorio	⑨ El ordenador*	⑭ Los altavoces*	⑲ El ventilador*
⑤ La carpeta*	⑩ La pantalla	⑮ La grapadora*	⑳ La papelera

El banco o la caja de ahorros

1. El cliente / La clienta

   _____

2. El cajero automático

   _____

3. La tarjeta de crédito

   _____

4. El archivador

   _____

5. El / La oficinista

   _____

6. La caja fuerte

   _____

7. El cajero / La cajera

   _____

8. El cheque

   _____

9. La moneda

   _____

10. El billete

   _____

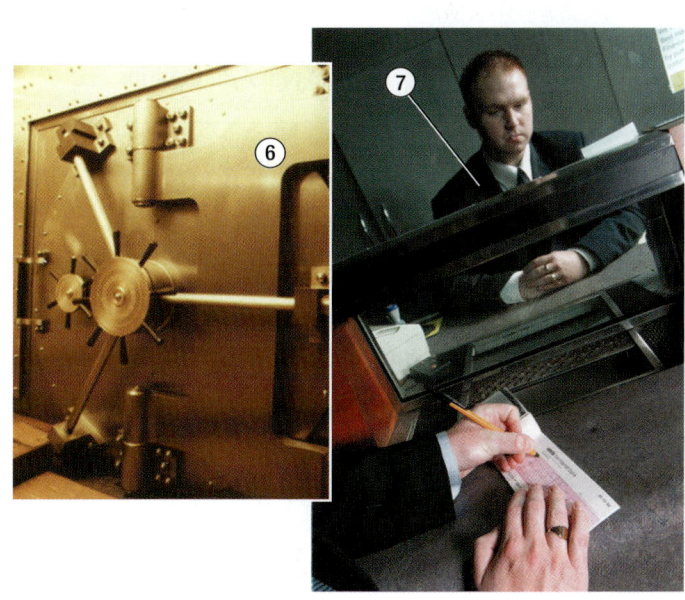

El aeropuerto

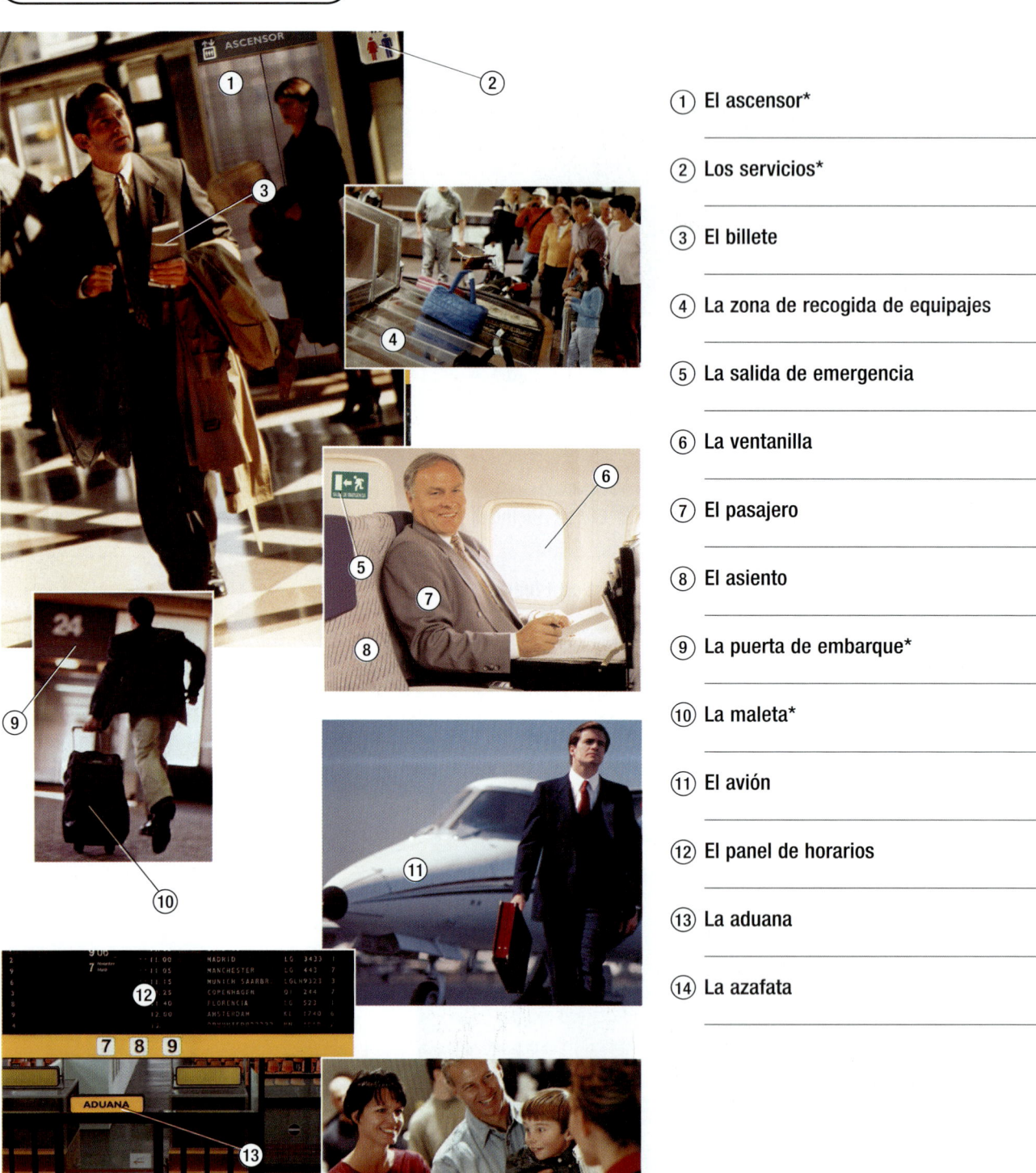

1. El ascensor*

   _____

2. Los servicios*

   _____

3. El billete

   _____

4. La zona de recogida de equipajes

   _____

5. La salida de emergencia

   _____

6. La ventanilla

   _____

7. El pasajero

   _____

8. El asiento

   _____

9. La puerta de embarque*

   _____

10. La maleta*

    _____

11. El avión

    _____

12. El panel de horarios

    _____

13. La aduana

    _____

14. La azafata

    _____

La compra

① **La frutería**

_____

② **El precio**

_____

③ **La oferta**

_____

④ **La charcutería**

_____

⑤ **El mostrador**

_____

⑥ **El escaparate***

_____

⑦ **El cliente / La clienta**

_____

⑧ **El carro de la compra**

_____

⑨ **El probador***

_____

⑩ **Las escaleras mecánicas***

_____

⑪ **La caja registradora**

_____

⑫ **El cajero / La cajera**

_____

El vestuario

1. **El paraguas**
_____

2. **El sombrero**
_____

3. **El gorro**
_____

4. **El abrigo**
_____

5. **Los guantes**
_____

6. **La chaqueta americana***
_____

7. **La bufanda**
_____

8. **El jersey***
_____

9. **La falda***
_____

10. **El pantalón**
_____

11. **Las medias***
_____

12. **Las gafas***
_____

13. **La camisa**
_____

14. **El reloj (de pulsera)**
_____

15. **Los pendientes***
_____

16. **La blusa**
_____

17. **La pulsera**
_____

18. **El cinturón**
_____

19. **Los calcetines***
_____

20. **Los zapatos**
_____

El restaurante

1. La silla

2. El cliente / La clienta

3. El tenedor

4. La copa

5. El cuadro

6. La botella

7. El cuchillo

8. El plato

9. La cuchara

10. La mesa

11. La servilleta

12. El mantel

13. El camarero / La camarera*

14. El vaso

15. El cigarrillo*

16. La barra

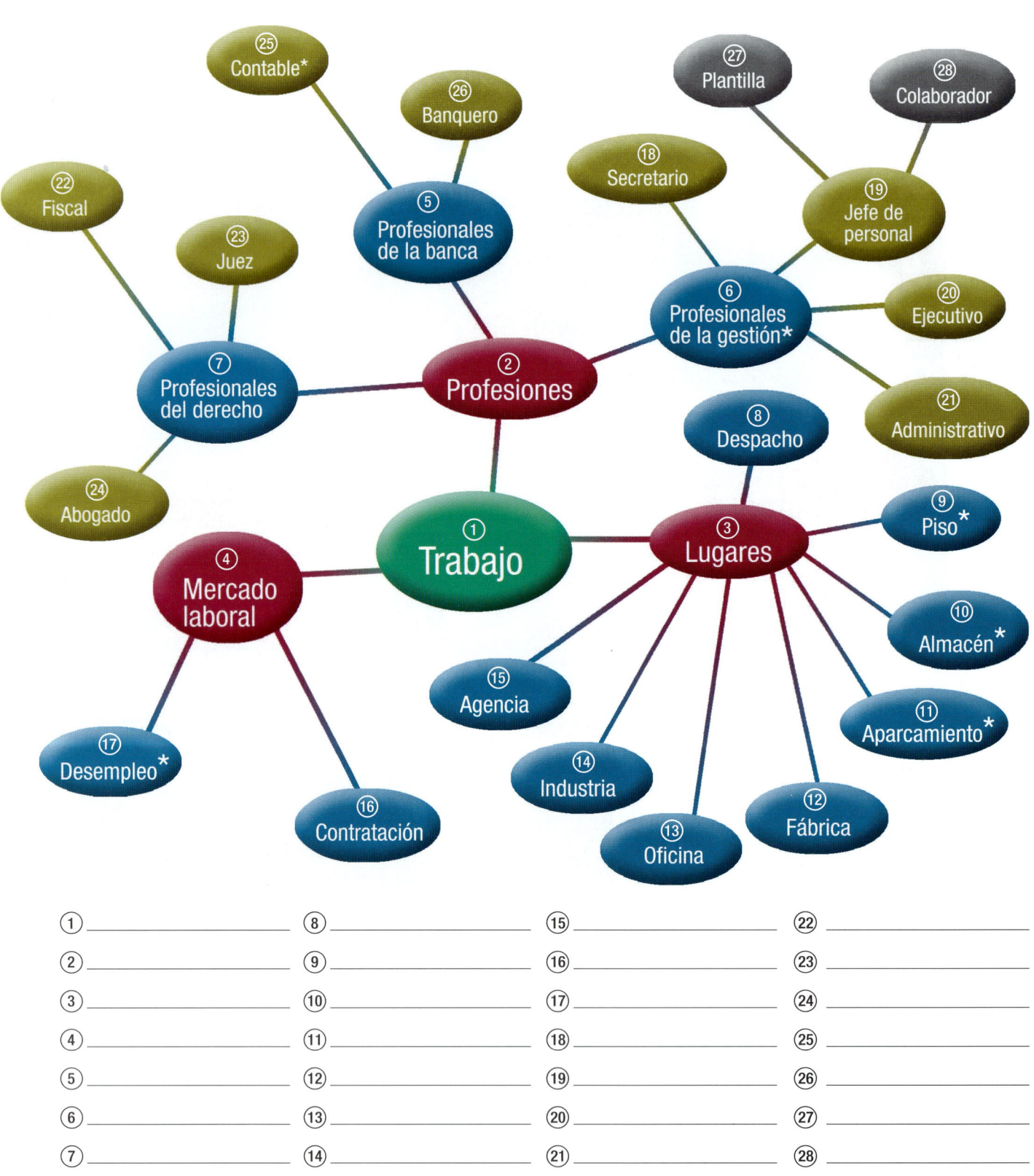

1 _____	8 _____	15 _____	22 _____
2 _____	9 _____	16 _____	23 _____
3 _____	10 _____	17 _____	24 _____
4 _____	11 _____	18 _____	25 _____
5 _____	12 _____	19 _____	26 _____
6 _____	13 _____	20 _____	27 _____
7 _____	14 _____	21 _____	28 _____

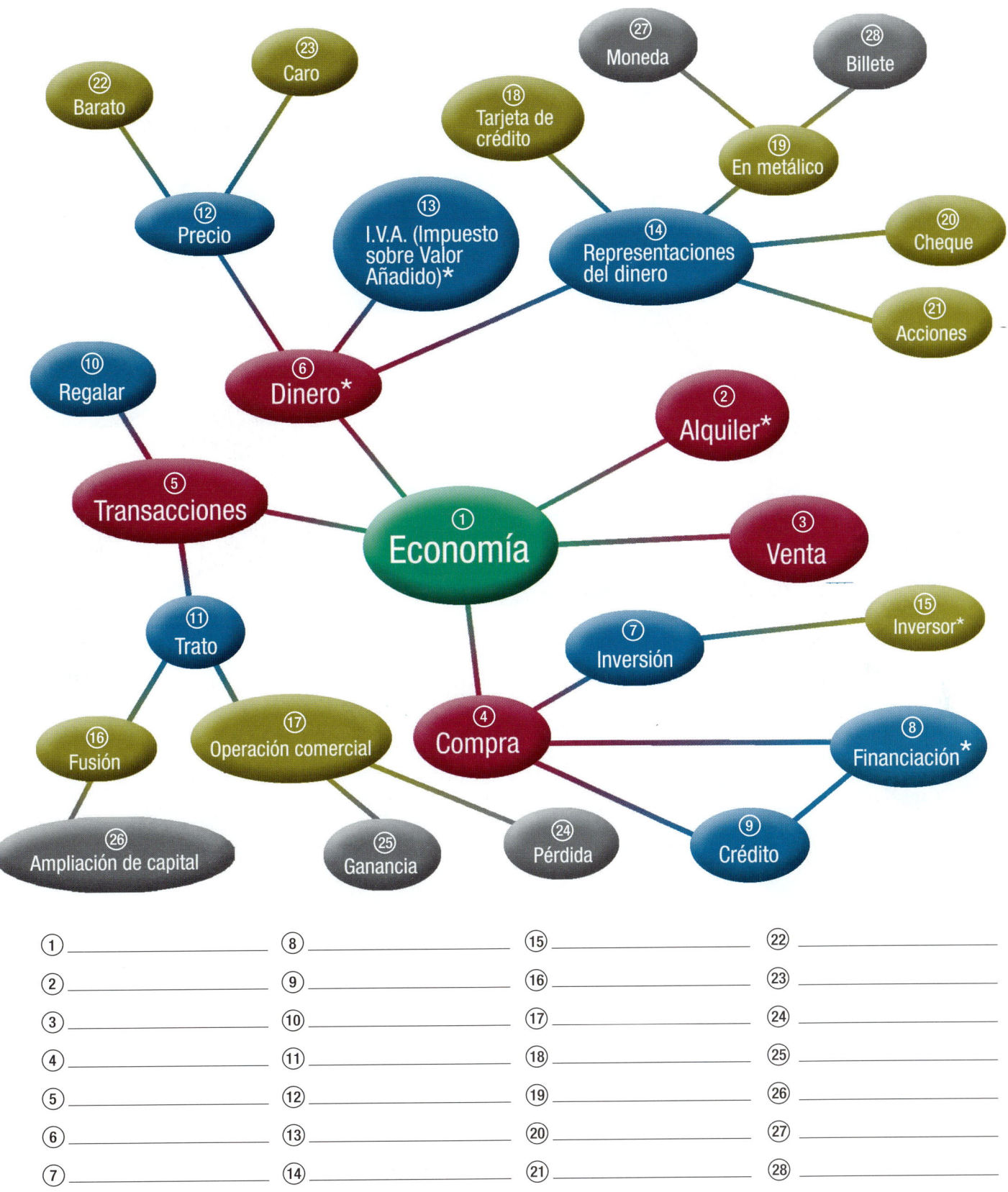

1 _____	8 _____	15 _____	22 _____
2 _____	9 _____	16 _____	23 _____
3 _____	10 _____	17 _____	24 _____
4 _____	11 _____	18 _____	25 _____
5 _____	12 _____	19 _____	26 _____
6 _____	13 _____	20 _____	27 _____
7 _____	14 _____	21 _____	28 _____

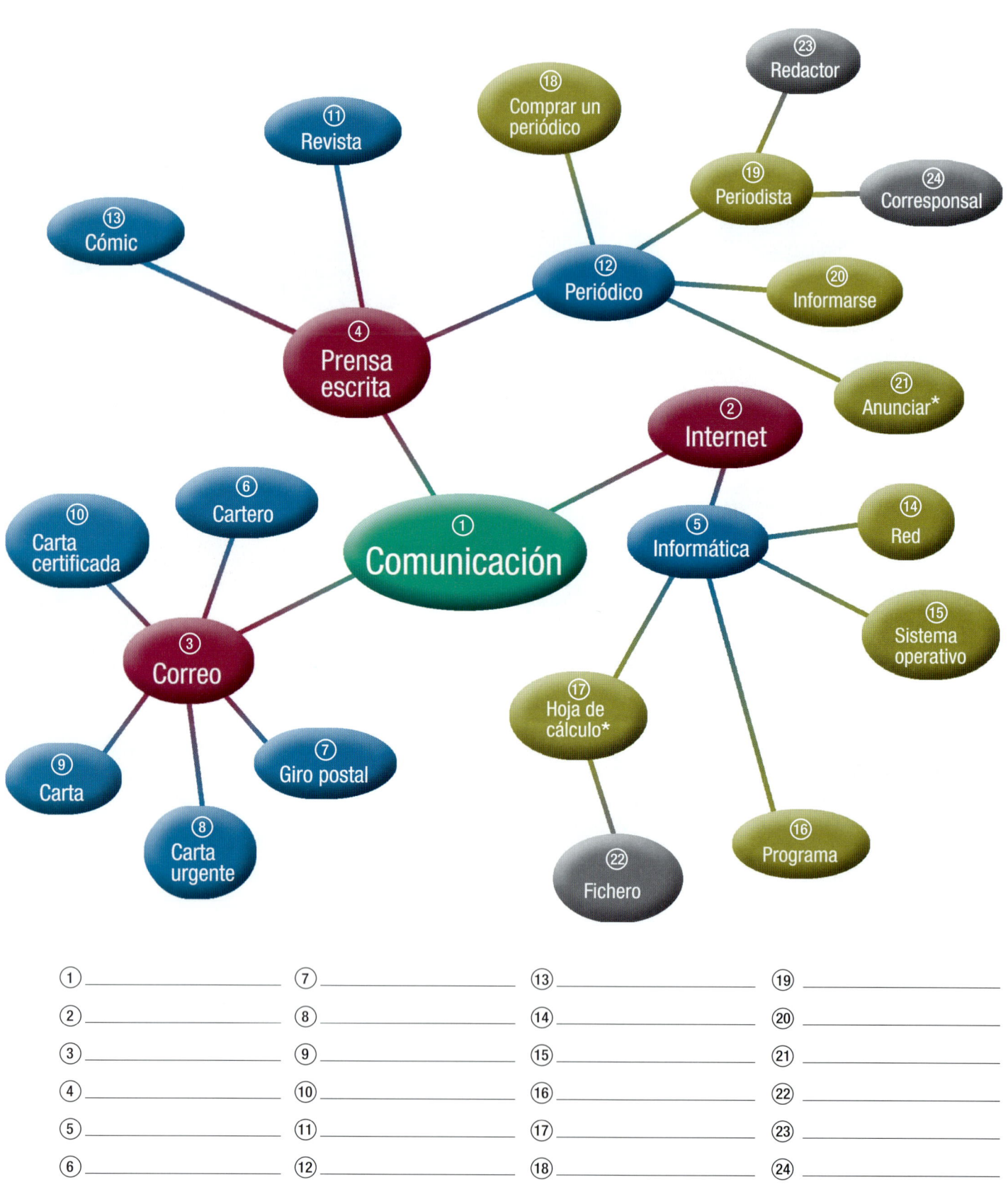

① _____	⑦ _____	⑬ _____	⑲ _____
② _____	⑧ _____	⑭ _____	⑳ _____
③ _____	⑨ _____	⑮ _____	㉑ _____
④ _____	⑩ _____	⑯ _____	㉒ _____
⑤ _____	⑪ _____	⑰ _____	㉓ _____
⑥ _____	⑫ _____	⑱ _____	㉔ _____

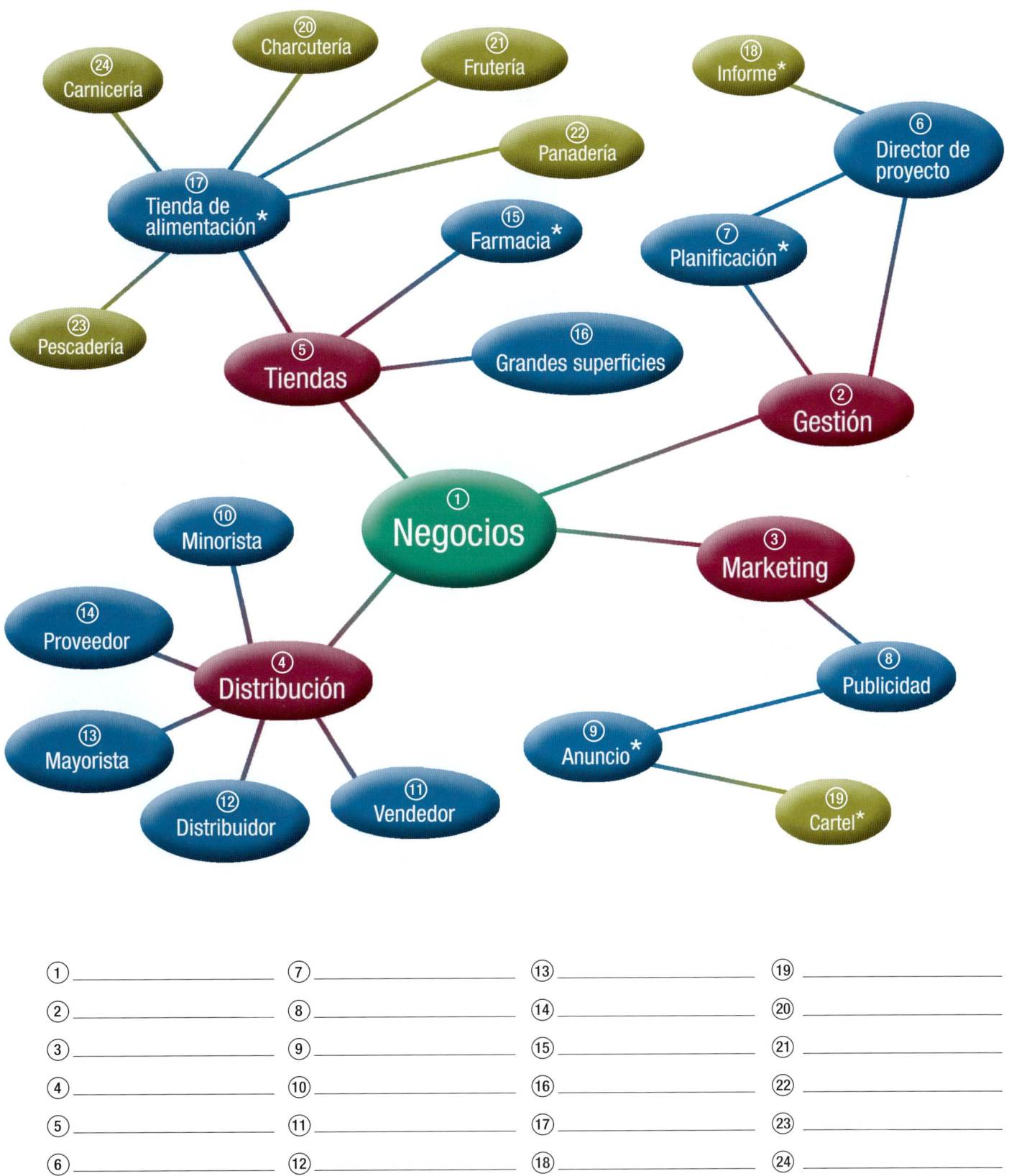

Charcutería ⑳

Carnicería ㉔

Fruteria ㉑

Informe* ⑱

Panadería ㉒

Director de proyecto ⑥

Tienda de alimentación* ⑰

Farmacia* ⑮

Planificación* ⑦

Pescadería ㉓

Tiendas ⑤

Grandes superficies ⑯

Gestión ②

Negocios ①

Minorista ⑩

Marketing ③

Proveedor ⑭

Distribución ④

Publicidad ⑧

Mayorista ⑬

Anuncio* ⑨

Distribuidor ⑫

Vendedor ⑪

Cartel* ⑲

① _____	⑦ _____	⑬ _____	⑲ _____
② _____	⑧ _____	⑭ _____	⑳ _____
③ _____	⑨ _____	⑮ _____	㉑ _____
④ _____	⑩ _____	⑯ _____	㉒ _____
⑤ _____	⑪ _____	⑰ _____	㉓ _____
⑥ _____	⑫ _____	⑱ _____	㉔ _____

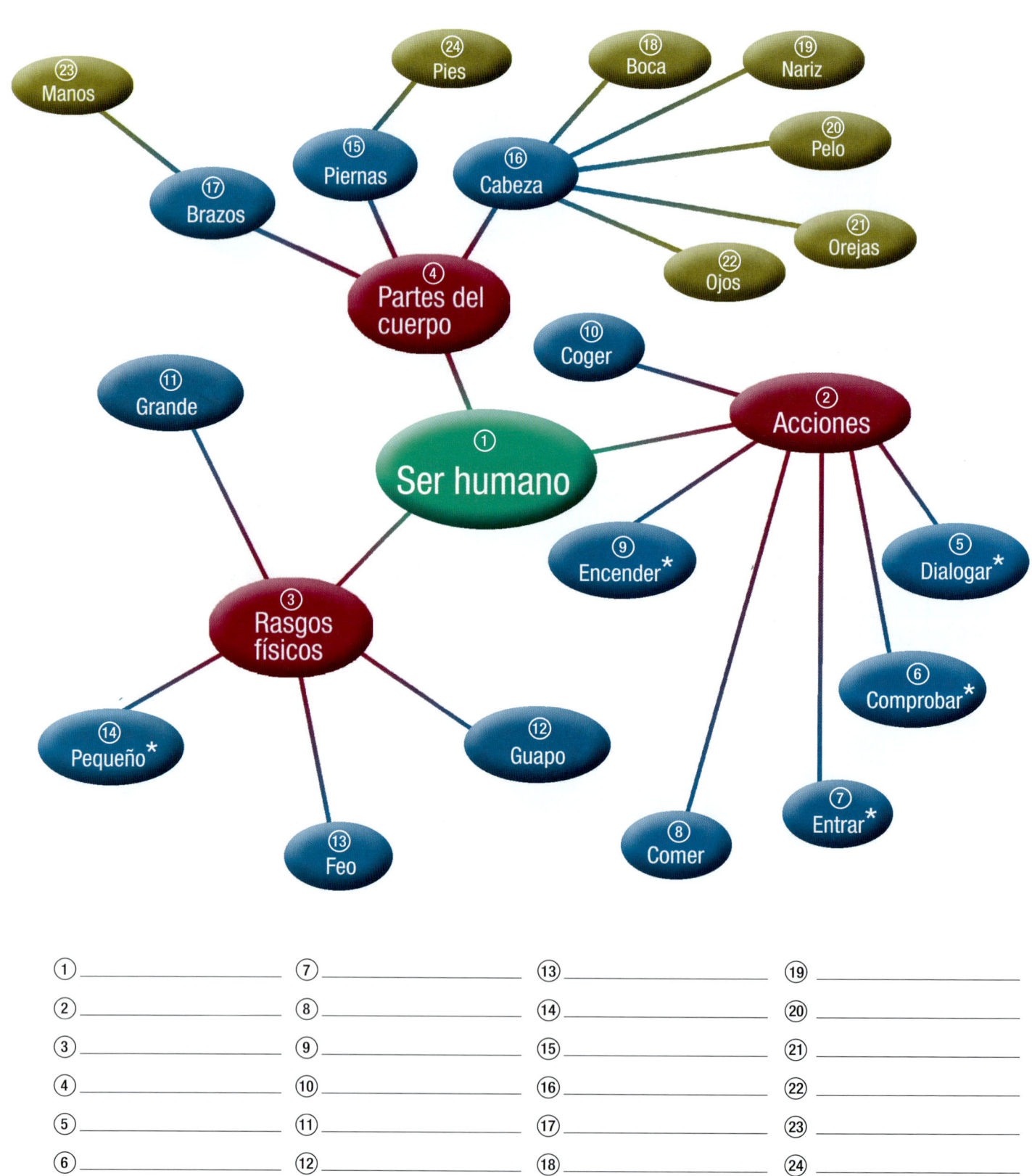

1 _____   7 _____   13 _____   19 _____

2 _____   8 _____   14 _____   20 _____

3 _____   9 _____   15 _____   21 _____

4 _____   10 _____   16 _____   22 _____

5 _____   11 _____   17 _____   23 _____

6 _____   12 _____   18 _____   24 _____

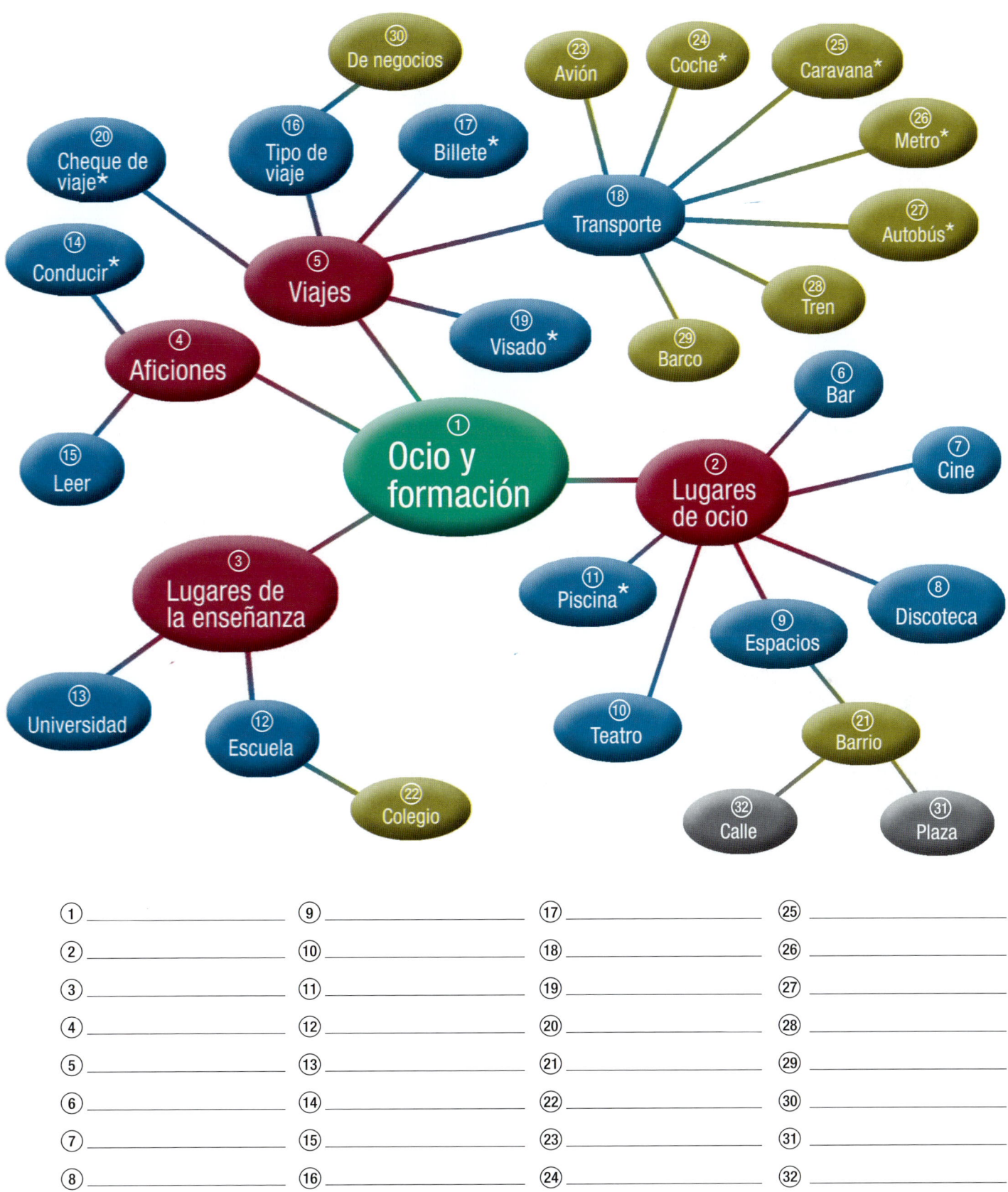

1 _____ 9 _____ 17 _____ 25 _____

2 _____ 10 _____ 18 _____ 26 _____

3 _____ 11 _____ 19 _____ 27 _____

4 _____ 12 _____ 20 _____ 28 _____

5 _____ 13 _____ 21 _____ 29 _____

6 _____ 14 _____ 22 _____ 30 _____

7 _____ 15 _____ 23 _____ 31 _____

8 _____ 16 _____ 24 _____ 32 _____

Para presentar a alguien

Le presento a Ricardo. (form.) _____

_____

Para presentarse

Buenos días. Me llamo Esteban. _____

_____

Para saludar

Hola, ¿qué tal?* _____

¿Cómo está usted? (form.) _____

Buenos días.* _____

Para responder a un saludo

Muy bien gracias, ¿y tú? _____

Bien gracias, ¿y usted? (form.) _____

Para despedirse

Adiós.* _____

Hasta luego.* _____

Para pedir información personal

¿Cómo te llamas? _____

¿De dónde eres?* _____

¿Cuál es tu número de teléfono?* _____

_____

Para dar información personal

Soy mexicano. / Soy de México. _____

_____

Para controlar la comunicación

¿Cómo se pronuncia? _____

¿Cómo se escribe? _____

¿Puedes repetir, por favor? _____

_____

¿Puedes hablar más despacio? _____

_____

¿Cómo se dice *blond* en español? _____

_____

¿Qué significa *ingeniero*? _____

_____

Para agradecer

Gracias (por todo). _____

Muchas gracias. _____

Para responder a un agradecimiento

De nada. _____

A ti. _____

A usted. (form.) _____

Para pedir permiso

¿Puedo pasar? _____

¿Puedo dejar aquí mi currículo? _____

_____

Para dar permiso

Sí, claro. _____

Por supuesto. _____

Para expresar conocimiento

Sí, seguro. _____

No, no, seguro. _____

Para expresar desconocimiento total

No (lo) sé. _____

Para expresar olvido

No me acuerdo. _____

_____

Para preguntar por una dirección

¿Dónde está el taller? _____

_____

¿Hay una estación de metro por aquí cerca? _____

_____

Para dar direcciones

Todo recto y la tercera calle a la derecha. _____

_____

Está aquí mismo.* _____

_____

Está al lado del hotel. _____

_____

Para pedir perdón

Lo siento. _____

Perdón. _____

Para preguntar sobre opiniones personales

¿Cómo es la fábrica? _____

¿Qué te parece este informe?* _____

_____

Para informar sobre opiniones personales

Es muy bonita. _____

Para valorar opiniones ajenas

¡Qué idea tan interesante! _____

_____

Para pedir un precio

¿Cuánto cuesta / vale enviar un paquete a Madrid? _____

_____

¿Qué precio tiene esta máquina? _____

_____

Para pedir a alguien que haga algo

¿Puedes traer el libro de contabilidad? _____

_____

Para ofrecer ayuda a otra persona

¿Quieres que te ayude? _____

_____

Para pedir ayuda a alguien

¿Me puedes ayudar? _____

Para aceptar (+) o rechazar (-) ofertas

Por supuesto. (+) _____

Sí, por favor. (+) _____

Lo siento, pero tengo que irme. (-) _____

_____

No, gracias, no es necesario. (-) _____

_____

Para pedir la hora

¿Qué hora es? _____

¿Tienes hora?* _____

Para dar la hora

Es la una. (1:00) _____

Son las ocho. (8:00) _____

_____

Son las siete y cuarto. (7:15) _____

_____

Para hablar de horarios

¿A qué hora empieza la reunión? _____

_____

A las seis y media. _____

Empiezo a trabajar a las siete y termino a la una. _____

Para concertar citas

¿Cómo quedamos? _____

¿Cuándo quedamos?* _____

¿El martes te va bien? _____

¿Dónde quedamos?* _____

Para expresar posibilidad

¿Se puede fumar en esta oficina? _____

_____

Para expresar imposibilidad

Aquí no se puede. Hay que ir a la otra sala. _____

_____

Para expresar cosas obligatorias

Hay que estar en el aeropuerto una hora antes. _____

_____

Está prohibido fumar en esta sala. _____

_____

Para invitar y ofrecer algo

¿Quieres un café? _____

¿Te apetece comer ahora?* _____

_____

Para aceptar un ofrecimiento

¡Vale! ¿Adónde vamos?* _____

Sí, muchas gracias. _____

Para rechazar un ofrecimiento

Lo siento, no me apetece, gracias.* _____

_____

No, gracias, hoy no puedo. Otro día, ¿vale? _____

_____

Para expresar el grado de seguridad

Creo que está enfermo. _____

_____

Me parece que está enfermo. _____

_____

Para felicitar

¡Felicidades!* _____

Enhorabuena.* _____

Muchas felicidades.* _____

Para expresar opiniones

A mí me gusta el cine. _____

_____

A mí me interesan tus ideas. _____

_____

Para manifestar acuerdo

Ah, pues yo también. _____

A mí también. _____

Para manifestar desacuerdo

Yo tampoco. _____

A mí tampoco. _____

Para manifestar que no hay coincidencia

Pues yo sí, me encantan. _____

_____

Yo no, porque no tengo tiempo. _____

_____

A mí no. _____

Para hablar de las partes del día

Por la mañana / tarde / noche*. _____

_____

Para hablar de frecuencia

Una vez a la semana / al día / al año*. _____

_____

Para referirse a un momento en el tiempo

Antes de comer. _____

Después de la reunión.* _____

Para hablar de planes y proyectos para el futuro

¿Qué vais a hacer mañana? _____

_____

Pienso quedarme en casa. _____

_____

Para expresar lo que nos gustaría hacer

El año que viene quiero trabajar en un pueblo con playa.

_____

Para proponer actividades

¿Por qué no invertimos más en marketing? _____

_____

¿Quieres ir al cine?* _____

¿Tienes ganas de ir a nadar?* _____

_____

Para preguntar por qué se hace algo

¿Para qué vamos a abrir una sede en México? _____

_____

¿Por qué estudias español? _____

_____

Para expresar por qué se hace algo

Para tener más oportunidades de negocio. _____

_____

Porque es un mercado muy interesante para nosotros. _____

_____

Los números entre paréntesis indican el número de lección donde aparece la palabra por primera vez. Si el número está en rojo la lección indicada es del *Libro del Alumno*. Si el número está en color azul, la lección pertenece al *Cuaderno de Recursos y Ejercicios*.

Español	Deutsch	Français	English	Italiano	Português
A					
abandonar (3)	aufgeben, abandonnieren	abandonner	to leave, abandon	abbandonare	abandonar
abogado/-a (2)	Rechtsanwalt, ~anwältin	avocat/-e	lawyer	avvocato	advogado/-a
acceder (4)	zustimmen	accéder	to access	accedere	acessar
acción (bolsa) (6)	Aktie	action (bourse)	stock, share	azione	ação (bolsa)
aceptar (6)	annehmen	accepter	to accept	accettare	aceitar
acreditación (3)	Akkreditierung	accréditation	accreditation	pass	identificação
actividad empresarial (10)	unternehmerische Tätigkeit	activité entrepreneuriale	business activity	attività aziendale	atividade empresarial
actividad principal (2)	Haupttätigkeit	activité principale	main activity	attività principale	atividade principal
actividad secundaria (2)	Nebentätigkeit	activité secondaire	secondary activity	attività secondaria	atividade secundária
acuerdo (6)	Übereinkunft	accord	agreement	accordo	acordo
adjunto (6)	Anlage	ci-joint	attached	allegato	adjunto
administración (5)	Verwaltung	administration	administration	amministrazione	administração
administración de un Estado (7)	Staatsverwaltung	administration d'un État	state administration, government	amministrazione statale	administração de um Estado
administrativo/-a (2)	kaufmännische(r) Angestellte(r)	employé/-e de bureau	administrative assistant	impiegato/-a	administrativo/-a
aduana (3)	Zoll	douane	customs	dogana	alfândega
agencia inmobiliaria (5)	Grundstücksmaklerfirma	agence immobilière	real estate agency	agenzia immobiliare	agência imobiliária
agente de seguros (3)	Versicherungsmakler	agent d'assurances	insurance agent	agente assicurativo	agente de seguros
ahorrar (8)	sparen	économiser	to save	risparmiare	poupar
almacén (5)	Lager	magasin	warehouse, storage	magazzino	armazém
alta calidad (6)	hohe Qualität	excellente qualité	high quality	alta qualità	alta qualidade
ámbito (10)	Bereich	domaine	sphere, area, field	ambito	âmbito
ampliar (8)	erweitern	élargir	to enlarge, to broaden	ampliare	ampliar
analista (6)	Analytiker	analyste	analyst	analista	analista
antiglobalización (10)	Antiglobalisierung	antimondialisation	anti-globalization	antiglobalizzazione	anti-globalização
anuncio (2)	Bekanntmachung, Anzeige	annonce	advertisement, announcement	annuncio	anúncio
anuncio publicitario (2)	Werbeanzeige	annonce publicitaire	advertisement	pubblicità	anúncio publicitário
arancel (3)	Tarif, Gebührensatz	tarif douanier	customs duty or tariff	dazio	tarifa
archivar (5)	archivieren, ablegen	archiver, sauvegarder (inform.)	to file	archiviare	arquivar
archivo (5)	Archiv, Ablage	archives, fichier (informatique)	file	archivio	arquivo
artículo (10)	Artikel	article	article	articolo	artigo
asamblea ciudadana (7)	Bürgerversammlung	assemblée de citoyens	citizens' assembly	assemblea cittadina	assembléia cidadã
asesor (2)	Berater	conseiller	advisor	consulente	assessor
asesor/-a financiero/-a (8)	Finanzberater(in)	conseiller/-ère financier/-ère	financial advisor	consulente finanziario	assessor/-a financeiro/-a
asesoramiento (12)	Beratung	conseil, assistance	advice, counsel	consulenza	assessoramento
asesorar (12)	beraten	conseiller	to advise	fornire una consulenza	assessorar
asistente/-a (5)	Anwesende(r), Teilnehmer(in)	assistant/-e	assistant, person attending	assistente	assistente
asociado (6)	Teilhaber, Partner	associé	associated	associato, socio	associado
aspirante (8)	Anwärter	aspirant	candidate, applicant	aspirante	aspirante

Español	Deutsch	Français	English	Italiano	Português
auditor (8)	Buch~, Rechnungsprüfer	audit	auditor	auditor, revisore	auditor
auditoría (8)	Buchprüfung	cabinet d'audit	audit	auditing	auditoria
aumentar (8)	vergrößern	augmenter	to increase	aumentare	aumentar
auxiliar administrativo (7)	Bürogehilfe	assistant administratif	administrative assistant	impiegato	auxiliar administrativo

B

Español	Deutsch	Français	English	Italiano	Português
balance (12)	Bilanz	bilan	balance sheet	bilancio	balanço
balance anual (12)	Jahresbilanz	bilan annuel	annual balance sheet	bilancio annuale	balanço anual
bancarrota (3)	Bankrott	banqueroute	bankrupt	bancarotta	bancarrota
banco (1)	Bank	banque	bank	banca	banco
banquero (2)	Bankier	banquier	banker	banchiere	banqueiro
beneficio (6)	Nutzen, Gewinn	bénéfice	profit	profitto, utile	benefício (lucro)
beneficio neto (12)	Nettogewinn	bénéfice net	net profit	utile netto	benefício líquido
bolsa de valores (4)	Wertpapierbörse	bourse de valeurs	stock market	borsa valori	bolsa de valores
burgués/-esa (5)	bürgerlich	bourgeois/-e	bourgeois	borghese	burguês/-esa
burocracia (7)	Bürokratie	bureaucratie	bureaucracy	burocrazia	burocracia
bursátil (7)	Börsen...	boursier	related to the stock market	borsistico	de bolsa

C

Español	Deutsch	Français	English	Italiano	Português
calculadora (5)	Rechnenmaschine	calculatrice	calculator	calcolatrice	calculadora
cambio (1)	Wechsel	change (banque), changement	change, exchange rate	cambio	câmbio
candidato/-a (1)	Kandidat(in)	candidat/-e	candidate	candidato	candidato/-a
capacidad de gestión (3)	Geschäftsfähigkeit	capacité de gestion	management skills	capacità di gestione	capacidade de gestão
capacidad de penetración (7)	Durchdringungsfähigkeit	capacité de pénétration	market penetration ability	capacità di penetrazione	capacidade de introdução
capital (3)	Kapital	capital	capital	capitale	capital
cargo (3)	Posten, Amt	fonction	responsibility, job	carica	cargo
catálogo (6)	Katalog	catalogue	catalog	catalogo	catálogo
categoría (10)	Kategorie	catégorie	category, class	categoria	categoria
centro comercial (4)	Handelszentrum	centre commercial	shopping center, mall	centro commerciale	centro comercial
cheque (1)	Scheck	chèque	check	assegno	cheque
circulación (3)	Umlauf	circulation	circulation, movement	circolazione	circulação
circunstancia (7)	Umstand	circonstance	circumstance	circostanze	circunstância
cita (2)	Verabredung	rendez-vous	date, appointment	appuntamento	encontro
ciudadano (2)	Bürger	citoyen	citizen	cittadino	cidadão
clase alta (5)	Oberschicht	classe supérieure	upper class	classe alta	classe alta
clase baja (5)	Unterschicht	classe inférieure	lower class	classe bassa	classe baixa
clase media (5)	Mittelstand	classe moyenne	middle class	classe media	classe média
cláusula (4)	Klausel	clause	clause	clausola	cláusula
cliente (1)	Kunde	client	client, customer	cliente	cliente
cliente/-a habitual (12)	Stammkunde, ~kundin	client/-e habituel/-le	loyal client, customer	cliente abituale	cliente habitual
cliente/-a potencial (5)	potenzielle(r), Kund(e)(in)	client/-e potentiel/-le	potential client, customer	cliente potenziale	cliente potencial
cobrador (7)	Kassierer	receveur, encaisseur	bill collector	esattore	cobrador
código civil (3)	Bürgerliches Gesetzbuch	code civil	civil code (of law)	codice civile	código civil

Español	Deutsch	Français	English	Italiano	Português
código postal (2)	Postleitzahl	code postal	zip code	codice postale	código postal (C.E.P.)
colaborador/-a (2)	Mitarbeiter(in)	collaborateur/-trice	associate	collaboratore/-trice	colaborador/-a
combustible (6)	Kraftstoff, Brennstoff	combustible	fuel	carburante	combustível
comercial (2)	kaufmännisch, Handels...	commercial	related to sales, sales person	commerciale	comercial
comercialización (2)	Vermarktung, Kommerzialisierung	commercialisation	sales, marketing	commercializzazione	comercialização
comercializar (2)	vermarkten, kommerzialisieren	commercialiser	to sell, to market	commercializzare	comercializar
comerciante (10)	Kaufmann	commerçant	sales person	commerciante	comerciante
comercio (4)	Handel, Geschäft	commerce	commerce, trade	commercio	comércio
comida de negocios (9)	Arbeitsessen	repas d'affaires	business lunch	colazione d'affari	almoço de negócios
compañero/-a (1)	Kollege, Kollegin	collègue	colleague	compagno	companheiro/-a
compensar (12)	ausgleichen	compenser	to compensate	compensare	compensar
competencia (2)	Wettbewerb	concurrence	competence, competition	concorrenza	concorrência
competencia desleal (12)	unlauterer Wettbewerb	concurrence déloyale	unfair competition	concorrenza sleale	concorrência desleal
competitividad (11)	Wettbewerbsfähigkeit	compétitivité	competitiveness	competitività	competitividade
comprar (6)	kaufen	acheter	to buy, to purchase	acquistare	comprar
compromiso (3)	Kompromiss; Verpflichtung	compromis, engagement	commitment, compromise	compromesso	compromisso
concertar (8)	abschließen	concerter, convenir	to set up (a meeting)	pattuire, combinare	marcar
condiciones del contrato (3)	Vertragsbedingungen	conditions du contrat	contractual conditions	condizioni contrattuali	condições do contrato
conexión (5)	Verbindung	connexion	connection (to Internet)	connessione	conexão
conjunto (12)	Gesamtheit, Komplex	ensemble	set, whole	insieme	conjunto
consejo (9)	Rat	conseil	counsel, advice	consiglio	conselho
constructora (6)	Baufirma	entreprise du bâtiment	construction company	impresa edile	construtora
consultor (1)	Berater	consultant	consultant	consulente	consultor
consultor empresarial (4)	Firmenberater	consultant d'entreprise	business consultant	consulente aziendale	consultor empresarial
consultoría (4)	Consultingbüro	cabinet d'expertise	consulting firm	studio di consulenza	consultoria
consumo (6)	Verbrauch, Konsum	consommation	consumption	consumo	consumo
contabilidad (1)	Buchführung	comptabilité	accounting	contabilità	contabilidade
contabilidad básica (8)	einfache Buchführung	comptabilité élémentaire	basic accounting	contabilità base	contabilidade básica
contable (8)	Buchhalter	comptable	accountant	contabile	contábil
contactar (3)	kontaktieren	contacter	to contact	prendere contatto, contattare	contatar
contestar (3)	antworten	répondre	to answer	rispondere	responder
contratar (3)	unter Vertrag nehmen	engager, recruter	to contract, to hire	assumere	contratar
contrato (3)	Vertrag	contrat	contract	contratto	contrato
contrato mercantil (4)	handelsrechtlicher Vertrag	contrat commercial	commercial contract	contratto commerciale	contrato mercantil
contribuyente (3)	Beitragspflichtiger	contribuable	contributor	contribuente	contribuinte
controlar (12)	kontrollieren	contrôler	to monitor, to control	controllare	controlar
conveniente (4)	zweckmäßig	pertinent	convenient, a good idea	conveniente	conveniente
cooperación (11)	Zusammenarbeit	coopération	cooperation	cooperazione	cooperação
cooperar (4)	zusammenarbeiten	coopérer	to cooperate	cooperare	cooperar
coordinación (2)	Koordinierung	coordination	coordination	coordinazione	coordenação
correo electrónico (2)	E-mail	courrier électronique	e-mail	posta elettronica	correio eletrônico
correspondencia (5)	Korrespondenz	correspondance	correspondence	corrispondenza	correspondência
coste (7)	Kosten	coût	cost	costo	custo

Español	Deutsch	Français	English	Italiano	Português
coste de comercialización (12)	Verkaufsselbstkosten	coût de commercialisation	cost of bringing to market	costo di commercializzazione	custo de comercialização
cotización (3)	Kurs, Notierung	cotisation	price, dues	quotazione	cotização
coyuntural (7)	konjunkturell	conjoncturel	short term (statistics)	congiunturale	conjuntural
crecimiento (8)	Wachstum	croissance	growth	crescita	crescimento
crédito (3)	Kredit	crédit, créance	loan, credit	credito	crédito
crisis (6)	Krise	crise	crisis	crisi	crise
cronograma (6)	Chronogramm	chronogramme	timer	cronogramma	cronograma
cuello de botella (11)	Engpass	goulet d'étranglement	bottle-neck	imbuto	afunilamento
cuenta bancaria (1)	Bankkonto	compte bancaire	bank account	conto bancario	conta bancária
cuenta de resultados (4)	Ergebnisrechnung	compte de résultats	financial results account	conto economico	conta de resultados
currículo/-um (2)	Lebenslauf	curriculum vitae	résumé, CV	curriculum	curriculum

D

Español	Deutsch	Français	English	Italiano	Português
decreto (2)	Dekret	décret	decree	decreto	decreto
delegado/-a (2)	Abgeordnete(r), Delegierte(r)	délégué/-e	delegate	delegato	delegado/-a
departamento (1)	Abteilung	département, service	department	reparto, ufficio	departamento
dependiente/-a (6)	Verkäufer(in), Angestellte(r)	vendeur/-euse	salesclerk, shop assistant	impiegato, dipendente	comerciário/-a
depósito (6)	Depot; Hinterlegung	dépôt	deposit, repository	deposito	depósito
desarrollar (2)	entwickeln	développer	to develop, to change	sviluppare	desenvolver
desarrollo (6)	Entwicklung	développement	development	sviluppo	desenvolvimento
desarrollo social (11)	soziale Entwicklung	développement social	social development	sviluppo sociale	desenvolvimento social
desarrollo sostenible (11)	nachhaltige Entwicklung	développement durable	sustainable development	sviluppo sostenibile	desenvolvimento sustentável
descargar (5)	entladen, löschen, entlasten	décharger	to unload, to download	scaricare	descarregar
desfase horario (7)	Zeitverschiebung	décalage horaire	time change or difference	jet-lag	fuso horário
desigualdad (11)	Ungleichheit	inégalité	inequality	disuguaglianza	desigualdade
despacho (5)	Büro	bureau	office	ufficio; studio	escritório
diario (periódico) (12)	Zeitung	journal	newspaper	giornale	jornal
dinero (2)	Geld	argent	money	denaro, soldi	dinheiro
dirección (5)	Leitung, Direktion	adresse, direction	direction, management	direzione	direção
dirección de empresas (1)	Geschäftsleitung	direction d'entreprises	business management	direzione aziendale	direção de empresas
director/-a general (2)	Generaldirektor(in)	directeur/-trice général/-e	managing director	direttore/-trice generale	diretor/-a geral
director/-a técnico/-a (5)	technische(r) Leiter(in)	directeur/-trice technique	technical director	direttore/-trice tecnico/-a	diretor/-a técnico/-a
dirigir (3)	leiten	diriger	to direct, to manage	dirigere	dirigir
diseño (2)	Entwurf; Design	conception, dessin	design	design; disegno	desenho
distribución (1)	Vertrieb	distribution	distribution	distribuzione	distribuição
distribuidor/-ora (7)	Vertriebshändler(in)	distributeur/-trice	distributing company	distributore/-trice	distribuidor/-a
distribuir (3)	vertreiben	distribuer	to distribute	distribuire	distribuir
diversificar (6)	diversifizieren	diversifier	to diversify	diversificare	diversificar
divisa (3)	Devise	devise	currency	valuta, divisa (soldi)	divisa

E

Español	Deutsch	Français	English	Italiano	Português
ecológico/-a (11)	Umweltschutz..., ökologisch	écologique	ecological, environmentally friendly	ecologico/-a	ecológico/-a
ecologista (3)	Umweltschützer	écologiste	ecologist, environmental	ecologista	ecologista

Español	Deutsch	Français	English	Italiano	Português
economía (4)	Wirtschaft	économie	economy, economics	economia	economia
económico/-a (2)	wirtschaftlich	économique	economical, cheap	economico/-a	econômico/-a
eficiente (12)	wirksam, effizient	efficient, efficace	efficient	efficiente	eficiente
ejecutivo/-a (2)	Manager(in)	cadre, exécutit/-ive	executive	manager, dirigente	executivo/-a
elecciones (11)	Wahlen	élections	elections	selezioni	eleições
emisión (11)	Emission; Sendung; Abgabe	émission	emission, issuance	emissione	emissão
emitir (11)	abgeben, ausgeben	émettre	to emit, to issue	emettere	emitir
emprendedor/-a (2)	unternehmungslustig	entreprenant/-e	entrepreneur	imprenditore/-trice	empreendedor/-a
empresa (1)	Unternehmen, Firma	entreprise	business, company	azienda, impresa, ditta	empresa
empresa eléctrica (7)	Elektrizitätsunternehmen	entreprise électrique	electrical company	azienda elettrica	empresa elétrica
empresario/-a (5)	Unternehmer(in)	chef d'entreprise	business person	impresario/ -a	empresário/-a
en concepto de (3)	als	à titre de	for (as in to charge for...)	a titolo di	em conceito de
encargo (7)	Auftrag	commande, mission	order	incarico	pedido
encuesta (11)	Umfrage	enquête	survey	sondaggio, inchiesta	pesquisa
enfrentarse (1)	jemanden gegenübertreten	affronter, faire face à	to confront	affrontare	enfrentar-se
entrevista (2)	Besprechung; Interview	entretien, entrevue	interview, meeting	colloquio, intervista	entrevista
enviar (6)	senden, schicken	envoyer	to send	spedire, inviare	enviar
equipo (3)	Anlage	équipe (de personnes)	equipment, team	attrezzatura, dotazione, gruppo	equipe
equipo informático (6)	EDV-Anlage	équipement informatique	computer system	apparecchiatura informatica	equipe informática
erróneo/-a (1)	falsch	erroné/-e	erroneous, wrong	erroneo/-a	errôneo/-a
estabilidad económica (3)	wirtschaftliche Stabilität	stabilité économique	economic stability	stabilità economica	estabilidade econômica
establecer (3)	begründen, errichten	établir	to establish, to set up	stabilire	estabelecer
Estado (7)	Staat	État	state, country	Stato	Estado
estar al día (10)	aktuell sein	être à jour	to be aware of the latest	essere aggiornato/-a	estar atualizado
estrategia (1)	Strategie	stratégie	strategy	strategia	estratégia
estrategia comercial (11)	Handelsstrategie	stratégie commerciale	comercialsales strategy	strategia commerciale	estratégia comercial
estrategia de mercado (1)	Marktstrategie	stratégie de marché	market strategy	strategia di mercato	estratégia de mercado
estrategia económica (11)	Wirtschaftsstrategie	stratégie économique	economic strategy	strategia economica	estratégia econômica
estructura (7)	Struktur	structure	structure	struttura	estrutura
euro (2)	Euro	euro	euro	euro	euro
éxito (5)	Erfolg	succès, réussite	success	successo	êxito
experiencia (2)	Erfahrung	expérience	experience	esperienza	experiência
experiencia laboral (8)	berufliche Erfahrung	expérience professionnelle	job experience	esperienza lavorativa	experiência profissional
experto/-a (3)	Experte, Expertin	expert/-e	expert	esperto	especialista
exportación (6)	Ausfuhr, Export	exportation	export, exporting	esportazione	exportação
exposición (6)	Ausstellung	exposition	exhibition	mostra, esposizione	exposição

F

Español	Deutsch	Français	English	Italiano	Português
fabricante (12)	Hersteller	fabricant	manufacturer	ditta costruttrice, produttore	fabricante
factura (7)	Rechnung	facture	bill, invoice	fattura	fatura
fax (2)	Fax(gerät)	télécopie	fax	fax	fax
fecha (1)	Datum	date	date	data	data
finanzas (3)	Finanzen	finances	finances	finanze	finanças

Español	Deutsch	Français	English	Italiano	Português
firma (3)	Unterschrift; Firma	signature	signature	firma	assinatura, firma (empresa)
firmante (1)	Unterzeichner(in)	signataire	signatory	firmatario	assinante
fiscal (2)	Staatsanwalt	fiscal	judge, related to taxes	procuratore	fiscal
fluctuación (3)	Schwankung	fluctuation	fluctuation	fluttuazione	flutuação
formación (8)	Ausbildung, Bildung	formation	training	formazione	formação
fracaso (5)	Fehlschlag	échec	failure	insuccesso	fracasso
franquicia (1)	Selbstbeteiligung; Franchising	franchise	franchise	franchising	franchising
función (4)	Funktion	fonction	function	funzione	função
funcionamiento (11)	Arbeitsweise, Betrieb	fonctionnement	functioning, operation	funzionamento	funcionamento
fundamento (5)	Grundlage, Fundament	fondement	foundation	fondamenta, fondatezza	fundamento

G

Español	Deutsch	Français	English	Italiano	Português
gama alta (7)	höherer Bereich	haut de gamme	high quality range (of goods)	gamma alta	gama alta
ganador/-a (9)	Gewinner(in)	gagnant/-e	winner	vincitore	ganhador/-a
ganancia (9)	Gewinn	gain	gain, earning	guadagno	lucro
gasto (6)	Ausgabe, Aufwand, Verbrauch	frais	expense	spesa	gasto
género (10)	Gattung; Ware	marchandise	goods	merce	gênero
gerente (1)	Geschäftsleiter	gérant	manager, executive	gerente	gerente
gestión (1)	(Geschäfts)führung	gestion	management	gestione	gestão
gestión medioambiental (3)	Umweltmanagement	gestion environnementale	environmental management	gestione ambientale	gestão meio-ambiental
gestionar (3)	betreiben, bearbeiten	gérer	to manage, to administer	gestire	gestionar
gestor (5)	Geschäftsführer	administrateur	manager, administrator	amministratore, gestore	gestor
gestoría (3)	(Art) Steuerberaterbüro	agence administrative	administration agency	agenzia per pratiche amministrative	escritório de administração
gobernado (7)	regiert	gouverné	governed, ruled	governato	governado
gobernador/-a (7)	Gouverneur(in)	gouverneur	governor	governatore/-trice	governador/-a
gobernante (7)	Regierender	gouvernant	governing, ruling	governante	governante
gratuito/-a (4)	kostenlos	gratuit/-e	free (of charge)	gratuito	gratuito/-a
grupo económico (6)	Wirtschaftsgruppe	groupe économique	economic group	gruppo economico	grupo econômico
gubernamental (3)	Regierungs...	gouvernemental	governmental	governamentale	governamental

H

Español	Deutsch	Français	English	Italiano	Português
hacienda pública (2)	Finanzverwaltung	trésor public	government agency for tax collection	erario dello stato	fazenda pública
hipoteca (4)	Hypothek	hypothèque	mortgage	mutuo, ipoteca	hipoteca
horario de apertura (7)	(Geschäfts)öffnungszeit	horaire d'ouverture	business hours (business opens)	orario d'apertura	horário de abertura
horario de cierre (7)	(Geschäfts)schlusszeit	horaire de fermeture	business hours (business closes)	orario di chiusura	horário de encerramento
horario de oficina (7)	Bürozeiten	horaire de bureau	office hours	orario d'ufficio	horário de escritório
horario laboral (4)	Arbeitszeit	horaire de travail	workday	orario di lavoro	horário de trabalho

I

Español	Deutsch	Français	English	Italiano	Português
implantar (7)	einführen	implanter	to implement	introdurre	implantar
implicar (11)	implizieren	impliquer	to implicate, to imply	coinvolgere, comportare	implicar
importación (6)	Einfuhr, Import	importation	import, importing	importazione	importação
impresora (5)	Drucker	imprimante	printer	stampante	impressora

Español	Deutsch	Français	English	Italiano	Português
impuesto (2)	Steuer	impôt	tax	imposta, tassa	imposto
impulsar (2)	(an)treiben	encourager	to push forward, to encourage	stimolare, potenziare	impulsionar
inauguración (10)	Eröffnung, Einweihung	inauguration	opening, inauguration	inaugurazione	inauguração
incremento (10)	Zunahme	hausse	increase	incremento	incremento
índice de valores (4)	Wertindex	indice de valeurs	stock index	indice dei valori	índice de valores
industria (6)	Industrie	industrie	industry	industria	indústria
industrial (6)	industriell, Industrie...	industriel	industrial	industriale	industrial
información confidencial (6)	vertrauliche Informationen	information confidentielle	confidential information	informazione confidenziale	informação confidencial
informática (4)	Informatik	informatique	computer science	informatica	informática
informe (7)	Datenverarbeitung	rapport	report	relazione, rapporto, report	informe
informe económico (3)	Bericht	économique	economic report	rapporto economico	informe econômico
infraestructura (11)	Wirtschaftsbericht	infrastructure	infrastructure	infrastruttura	infra-estrutura
ingreso (8)	Infrastruktur	recette, revenu	deposit (in a bank)	entrata	ingresso
inmobiliaria (5)	Einnahme	agence immobilière	real estate agency	agenzia immobiliare	imobiliária
inmueble (5)	Grundstücksmaklerfirma	immeuble	real estate	immobile	imóvel
innovación (10)	Immobilie	innovation	innovation	innovazione	inovação
inscripción (2)	Innovation	inscription	signing up, registration	iscrizione	inscrição
instalar (5)	Eintragung	installer	to install	installare	instalar
intercambiar (10)	installieren	échanger	to exchange	interscambiare	intercambiar
intercambio (10)	austauschen	échange	exchange	interscambio	intercâmbio
interdependencia (8)	Austausch	interdépendance	interdependence	interdipendenza	interdependência
interés bancario (4)	gegenseitige Abhängigkeit	intérêt bancaire	bank interest	interesse bancario	juro bancário
interés general (7)	Bankzins	intérêt général	general interest	interesse generale	interesse geral
interés privado (7)	allgemeines Interesse	intérêt privé	private interest	interesse privato	interesse privado
intermediario/-a (12)	Privatinteresse	intermédiaire	intermediary	intermediario/-a	intermediário/-a
internacional (1)	Vermittler(in)	international	international	internazionale	internacional
inventario (12)	international	inventaire	inventory	inventario	inventário
inventario de las existencias (10)	Inventar	inventaire des stocks	stock inventory	inventario delle giacenze	inventário do conteúdo
inversión (7)	Lageraufnahme	investissement	investment	investimento	investimento
inversión bursátil (6)	Investition	investissement boursier	investment in the stock market	investimento in borsa	investimento na bolsa
inversor/-a (2)	Börsenanlage	investisseur	investor	investitore	investidor/-a
invertir (6)	Anleger(in), Investor(in)	investir	to invest	investire	investir
investigación (10)	anlegen, investieren	enquête, recherche	investigation, research	investigazione, ricerca	investigação
investigación e innovación del producto (10)	Forschung Produktforschung und -innovation	recherche et innovation de produit	product research and innovation	ricerca e innovazione di prodotto	investigação e inovação do produto
invitado/-a (10)	Gast	invité/-e	guest	invitato	convidado/-a

J

Español	Deutsch	Français	English	Italiano	Português
jefe/-a (4)	Chef(in)	chef	boss	capo	chefe/-a

L

Español	Deutsch	Français	English	Italiano	Português
libre circulación (3)	freier Verkehr	libre circulation	free movement	libera circolazione	livre circulação
licenciado/-a (1)	Diplom...	licencié/-e	person holding the equivalent to a Bachelor's Degree	laureato/-a	licenciado/-a

Español	Deutsch	Français	English	Italiano	Português
líder (11)	Führer	leader	leader	leader	líder
liderar (2)	anführen	diriger, détenir le leadership	to lead	dirigere, essere in testa	liderar
llamada telefónica (3)	Telefonanruf	appel téléphonique	telephone call	chiamata telefonica	chamada telefônica
logotipo (7)	Logotyp	logotype	logo	logotipo	logotipo

M

Español	Deutsch	Français	English	Italiano	Português
máquina (4)	Maschine	machine	machine	macchina	máquina
marca (7)	Marke	marque	brand	marca, marchio	marca
marketing (3)	Marketing	marketing, mercatique	marketing	marketing	marketing
materia prima (6)	Rohstoff	matière première	raw material	materia prima	matéria-prima
material (1)	Material	matériel	material	materiale	material
material de oficina (6)	Büromaterial	matériel de bureau	office supplies	materiale da ufficio	material de escritório
mayorista (6)	Großhändler	grossiste	wholesaler	grossista	atacadista
mercadillo (10)	Straßenmarkt	marché	flea market	mercatino	feira
mercado de valores (6)	Wertpapiermarkt	marché de valeurs	stock market	mercato dei valori	mercado de valores
mercado financiero (3)	Finanzmarkt	marché financier	financial market	mercato finanziario	mercado financeiro
mercado único (2)	gemeinsamer Markt	marché unique	single market	mercato unico	mercado único
mercancía (12)	Ware	marchandise	merchandise	merce, mercanzia	mercadoria
métodos de producción (6)	Produktionsverfahren	méthodes de production	production methods	metodi produttivi	métodos de produção
millón (2)	Million	million	million	milione	milhão
minorista (12)	Einzelhändler	détaillant	retailer	dettagliante	varejista
modalidad (2)	Modalität	modalité	modality, way	modalità	modalidade
modernización (11)	Modernisierung	modernisation	modernization	modernizzazione	modernização
moneda (3)	Münze; Währung	monnaie	currency, coin	moneta	moeda
motivar (3)	motivieren	motiver	to motivate	motivare	motivar
movimiento de capital (3)	Kapitalbewegung	mouvement de capital	capital movement	movimento di capitale	movimento de capital
multinacional (2)	multinationales Unternehmen	multinationale	multinational	multinazionale	multinacional
municipal (11)	städtisch, Stadt...	municipal, communale	municipal, related to a city	municipale, comunale	municipal

N

Español	Deutsch	Français	English	Italiano	Português
nave industrial (4)	Industriehalle	hangar industriel	industrial space or premises	capannone industriale	galpão industrial
necesidad (4)	Bedarf	nécessité, besoin	need, necessity	necessità	necessidade
negociación (10)	Verhandlung	négociation	negotiation	negoziazione, trattativa	negociação
negociador/-a (3)	Unterhändler(in)	négociateur/-trice	negotiator	negoziatore/-trice	negociador/-a
negocio (1)	Geschäft	négoce, affaire	business	affare, business, attività	negócio
nivel de producción (8)	Ertragsniveau	niveau de production	production level	livello di produzione	nível de produção
nómina (11)	Gehalt; Gehaltsliste	bulletin de salaire	pay slip, payroll	busta paga	pagamento
noticia (11)	Nachricht	nouvelle, information	news	notizia	notícia
novedad (10)	Neuheit	nouveauté	something new	novità	novidade
número de cuenta (1)	Kontonummer	numéro de compte	account number	numero di conto	número de conta

O

Español	Deutsch	Français	English	Italiano	Português
objetividad (5)	Objektivität	objectivité	objectivity	obiettività	objetividade

Español	Deutsch	Français	English	Italiano	Português
objetivo (11)	Ziel	objectif	objective, goal	obiettivo	objetivo
objetivo comercial (11)	handelspolitisches Ziel	objectif commercial	sales objective	obiettivo commerciale	objetivo comercial
objetivo de venta (11)	Umsatzziel	objectif de vente	sales objective	obiettivo di vendita	objetivo de venda
obstaculizar (3)	behindern	entraver	to be an obstacle, to block	ostacolare	criar obstáculos
obtener (6)	erlangen, erzielen, gewinnen	obtenir	to obtain, to get	ottenere	obter
oferta (3)	Angebot	offre	deal, sale, offer	offerta	oferta
oficina (1)	Büro	bureau, office	office	ufficio	escritório
olvidar (1)	vergessen	oublier	to forget	dimenticare, scordare	esquecer
opción de compra (5)	Kaufoption	option d'achat	purchase option	opzione d'acquisto	opção de compra
operación (6)	Operation, Geschäft	opération	operation, transaction	operazione	operação
ordenador (3)	Computer	ordinateur	computer	computer	computador
organización (1)	Organisation	organisation	organization	organizzazione	organização
organizar (2)	organisieren	organiser	to organize	organizzare	organizar

P

Español	Deutsch	Français	English	Italiano	Português
pactar (6)	vereinbaren	convenir	to pact, to agree	pattuire	pactuar
pagar (3)	(be)zahlen	payer	to pay	pagare	pagar
países menos desarrollados (8)	weniger entwickelte Länder	pays moins développés	less developed countries	paesi meno sviluppati	países menos desenvolvidos
papel (3)	Papier	papier, rôle	paper, role	carta	papel
paquete de acciones (6)	Aktienpaket	paquet d'actions	stock package, envelope	pacchetto di azioni	pacote de ações
patente (2)	Patent	brevet	patent	brevetto	patente
patrocinar (11)	sponsern	parrainer, sponsoriser	to sponsor	sponsorizzare	patrocinar
patrocinio (7)	Schirmherrschaft	parrain, sponsor	sponsorship	sponsorizzazione	patrocínio
pedido (10)	Auftrag	commande	order	ordine	pedido
penalizar (11)	unter Strafe stellen	pénaliser	to penalize	penalizzare	penalizar
pendiente (6)	Gefälle	pente	pending	inevaso, in sospeso	decréscimo
perdedor/-a (9)	Verlierer(in)	perdant/-e	loser	sconfitto/-a	perdedor/-a
pérdida (9)	Verlust	perte	loss	perdita	perda
perfil (3)	Profil	profil	profile	profilo	perfil
perito (3)	Sachverständiger, Fachmann	expert	expert	perito (s.m.)	perito
persona física (3)	natürliche Person	personne physique	natural person	persona fisica	pessoa física
persona jurídica (3)	juristische Person	personne morale	legal entity, body corporate	persona giuridica	pessoa jurídica
petrolera (6)	Erdölfirma	compagnie pétrolière	petroleum company	petrolifera	petroleira
planes de futuro (12)	Zukunftspläne	projets d'avenir	future plans	progetti per il futuro	planos de futuro
planificación (7)	Planung	planification	planning	pianificazione	planejamento
planificar (7)	planen	planifier	to plan	pianificare	planejar
plantilla (12)	Belegschaft	personnel	staff	organico, staff, personale	quadro de pessoal
plataforma (5)	Plattform	plate-forme	platform	piattaforma	plataforma
plaza vacante (4)	freie Arbeitsstelle	place vacante	job vacancy	posto vacante	vaga
plazo (11)	Frist; Rate	délai	time period	termine, scadenza; rata	prazo
práctica (10)	Praxis	pratique	practice	pratica, stage	prática
precio (2)	Preis	prix	price	prezzo	preço
presidente/-a (1)	Präsident(in), Vorsitzende(r)	président/-e	president	presidente/-essa	presidente/-a

Español	Deutsch	Français	English	Italiano	Português
préstamo (11)	Darlehen	prêt, emprunt	loan	prestito	empréstimo
presupuesto (3)	(Kosten)voranschlag, Haushalt	devis, budget	budget	preventivo, budget	orçamento
prever (6)	voraussehen	prévoir	to preview, to forecast	prevedere	prever
previsión de ventas (6)	Umsatzprognose	prévision des ventes	sales forecast	previsione delle vendite	previsão de vendas
prioridad (11)	Eigentum	priorité	priority	priorità	prioridade
problema (6)	Problem	problème	problem	problema	problema
procesador de textos (4)	Textverarbeitungsgerät	processeur de textes	word processor	elaboratore di testi	processador de textos
producción (6)	Produktion	production	production	produzione	produção
productividad (12)	Produktivität	productivité	productivity	produttività	produtividade
producto (4)	Produkt	produit	product	prodotto	produto
producto tecnológico (2)	technologisches Produkt	produit technologique	technological product	prodotto tecnologico	produto tecnológico
productor (12)	Produzent, Hersteller, Erzeuger	producteur	producer	produttore,	produtor
profesión (2)	Beruf	profession	profession	professione	profissão
profesional (2)	beruflich	professionnel	professional	professionale	profissional
promoción (3)	Förderung, Werbung	promotion	promotion	promozione	promoção
promocionar (12)	fördern, verkaufen	promouvoir	to promote	promuovere	promover
propuesta (3)	Vorschlag	proposition	proposal, proposition	proposta	proposta
protocolo (9)	Protokoll	protocole	protocol	protocollo	protocolo
proveedor (12)	(Zu)lieferant	fournisseur	supplier	fornitore	fornecedor
provocar (12)	hervorrufen	provoquer	to provoke, to cause	provocare	provocar
proyecto (3)	Projekt	projet	project, plan	progetto	projeto
publicidad (6)	Werbung	publicité	publicity, advertising	pubblicità	publicidade
puesto (8)	Stelle, Stellung, Amt	poste	position, post	posto	posto
pugnar	kämpfen	combattre	to struggle	lottare, sforzarsi	lutar por, pugnar

Q

Español	Deutsch	Français	English	Italiano	Português
quiebra (10)	Konkurs	faillite	bankruptcy	fallimento	quebra

R

Español	Deutsch	Français	English	Italiano	Português
razón social (2)	Firma, Firmenbezeichnung	raison sociale	trade name	ragione sociale	razão social
rebaja fiscal (4)	Steuerermäßigung	déduction fiscale	tax rebate	sconto fiscale	desconto fiscal
rebajar (11)	ermäßigen	baisser	to lower	ridurre	diminuir
recado (8)	Erledigung	message, commission	errand, message	messaggio, commissione	recado
recibir (10)	erhalten	recevoir	to receive	ricevere	receber
recibo (7)	Quittung	reçu	receipt	ricevuta	recibo
recurrir (12)	Rechtsmittel einlegen	recourir, faire appel à,	to resort to	ricorrere	recorrer
recursos (4)	Hilfsquellen, Ressourcen	ressources	resources	risorse	recursos
recursos económicos (8)	ökonomische Ressourcen	ressources économiques	financial resources	risorse economiche	recursos econômicos
recursos humanos (3)	personelle Ressourcen	ressources humaines	human resources	risorse umane	recursos humanos
reducción (11)	Reduzierung	réduction	reduction	riduzione	redução
reducir (11)	reduzieren	réduire	to reduce	ridurre	reduzir
reforzar (11)	verstärken	renforcer	to reinforce, to strengthen	rafforzare	reforçar
refuerzo (6)	Verstärkung	renforce	reinforcement, strengthening	rafforza	reforça

Español	Deutsch	Français	English	Italiano	Português
región (2)	Region, Gebiet	région	region, area	regione, zona	região
registro (2)	Register	registre	registry	registro	registro
regresión económica (8)	wirtschaftliche Regression	récession économique	economic recession	regressione economica	regressão econômica
renta (4)	Rente	revenu	income	reddito	renda
renta variable (4)	von Kursschwankungen	revenu variable	variable income	reddito variabile	renda variável
representante (1)	Vertreter	représentant	representative	rappresentante	representante
residuo químico	Chemieabfälle	déchet chimique	chemical waste	residuo chimico	resíduo químico
resolver (9)	lösen	résoudre	to resolve, to solve	risolvere, decidere	resolver
resultado (10)	Resultat; Ertrag	résultat	result	risultato	resultado
resumen empresarial (10)	Unternehmensbericht	résumé d'entreprise	business briefing	report aziendale	resumo empresarial
retraso (11)	Verzögerung, Verspätung	retard	delay	ritardo	atraso
reunión (3)	Zusammenkunft	réunion	meeting	riunione	reunião
revalorizar (3)	aufwerten, neubewerten	revaloriser	reevaluate	rivalutare	revalorizar
revolución (1)	Revolution	révolution	revolution	rivoluzione	revolução
ropa de trabajo (1)	Arbeitskleidung	tenue de travail	work clothes	abbigliamento da lavoro	roupa de trabalho
ruina (5)	Ruine; Ruin, Zusammenbruch	ruine	(financial) ruin	rovina	ruína
rutina diaria (7)	tägliche Routine	routine quotidienne	daily routine	mansioni quotidiane	rotina diária

S

Español	Deutsch	Français	English	Italiano	Português
sala de reuniones (5)	Versammlungssaal	salle de réunions	meeting room	sala riunioni	sala de reuniões
salario (11)	Lohn	salaire	salary	salario, retribuzione	salário
secretario/-a (1)	Sekretär(in)	secrétaire	secretary	segretario/-a	secretário/-a
sede (12)	Sitz	siège	headquarters	sede	sede
sede comercial (12)	Geschäftssitz	siège commercial	sales headquarters	sede commerciale	sede comercial
selección (3)	Auswahl	sélection	selection, choice	selezione	seleção
selección de personal (8)	Personalauswahl	sélection de personnel	recruiting and screening of personnel	selezione del personale	seleção de pessoal
seleccionar (3)	auswählen	sélectionner	to recruit and screen job candidates	selezionare	selecionar
seminario (7)	Seminar	séminaire	seminar	seminario	seminário
servicio (5)	Abteilung Departmant	service	service	servizio	serviço
servicio personalizado (2)	persönliche Betreuung	service personnalisé	personalized service	servizio personalizzato	serviço personalizado
servicios médicos (8)	ärztliche Betreuung	services médicaux	medical services	servizi medici	serviços médicos
servidor (5)	Diener; Server	serveur (informatique)	server	server	servidor
sistema (5)	System	système	system	sistema	sistema
situación (2)	Lage, Situation	situation	location, situation	situazione	situação
sociedad (2)	Gesellschaft	société	society	società	sociedade
socio (1)	Gesellschafter	associé, sociétaire, membre	member, co-owner	socio	sócio
solicitar (3)	beantragen	solliciter, demander	to request, to apply	sollecitare	solicitar
solicitud (2)	Antrag	sollicitude, demande	request form, application form	domanda, richiesta	requerimento
solución (9)	Lösung	solution	solution	soluzione	solução
subvención (3)	Subvention	subvention	subsidy	sovvenzione	subvenção
sucursal (3)	Zweigstelle	succursale	branch	succursale	sucursal
suministrar (10)	liefern	fournir	to supply	fornire, erogare	fornecer
superávit (12)	Überschuss	excédent	surplus	surplus	superávit

Español	Deutsch	Français	English	Italiano	Português
supresión (3)	Unterdrückung	suppression	elimination	soppressione	supressão
T					
tabla (2)	Tabelle	tableau	table (as in a chart)	tabella, tavola	tabela
tabla de planificación (2)	Planungstabelle	tableau de planification	planning table	tabella di pianificazione	tabela de planejamento
tarea (2)	Aufgabe	tâche	task	compito, mansione	tarefa
tarea pendiente (7)	unerledigte Aufgabe	tâche à réaliser	task pending completion	compito non svolto	tarefa pendente
tarea urgente (7)	dringende Aufgabe	tâche urgente	urgent task	lavoro urgente	tarefa urgente
tecnología (6)	Technologie, Know-how	technologie	technology	tecnologia	tecnologia
telefonista (4)	Telefonist(in)	téléphoniste	telephone operator	telefonista	telefonista
tener presencia (5)	im Markt präsent sein	de la présence	to have presence	essere presenti	ter presença
tiempo (2)	Zeit	temps	time, weather	tempo	tempo
tipo de cambio (3)	Wechselkurs	taux de change	exchange rate	tasso di cambio	tipo de câmbio
titulación (3)	Titel	diplôme	(university) degree	titolo di studio	titulação
trabajar (2)	arbeiten	travailler	to work	lavorare	trabalhar
trabajo en equipo (10)	im Team arbeiten	travail en équipe	to work in a team, teamwork	lavoro in gruppo	trabalho em equipe
transacción (10)	Transaktion, Geschäft	transaction	transaction	transazione	transação
transacción comercial (10)	Handelsgeschäft	transaction commerciale	sales transaction	transazione commerciale	transação comercial
trato (9)	Vereinbarung	accord	deal	accordo	tratamento
tributación (3)	Besteuerung	imposition	tax contribution	regime tributario	tributação
tributo (3)	Steuer, Abgabe	impôt	tribute	tassa, imposta	tributo
U					
unión (12)	Union	union	union	unione	união
unión aduanera (12)	Zollunion	union douanière	customs union	unione doganale	união alfandegária
unión económica (2)	Wirtschaftsunion	union économique	economic union	unione economica	união econômica
usuario/-a (4)	Benutzer(in)	utilisateur/-trice	user	utente	usuário/-a
V					
valor (6)	Wert	valeur	value, stock	valore	valor
vendedor/-a (2)	Verkäufer(in)	vendeur/-euse	seller, vendor	venditore/-trice	vendedor/-a
vender (2)	verkaufen	vendre	to sell	vendere	vender
venta (1)	Verkauf	vente	sale	vendita	venda
ventaja (4)	Vorteil	avantage	advantage	vantaggio	vantagem
ventas anuales (10)	Jahresumsatz	ventes annuelles	annual sales	vendite annuali	ventas anuales vendas anuais
viajante (10)	Reisender, Vertreter	voyageur	traveler	viaggiatore	viajante
viajante comercial (10)	Handelsvertreter	voyageur de commerce	travelling sales person	commesso viaggiatore	viajante comercial
viaje (10)	Reise	voyage	trip	viaggio	viagem
viaje de negocios (10)	Geschäftsreise	voyage d'affaires	business trip	viaggio d'affari	viagem de negócios
volumen de ventas (10)	Umsatz	chiffre d'affaires	sales volume	volume di vendite	volume de vendas
voluntario/-a (9)	Freiwillige(r)	volontaire	volunteer	volontario/-a	voluntário/-a
Z					
zona de ventas (5)	Absatzbereich	zone de ventes	sales zone, sales area	zona di vendita	zona de vendas

Variantes del español

El español es la primera lengua de unos 350 millones de personas en más de veinte países. Esto hace que haya diferencias entre el español que se habla en distintos países e incluso variedades dentro de un mismo país. Sin embargo, los hispanohablantes normalmente no tienen ninguna dificultad para comunicarse entre ellos.

El siguiente apéndice recoge las palabras y expresiones del *Apéndice léxico* que tienen una variante en Hispanoamérica. Aparecen siguiendo los mismos epígrafes y en el mismo orden en que se presentan allí. En estas páginas se muestran todas las palabras que aparecen marcadas en el *Apéndice léxico* con un asterisco (*). Algunas palabras están acompañadas de un texto real de un diario hispanoamericano para que veas su uso en la lengua cotidiana.

Puedes anotar al lado de las palabras que te parezcan oportunas la traducción a tu lengua.

La forma en la que los presentamos es la siguiente:

El archivador ⇨ La carpeta (Arg.)

En España ⇨ En Hispanoamérica: Argentina (Arg.), Chile (Chi.), Venezuela (Ven.), Colombia (Col.), Cuba (Cub.), Puerto Rico (P. Rico) y México (Mex.)

Escenarios

La oficina [pg. 192]

*La carpeta ⇨ El fólder (Méx.) _____

*El bolígrafo ⇨ La birome (Arg.) / La pluma (Méx.) _____

*El teléfono móvil ⇨ El teléfono celular (Arg., Ven., Col. y Méx.) _____

*El ordenador ⇨ La computadora (Arg., Chi., Ven., Col., Cub., P. Rico y Méx.) _____

*El ratón ⇨ El mouse (Arg. y Méx.) _____

*El archivador ⇨ La carpeta (Arg.) _____

*Los altavoces ⇨ Los parlantes (Arg., Chi., Col. y Cub.) _____

*La grapadora ⇨ La abrochadora (Arg.) _____

*El ventilador ⇨ El abanico (Méx.) _____

CELULARES CARD
DESDE $ 60 SIN FACT. MENSUAL Cambio d/Terminales-Tod/ los Mod

Clarín, Buenos Aires, Clasificados, 6 de noviembre de 2002.

Si está leyendo esto para prepararse antes de mudarse al Gran Miami, recuerde una cosa: desempaque su **computadora** primero y dé de alta su línea de teléfono.

El Nuevo Herald, Miami, 1 de enero de 2002.

El aeropuerto [pg. 194]

*El ascensor ⇨ El elevador (Méx.) _____

*Los servicios ⇨ Los baños (Col., Arg. y Méx.) _____

*La puerta de embarque ⇨ La puerta de abordaje (Méx.) _____

*La maleta ⇨ La valija (Arg.) _____

La compra [pg. 195]

*El escaparate ⇨ La vidriera (Arg.) _____

*El probador ⇨ El vestier (Col.) _____

*Las escaleras mecánicas ⇨ Las escaleras eléctricas (Col. y Méx.) _____

> En las **vidrieras** paquetas de *Bloomingdale's* no sólo se exhiben *Cartiers*, *Hermes* y *Guccis*. Desde hace seis años, también hay lugar para una línea especialísima de muebles argentinos.
>
> *Clarín*, Buenos Aires,
> 6 de octubre de 2002.

El vestuario [pg. 196]

*La chaqueta americana ⇨ El saco (Arg., Cub. y Méx.) _____

*El jersey ⇨ El pulóver (Arg.) / El suéter (Chi., Col., Cub. y Méx.) _____

*La falda ⇨ La pollera (Arg.) _____

*Las medias ⇨ Las calcetas (Méx.) _____

*Las gafas ⇨ Los anteojos (Arg.) / Las lentes (Chi. y Méx.) / Los espejuelos (Cub.) _____

*Los pendientes ⇨ Los aros (Arg.) / Los aretes (Cub. y Méx.) _____

*Los calcetines ⇨ Las medias (Arg. y Col.) _____

El restaurante [pg. 197]

*El / La camarero / -a ⇨ El mozo (Arg. y Chi.) _____

Trabajo [pg. 198]

*Los profesionales de la gestión ⇨ Los profesionales de la gerencia (Méx.) _____

*El piso ⇨ El departamento (Arg., Chi. y Méx.) / El apartamento (Ven. y Col.) _____

*El almacén ⇨ La bodega (Chi.) _____

*El aparcamiento o *parking* ⇨ El estacionamiento (Arg., Ven. y Méx.) / El parqueadero (Col.) _____

*El desempleo ⇨ La cesantía (Chi.) _____

*El contable ⇨ El contador (Arg. y P. Rico) _____

Economía [pg. 199]

*El alquiler ⇨ La renta (Cub., P. Rico y Méx.) _____

*El dinero ⇨ La plata (Arg., Chi. y Méx.) _____

*La financiación ⇨ El financiamiento (Arg. y Chi.) _____

*El Impuesto sobre el Valor Añadido (I.V.A.) ⇨ Impuesto al Valor Agregado (Arg. y Méx.) _____

*El inversor ⇨ El inversionista (Arg. y Chi.) _____

Transportación Marítima Mexicana (TMM), una de las más grandes empresas de transporte multimodal de América Latina, fue suspendida de la Bolsa Mexicana de Valores (BMV) por no detallar puntualmente una millonaria devolución de **Impuesto al Valor Agregado** (IVA) que reclama al gobierno federal desde 1997.

El Financiero,
México D.F., 25 de octubre
de 2002.

Apenas el viernes pasado, el comité que se encarga de supervisar las prácticas contables en la comisión de valores estadounidense –la SEC, según sus siglas en inglés– se reunió para proponer que se diseñen nuevas exigencias legales que protejan a los mercados –y, desde luego, a los **inversionistas** en Bolsa– contra naufragios más o menos sorpresivos, ...

El Nacional, Caracas, 25 de febrero de 2002.

Comunicación [pg. 200]

*La hoja de cálculo ⇨ La planilla de cálculo (Arg. y Chi.) _____

*Anunciar ⇨ Poner un aviso (Arg. y Chi.) _____

Si no hay computadoras nuevas, no se venden nuevas copias de Microsoft Windows y no hay nuevas actualizaciones de procesadores de texto ni de **planillas de cálculo**.

Clarín, Buenos Aires, 6 de octubre de 2002.

Negocios [pg. 201]

*La planificación ⇨ La planeación (Méx.) / El planeamiento (Arg.) _____

*El anuncio ⇨ El aviso (Arg.) _____

*La farmacia ⇨ La droguería (Col. y Méx.) _____

*El informe ⇨ El reporte (Cub., P. Rico y Méx.) _____

*El cartel ⇨ El afiche (Chi. y Cub.) _____

*La tienda de alimentación ⇨ El almacén (Arg.) / La abarrotería (Méx.)_____

> Germán Guido Lavalle, de UADE, dijo que «un plan de negocios debe ser concreto y fácil de entender por parte de los potenciales inversores. No debe omitir el horizonte de **planeamiento**, ni la previsión de utilidades y retorno de la inversión».
>
> *Clarín*, Buenos Aires, 6 de octubre de 2002.

Ser humano [pg. 202]

*Dialogar ⇨ Platicar (Méx.)_____

*Comprobar ⇨ Chequear (Arg., Ven., P. Rico y Méx.) _____

*Entrar ⇨ Ingresar (Chi. y Méx.) _____

*Encender ⇨ Prender (Arg. y Col.) _____

*Pequeño / -a ⇨ Chico / -a (Arg. y Chi.) _____

> El nuevo comprador es informado, exigente con sus derechos, preocupado de la calidad y muy sensible al precio. Un desafío para las empresas que quieren cazarlo, pues aunque las más grandes cuentan con las eficiencias y economías de escala para ofrecer las «tres B» en un sólo producto, las más **chicas** tienen que diferenciarse para sobrevivir en ese entorno.
>
> *El Mercurio Online*, Santiago de Chile, 25 de octubre de 2002.

> En España existió hace unos años un plan nacional para reducir la edad promedio de la flota de **autos** del país, lo que hace desear que en México implantemos un plan similar, ya que la nuestra tiene una edad promedio de 18 años en **autos** y 16 en camiones.
>
> *El Universal*, México, 19 de octubre de 2002.

Ocio y formación [pg. 203]

*La piscina ⇨ La pileta (Arg.) / La alberca (Méx.) _____

*Conducir ⇨ Manejar (Arg., Chi., Ven., Col., y Méx.) _____

*El billete ⇨ El boleto (Arg., Chi., Ven. y Méx.) _____

*El visado ⇨ La visa (Arg., Chi., Ven. y Col.)_____

*El cheque de viaje ⇨ El cheque de viajero (Col.) _____

*El coche ⇨ El carro (Ven., Col., P. Rico y Cub.) / El auto (Arg., Chi. y Méx.) _____

*La caravana ⇨ La casa rodante (Arg.)_____

*El metro ⇨ El subte (Arg.)_____

*El autobús ⇨ El colectivo, el ómnibus (Arg.) / La guagua (Cub.)

A Alejandro Gozzo Bisso, Gerente Senior de Grupo ASSA, le resulta carísimo vivir en el exterior. «Por ejemplo, en Inglaterra cuesta 2 libras el **boleto** básico de tren. Casi 11 pesos. Más de 10 veces lo que cuesta en Buenos Aires», dice.

Clarín,
Buenos Aires, 6 de octubre de 2002.

Expresiones comunicativas [pg. 204]

Para saludar

Hola, ¿qué tal? ⇨ Hola, ¿cómo te va? (Arg.) / ¿Qué onda? (Chi. y Méx.) _____

Buenos días. ⇨ Buen día. (Arg. y Méx.) _____

Para despedirse

Adiós. ⇨ Chau. (Arg.) _____

Hasta luego. ⇨ Hasta lueguito. (Méx.) _____

Para pedir información personal

¿De dónde eres? ⇨ ¿De dónde sos? (Arg.) _____

¿Cuál es tu número de teléfono? ⇨ ¿Tenés teléfono? (Arg.) _____

Para dar direcciones

Está aquí mismo. ⇨ Está muy cerca. (Arg.) / Está muy cerquita. (Col.) _____

Para preguntar sobre opiniones personales

¿Qué te parece este informe? ⇨ ¿Cómo te parece este informe? (Col.) _____

Para pedir la hora

¿Tienes hora? ⇨ ¿Me decís la hora? (Arg.) / ¿Tienes la hora? (Col.) _____

Para concertar citas

¿Cuándo quedamos? ⇨ ¿Cuándo nos vemos? (Col.) _____

¿Dónde quedamos? ⇨ ¿Dónde nos encontramos? (Col.) _____

Para invitar y ofrecer algo

¿Te apetece comer ahora? ⇨ ¿Quieres comer ya? (Col.) _____

Para aceptar un ofrecimiento

¡Vale! ¿Adónde vamos? ⇨ ¡Listo! ¿Adónde vamos? (Col.) _____

Para rechazar un ofrecimiento

Lo siento, no me apetece, gracias. ⇨ Lo siento, no quiero, gracias. (Col.) _____

Para felicitar

¡Felicidades! ⇨ ¡Felicitaciones! (Col.) _____

Enhorabuena ⇨ En buena hora. (Col.) _____

Muchas felicidades. ⇨ Muchas felicitaciones. (Col.) _____

Para hablar de las partes del día

Por la mañana / tarde / noche ⇨ A la mañana / tarde / noche (Arg.) _____

Para hablar de frecuencia

Una vez a la semana. ⇨ Una vez por semana. (Arg.) _____

Para referirse a un momento en el tiempo

Después de ⇨ Luego de (Chi. y Méx.) _____

Para proponer actividades

¿Quieres ir al cine? ⇨ ¿Querés ir al cine? (Arg.) _____

¿Te apetece ir a nadar? o ¿Tienes ganas de ir a nadar? ⇨ ¿Tenés ganas de ir a nadar? (Arg.) _____

La Bolsa Mexicana de Valores se volvió a mover a la sombra de Wall Street al finalizar con un alza de 2 por ciento, **luego de** mostrar descensos al principio de la jornada y recuperándose en tanto las Bolsas de Nueva York y Nasdaq se levantaban.

El Universal, México D.F., 25 de julio de 2002.

Palabras problemáticas

Algunas palabras tienen un significado neutro en un país y un significado malsonante en otro país. Para evitar situaciones problemáticas, es bueno saber dónde no se pueden usar determinadas palabras.

- En España se usa con mucha frecuencia la palabra **coger**.

  Por ejemplo: *Voy corriendo para **coger** el autobús.*

  En casi toda América tiene un significado malsonante y se usan en su lugar las palabras **tomar** o **agarrar**.

  Por ejemplo: *Voy corriendo para **agarrar** el autobús.*

- En España se usa con mucha frecuencia la palabra **acabar**.

  Por ejemplo: *Esta mañana **acabamos** el informe.*

  En Argentina tiene un significado malsonante y se usa en su lugar la palabra **terminar**.

  Por ejemplo: *Esta mañana **terminamos** el informe.*

- En Argentina se usa con mucha frecuencia la palabra **correrse**.

  Por ejemplo: ***Córrete** a la izquierda, por favor.*

  En España tiene un significado malsonante y se usa en su lugar la palabra **desplazarse**.

  Por ejemplo: ***Desplázate** a la izquierda, por favor.*

Los pronombres personales y las formas verbales

- **Los pronombres personales**

	Relaciones de confianza	Relaciones de respeto
España, México, Perú y Uruguay	tú / vosotros	usted / ustedes
Argentina	vos	
Resto de países de Hispanoamérica	usted / ustedes	

En Hispanoamérica no se usa la persona *vosotros* ni las formas verbales correspondientes, sino la persona *ustedes*.

- **Formas verbales en presente de indicativo**

Las formas verbales en presente de indicativo para las tres conjugaciones son las siguientes:

	TRABAJAR	COMER	SUBIR
Argentina (2.ª persona singular)	–ás	–és	–ís
	trabajás	*comés*	*subís*
España (2.ª persona singular)	–as	–es	–es
	trabajas	*comes*	*subes*

En Argentina, los verbos irregulares en presente no cambian la vocal de la raíz, por ejemplo:

(TENER) *tú **tienes*** (Esp.), *vos **tenés*** (Arg.)   (PODER) *tú **puedes*** (Esp.), *vos **podés*** (Arg.)

En Argentina, las formas de *vos* en imperativo son agudas y en ocasiones cambia la terminación ⇨ trabaj**á** (vos); com**é** (vos); sub**í** (vos); pon**é** (vos), ten**é** (vos); en España ⇨ trabaja; come; sube; pon; ten.

Transcripción
de los audios

Bloque 1
Lección 1
Primeros contactos

1

NURIA: *Nexus Internacional.* Buenos días.

MARTA: Hola. ¿*Nexus*?

NURIA: Sí, dígame.

MARTA: Me llamo Marta Ventura. Llamo por el anuncio.

NURIA: Muy bien. ¿Puede deletrear su apellido, por favor?

MARTA: Sí, claro: uve, e, ene, te, u, erre, a. Ventura.

NURIA: ¿Usted es de Polonia?

MARTA: ¿De Polonia? Yo no, ¿por qué?

NURIA: Porque buscamos a una persona de Polonia.

MARTA: No soy polaca. Soy de España.

NURIA: Señora, usted es española, y el anuncio dice una persona de Polonia.

MARTA: ¿Yo no puedo contratar una franquicia con ustedes?

NURIA: ¡Ah! El anuncio de la franquicia...

MARTA: Sí, el anuncio de la franquicia.

NURIA: Bueno, bueno. Para el tema de la franquicia, usted debe hablar con el señor Alejandro de la Fuente. Le apunto una cita para el próximo martes.

MARTA: Muy bien, adiós.

NURIA: Hasta pronto.

5

a, be, ce, de, e, efe, ge, hache, i, jota, ka, ele, eme, ene, eñe, o, pe, cu, erre, ese, te, u, uve, uve doble, equis, i griega, zeta.

6

1 🔊 Buenos días. Me llamo Enrique Martín.

🔊 ¿Puede deletrear su apellido, por favor?

🔊 Sí, claro. *Eme, a, erre, te, i, ene.*

2 🔊 Perdone, ¿puede decirme su nombre?

🔊 Sí. María Rodríguez.

🔊 ¿Puede deletrearlo?

🔊 *Erre, o, de, erre, i, ge, u, e, zeta,* Rodríguez.

3 🔊 Soy Fernando Igarburu.

🔊 ¿Puede deletrear su apellido?

🔊 Sí, claro. *I, ge, a, erre, be, u, erre, u.*

🔊 ¿Igarburu?

🔊 Sí, exacto.

4 🔊 ¡Hola! ¿Cómo te llamas?

🔊 Luis Loeches.

🔊 ¿Perdón?

🔊 Luis Loeches. *Ele, o, e, ce, hache, e, ese.*

5 🔊 Mi nombre es Carlos y mi apellido Urrutia. *U, erre, erre, u, te, i, a.*

6 🔊 ¿Cuáles son sus apellidos, por favor?

🔊 Ibáñez Romero.

🔊 ¿Puede deletrear sus apellidos?

🔊 Sí. *I, be, a, eñe, e, zeta.* Y el segundo apellido Romero: *erre, o, eme, e, erre, o.*

🔊 Gracias.

7

Renfe... Quilmes... Cepsa... Chupa Chups... Osborne

8

NURIA: Buenas tardes, Alejandro.

ALEJANDRO: ¿Qué tal, Nuria? ¿Cómo estás?

NURIA: Bien, gracias.

ALEJANDRO: ¿Alguna llamada?

NURIA: Sí, ha llamado una mujer para la oferta de franquicias.

ALEJANDRO: Ah, ¿sí? ¿Cómo se llama?

NURIA: Se llama Marta Ventura.

ALEJANDRO: ¿Y de dónde es?

NURIA: Es española. Viene el próximo martes.

ALEJANDRO: Muy bien.

9

NURIA: *Nexus Internacional.* Buenas tardes.

ANDRZEJ: Buenas tardes. Llamo por el anuncio.

NURIA: ¿El de Director general o el de Jefe de marketing?

ANDRZEJ: El de Jefe de marketing.

NURIA: Muy bien. ¿De dónde es usted?

ANDRZEJ: De Polonia. De Varsovia.

NURIA: ¿Cómo se llama usted?

ANDRZEJ: Andrzej Mozdzer.

NURIA: ¿Puede deletrear su nombre, por favor?

ANDRZEJ: *A, ene, de, erre, zeta, e, jota.*

NURIA: ¿Y su apellido?

ANDRZEJ: *Eme, o, zeta, de, zeta, e, erre.*

NURIA: Perfecto. Le apunto una cita para el próximo miércoles.

ANDRZEJ: Muchas gracias. Adiós.

NURIA: Adiós.

15

TOM LANG: Buenos días. Soy Tom Lang, el secretario del señor Flores. ¿Cómo se llama usted?

SR. KETTER: Buenos días, señor Lang. Soy el señor Ketter.

TOM LANG: ¿Cómo se escribe *Ketter*?

SR. KETTER: *Ka, e, te, te, e, erre.*

TOM LANG: ¿De dónde es?

SR. KETTER: Soy de Mazatlán, México.

TOM LANG: ¿Cómo se escribe *Mazatlán*?

SR. KETTER: *Eme, a, zeta a, te, ele, a, ene.*

TOM LANG: Gracias, señor Ketter.

16

[Eva: mexicana; Gabriel: argentino]

EVA: Buenos días, Gabriel. ¿Qué onda?

GABRIEL: Un poco cansado, Eva. Y vos, ¿cómo andás?

EVA: Bien. Estoy de vacaciones.

GABRIEL: ¡Qué suerte tenés!

EVA: Ahorita voy al cine. Hasta luego, Gabriel. Cuídate.

GABRIEL: Chau, Eva.

Lección 2
Realizar una entrevista

1
MARTA: Buenos días.
ALEJANDRO: Su nombre es Marta Ventura, ¿verdad?
MARTA: Sí, así es.
ALEJANDRO: Hola, buenos días. Siéntese, por favor. Yo soy Alejandro de la Fuente.
MARTA: Encantada.
ALEJANDRO: Viene por el anuncio de la franquicia.
MARTA: Sí. Quiero ser Directora General de una franquicia.
ALEJANDRO: En el currículo dice que tiene experiencia en el mundo de la moda.
MARTA: Sí, he trabajado en *Modas Marco*.
ALEJANDRO: Ah, muy bien. ¿Cuántos años tiene?
MARTA: Tengo treinta años. (30)
ALEJANDRO: ¿El número de teléfono que aparece en su currículo es correcto? ¿El tres cero cinco, doce, cincuenta y seis, ochenta y nueve? (305 125 689)
MARTA: Sí, es el número de mi teléfono móvil.
ALEJANDRO: ¿Y su correo electrónico es marta arroba moda punto es? (marta@moda.es)
MARTA: No, ahora es marta arroba creativo punto com. (marta@creativo.com)
ALEJANDRO: Usted es española, ¿verdad?
MARTA: Sí, así es.
ALEJANDRO: ¿Qué idiomas habla?
MARTA: Hablo inglés y alemán.
ALEJANDRO: Muy bien. Su currículo es perfecto. La próxima cita es el viernes, con el señor Williams, el delegado americano de *Nexus*. Adiós.
MARTA: Adiós. Hasta el viernes.

2
ALEJANDRO: ¿Cuántos candidatos tenemos para la franquicia?
NURIA: Cinco: un argentino, una alemana, una francesa, un mexicano y Marta Ventura, que ya la conoce.
ALEJANDRO: ¿Qué idiomas habla el candidato argentino?
NURIA: Inglés y español.
ALEJANDRO: ¿Y la candidata alemana? ¿Cuántos idiomas habla?
NURIA: Tres: alemán, inglés y español. La francesa habla francés, inglés y portugués, pero no habla español.
ALEJANDRO: Mmm. ¿Y el hombre mexicano?
NURIA: Habla inglés y español.
ALEJANDRO: Gracias, Nuria.

3
ALEJANDRO: Nuria, por favor, dime la edad de los candidatos.
NURIA: El hombre argentino tiene treinta y siete años, la alemana tiene cuarenta y tres años y la mujer francesa, veinticinco.
ALEJANDRO: ¿Y el candidato mexicano? ¿Cuántos años tiene?
NURIA: Ah, sí, me olvidaba. Tiene cuarenta y ocho años.

5
🔊 ¿A qué te dedicas?
🔊 Soy abogado. Y tú, ¿qué haces?
🔊 Yo también soy abogada.
🔊 Ah, ¿sí? ¡Qué casualidad!
🔊 ¿Tienes correo electrónico?

🔊 Sí, es edu arroba rato punto com. (edu@rato.com)
🔊 ¿Puedes repetir?
🔊 Sí. Edu arroba rato punto com. ¿Cuál es tu dirección electrónica?
🔊 Josa arroba bodo punto net. (josa@bodo.net) ¿Cuál es tu número de teléfono?
🔊 El 367 453 491. Es un móvil. ¿Y tu teléfono?
🔊 El 355 285 276.
🔊 Más despacio, por favor.
🔊 355 285 276.

12
[Eva: mexicana; Luis: mexicano]
EVA: Buen día, Luis. ¿Qué onda? ¿Cómo estás?
LUIS: Ahorita leo la guía de Nueva York de la biblioteca.
EVA: ¿Para qué?
LUIS: Voy a visitar la ciudad.
EVA: ¡Qué bueno! ¿Oye tú hablas inglés?
LUIS: No, yo hablo muy mal el inglés.
EVA: ¿Qué vas a hacer?
LUIS: Nada. ¿Sabes que muchos habitantes de Nueva York hablan español?
EVA: Y, ¿como cuántas personas?
LUIS: Más de un millón, hay hispanohablantes de todas las nacionalidades.
EVA: ¿Sí?
LUIS: Claro: puertorriqueños, cubanos, argentinos y colombianos.
EVA: ¡Qué barbaridad!

Lección 3
Propuesta de negocio

1
MARTA: Hola, buenas tardes. ¿Puedo pasar?
ALEJANDRO: Sí, claro. Siéntese, por favor.
MARTA: Gracias.
ALEJANDRO: De nada. Buenas tardes, Marta. Le presento al señor Andrew Williams. Es el representante en España de *Nexus Internacional*.
MARTA: Encantada, señor Williams.
SR. WILLIAMS: Igualmente. ¿Empezamos la reunión?
ALEJANDRO: Claro. Tenemos que explicar a la señorita Ventura sus obligaciones.
SR. WILLIAMS: Bien, las obligaciones de la directora de una franquicia de *Nexus Internacional* son muy claras: tiene que dirigir su equipo y contactar con los clientes. También tiene que vender y finalmente distribuir nuestros productos. ¿Usted lo puede hacer?
MARTA: Tengo mucha experiencia en la promoción, en la venta y en la distribución de ropa.
SR. WILLIAMS: Lo sabemos, hemos visto su currículo. Es perfecto.
ALEJANDRO: ¿Quiere hacernos alguna pregunta, señorita Ventura?
MARTA: Sí, señor De la fuente. ¿Sabe usted cuántas franquicias tiene actualmente *Nexus* en Europa?
ALEJANDRO: Pues... ahora no me acuerdo. ¿Y usted, señor Williams?
SR. WILLIAMS: Claro, en Europa tiene actualmente veintisiete franquicias. Bueno, tengo que ir a otra reunión. Ahora le dejo con Alejandro, él le explica las condiciones del contrato. Adiós y hasta pronto.

7
ALEJANDRO: Mire, Marta. Éste es el contrato. Como ve, es muy sencillo.
MARTA: ¿Puedo leerlo ahora?

Alejandro: Por supuesto. Aquí tiene.

Marta: Muchas gracias.

Alejandro: De nada. Puede leerlo con tranquilidad y preguntar sus dudas.

Marta: Bien.

Alejandro: Como ve, *Nexus Internacional* suministra puntualmente los pedidos.

Marta: Me parece, bien.

Alejandro: *Nexus* informa de las ofertas y de su stock semanalmente, por correo electrónico.

Marta: Muy bien. ¿A quién tengo que presentar mis informes económicos mensuales?

Alejandro: A mí, y al señor Williams.

Marta: Perfecto. ¿Y cuánto pago en concepto de royalties.

Alejandro: Usted paga un 5% de las ventas.

Marta: Bueno.

Alejandro: ¿No tiene más dudas?

Marta: No, no, seguro.

Alejandro: Entonces, mañana a las once vamos a la gestoría para firmar el contrato.

Marta: De acuerdo, mañana a las once.

13

[Ángela: mexicana; Pancho: mexicano]:

Ángela: Hola, Pancho, ¿qué onda?, ¿cómo estás?

Pancho: Muy bien, Ángela.

Ángela: Vas a tener una hija, ¿verdad?

Pancho: Sí, Ángela. Estoy muy contento.

Ángela: ¿Y cómo va a llamarse?

Pancho: Silvia.

Ángela: Ya tienes cuatro hijas, ¿verdad?

Pancho: Sí.

Ángela: Se llaman Sonia, Susana y... ¿Cómo se llama la otra? Es que ahorita no me acuerdo.

Pancho: Sara.

Ángela: Ah, sí. Es verdad. Oye, tu apellido es Mesquineza, ¿verdad?

Pancho: Sí, ¿por qué?

Ángela: Porque es un apellido un poco raro, tienes que conseguir un niño para que no se pierda tu apellido.

Pancho: No importa, mis hijas y mis nietos tienen que conservar mi apellido toda su vida.

Ángela: Pues felicidades, Pancho.

Pancho: Gracias, Ángela.

Ángela: No hay de qué. Hasta lueguito.

Bloque 2
Lección 4
Elegir el local

1

Marta: Perdona, Ana, ¿está lejos el local?

Ana: No, está aquí mismo, en la esquina. ¿Qué te parece?

Marta: Muy bonito, la fachada es muy grande y esta calle es muy luminosa.

Ana: Sí. Está en el centro de la ciudad. Todo el mundo lo va a ver.

Marta: Disculpa, Ana. ¿Hay alguna parada de metro por aquí cerca?

Ana: Claro, el metro está muy cerca. Mira aquí tienes un plano de la zona.

Marta: Gracias, Ana.

Ana: Mira, hay dos estaciones de metro. Para llegar a una sigue recto y gira la primera calle a la izquierda; y para llegar a la otra estación sube hacia arriba y gira la segunda calle a la derecha.

Marta: Ya veo, es perfecto. Además, según el mapa, la estación de tren está justo detrás de ese edificio de enfrente.

Ana: Exacto. Como puedes ver, el local está muy bien comunicado.

Marta: Sí. ¿Qué es ese edificio de ahí enfrente?

Ana: Es un cine, Marta. Y aquel edificio de allí es un centro comercial.

Marta: Me gusta la zona, es ideal para la franquicia. Perdona, ¿tienes el plano del local? Quiero verlo esta noche en casa.

Ana: No, lo siento. Lo he olvidado, pero te lo traigo mañana. ¿Quieres ver el interior del local ahora?

Marta: No, mejor mañana. Ya es de noche y prefiero ver el interior de día. ¿Te parece bien quedar mañana a las once de la mañana?

Ana: Por supuesto. Quedamos aquí mismo mañana a las once.

Marta: De acuerdo. Hasta mañana, Ana. Gracias por todo.

Ana: Hasta mañana.

3

Sr. Williams: Julia, ¡nos hemos perdido!

Julia: Vaya... ¿Le pido a alguien que nos indique? ¿A ese hombre, por ejemplo?

Sr. Williams: ¿A cuál?

Julia: A ése de ahí.

Sr. Williams: No sirve de nada. No conocemos nada de aquí.

Julia: Disculpe, señor, ¿dónde está el Hotel Klonn?

Señor: ¡Jejejeje! ¡Jejejeje!

Sr. Williams: Oiga, ¿de qué se ríe?

Señor: Oh, disculpe. Lo siento... Ustedes no tienen ni idea de dónde están, ¿verdad?

Sr. Williams: ¡Repita eso!

Señor: Quiero decir... que no conocen esta ciudad.

Julia: No. Pero... ¿por qué se ríe?

Señor: ¡Porque yo tampoco!

6

Marta: Mira, Alejandro. Éste es el mapa de la zona donde está situado el local.

Alejandro: Sí, conozco la zona. Es muy céntrica. Tu amiga Ana te ha buscado un local en una zona excelente.

Marta: Sí, es cierto. Mira, el local está en una esquina y justo enfrente hay un cine.

Alejandro: El metro está cerca, ¿verdad?

Marta: Sí, hay dos estaciones de metro y una de tren. La estación de tren está detrás del cine. Y las de metro también están muy cerca de local. Desde la franquicia, sigues todo recto y la primera a la izquierda. Para ir a la otra estación de metro, desde la franquicia, subes y giras por la segunda calle a la derecha.

Alejandro: Es cierto. ¿Y este edificio tan grande qué es, Marta?

Ana: Es un centro comercial.

Alejandro: ¿Y sabes si hay algún aparcamiento cerca? Es para dejar el coche cuando vaya a verte.

Marta: Pues no lo sé, mañana me fijaré...

11

1

Hola, me llamo Sandra. Vivo en la Avenida Diagonal, cerca del Camp Nou, y tengo muchos problemas para encontrar un transporte público directo hasta Plaza Cataluña.

2

Soy turista. Creo que Barcelona necesita una línea de metro entre el Puerto Olímpico y la Sagrada Familia, los dos lugares más visitados de la ciudad.

3

Hola, me llamo Miguel. Vivo en la Avenida del Paralelo. Trabajo cerca del cruce entre el Túnel de la Rovira y la Ronda de Dalt. Para llegar, tengo que hacer dos transbordos y coger tres metros distintos.

12

[Gabriela: argentina; Roberto: argentino]

GABRIELA: ¿Qué hacés?

ROBERTO: Acá estoy. Leo un informe de la empresa.

GABRIELA: Disculpa. ¿Podés ayudarme un momento?

ROBERTO: Claro. ¿Qué querés?

GABRIELA: ¿Conocés dónde se ubica la calle Castillo?

ROBERTO: Sí, está cerca del cine Corrientes, en la Avenida.

GABRIELA: ¿Podés indicarme cómo llegar?

ROBERTO: Claro. ¿En auto, en subte o en colectivo?

GABRIELA: ¿Qué me recomendás?

ROBERTO: Manejar por esa zona es difícil. Mejor en subte.

GABRIELA: De acuerdo.

ROBERTO: Tomás la línea B hasta la estación Vera.

GABRIELA: Bien.

ROBERTO: Cruzás la calle y subís por Julián Álvarez.

GABRIELA: De acuerdo.

ROBERTO: La cuarta calle es la calle Castillo.

GABRIELA: Muchas gracias, Roberto.

ROBERTO: De nada. ¿Qué hay allí?

GABRIELA: Una fiesta de una amiga, ¿querés venir?

ROBERTO: Lo siento, no puedo. Tengo mucho trabajo. Chau.

GABRIELA: Bueno. Chau.

Lección 5
Organizar la oficina

1

ANA: El local es bastante grande. Tiene trescientos metros cuadrados.

MARTA: ¡Qué grande! ¿Y cuántas salas tiene?

ANA: Cinco en total. Vamos, te lo enseño.

ANA: Esta sala es muy grande. Es el almacén. Detrás de aquella columna hay una salida de emergencia. ¿Qué te parece?

MARTA: Es muy grande y hay mucho espacio.

ANA: Mira. Estas dos habitaciones son las oficinas. Se comunican por esa puerta. Son muy luminosas y tienen las ventanas muy grandes. Además tienen el teléfono instalado y conexión para trabajar en red con los ordenadores.

MARTA: Estas dos salas están muy bien. ¿Y dónde está el lavabo?

ANA: Delante del almacén. ¿Lo ves?

MARTA: Mmm... Un poco pequeño, pero no importa.

ANA: Y ésta es la sala de reuniones, es bastante tranquila. Está bien, ¿eh?

MARTA: Sí, tiene muchas posibilidades.

ANA: Al otro lado del pasillo hay otra sala muy silenciosa.

MARTA: ¡Qué bien! ¡Perfecto!

ANA: ¡Ah!, se me olvidaba. Tiene instalado aire acondicionado y calefacción. Bueno... ¿Qué te parece el local?

MARTA: Es excelente. Muy bonito. Me lo quedo.

ANA: Es una buena decisión. Mañana hablamos del contrato.

MARTA: De acuerdo.

6

ANA: ¡Hola, Luis! ¿Qué tal el primer día en tu nuevo despacho?

LUIS: Bien, bueno, no sé. Estoy instalándome y no sé dónde colocar mis cosas. ¿Cambio los muebles de sitio?

ANA: ¡No, hombre, no! Bueno... ¿Por qué no pones esa mesa entre las dos sillas? Queda más bonito.

LUIS: Me parece una idea excelente. También voy a cambiar el ordenador de sitio porque yo soy zurdo, ¿sabes? Lo voy a poner al otro lado de la mesa. Así... ¡Perfecto!

ANA: Sí, sí es ideal. ¿Qué te parece si pongo la papelera debajo de esta mesa?

LUIS: Sí, mejor.

ANA: ¿Y estos cuadros, qué hacemos?

LUIS: ¡Son horribles! Mira, mejor déjalos fuera del despacho. ¡No me gusta nada!

ANA: ¡Buena idea! Pues, ya está todo más ordenado.

LUIS: Sí, pero faltan estas lámparas. ¿Las pongo encima de la mesa grande?

ANA: ¡Qué buena idea! ¡Ahí perfecto!

LUIS: Sí, queda muy acogedor. Y ahora... un café! ¿Quieres uno?

ANA: Sí, por favor. Con leche y azúcar. Pero... ¿sabes dónde está la máquina de café?

LUIS: No, la verdad, ¿dónde está?

ANA: Es sencillo. Sales de tu despacho a la derecha, pasas por delante del despacho del director comercial y al lado de los lavabos está la máquina de café.

LUIS: Bien, ahora mismo vuelvo.

11

[Miguel: argentino; Luisa: argentina]

MIGUEL: Luisa, ¿qué te parece esta estancia?

LUISA: Muy linda, ¿por qué?

MIGUEL: Las habitaciones tienen aire acondicionado y son tan confortables como las suites de un hotel, con baño propio y ventanas que dan al campo, estacionamiento y pileta. ¡Qué pileta! Mirala.

LUISA: Sí, ya la veo. ¿Y...?

MIGUEL: En el campo hace menos calor que en la ciudad, hay más aire puro y menos ruido que en nuestro departamento...

LUISA: ¿Me querés decir algo, Miguel?

MIGUEL: ¿Querés conocerla?

LUISA: ¡Qué idea tan interesante!

MIGUEL: ¿Qué te parece este fin de semana?

LUISA: ¡Muy buena idea!

MIGUEL: ¿Y qué esperamos? ¿Quién maneja, vos o yo?

LUISA: Vos, como siempre.

Lección 6
Decidir la decoración

1

ALEJANDRO: Hola, Marta. ¿Qué haces con esa revista?

MARTA: Estoy apuntando los muebles y el material de oficina necesarios para el local.

ALEJANDRO: ¿Puedo ayudarte? Conozco todo lo que hace falta en una empresa.

MARTA: Sí, por favor. Siéntate aquí, junto a mí.

ALEJANDRO: ¿Me dejas ver la lista que has hecho?

MARTA: Por supuesto, aquí la tienes.

ALEJANDRO: Veamos: «Muebles y objetos de oficina: tres mesas grandes, seis sillas, un sillón, tres armarios medianos, tres cuadros para el pasillo, dos alfombras y tres equipos informáticos».

MARTA: ¿Qué te parece?

ALEJANDRO: Olvidas las papeleras, los archivadores, las lámparas y una cafetera. ¿Y qué te parece unos sofás de piel para los clientes importantes? También nos servirá para estar cómodos durante nuestras reuniones semanales, o para relajarnos un poco...

MARTA: Me parece una idea muy interesante, Alejandro. ¿Cuánto cuestan aproximadamente esos sofás?

ALEJANDRO: Unos quinientos euros más o menos.

MARTA: ¿Puedes acercarme el libro de contabilidad y la calculadora? Están sobre la mesa.

ALEJANDRO: Sí, toma.

MARTA: A ver... Son un poco caros, pero podemos comprarlos.

ALEJANDRO: Muy bien. Creo que ya está. ¿Se te ocurre algo más?

MARTA: No sé. ¿Maniquíes?

ALEJANDRO: No, no son necesarios. *Nexus Internacional* te cede los maniquíes que necesitas.

MARTA: ¡Qué bien! Muchas gracias, porque son carísimos.

ALEJANDRO: De nada. ¿Quieres llamar ahora a una empresa de material de oficina?

MARTA: Lo siento, pero tengo que ir a la gestoría. Además, antes de comprar algo, prefiero ir yo misma a verlo.

ALEJANDRO: Bueno, entonces hasta mañana.

MARTA: Hasta mañana, Alejandro.

4b

VENDEDOR: Buenos días. ¿Le puedo ayudar?

MARTA: Sí, por favor. ¿Puede enseñarme una silla giratoria?

VENDEDOR: ¡Claro! Un momento, por favor. Tenemos ésta con brazos de PVC de alta resistencia y respaldo fijo.

MARTA: Ahá... Muy bonita. ¿Cuánto cuestan seis sillas como ésta?

VENDEDOR: Hmmm... Son cuatrocientos cinco euros con sesenta y seis céntimos.

MARTA: Muy bien. ¿Puede decirme cuánto cuesta aquel sillón de despacho?

VENDEDOR: ¿El de piel con brazos?

MARTA: Sí.

VENDEDOR: Es nuestra mejor oferta. Sólo vale trescientos siete euros con ochenta céntimos.

MARTA: Estupendo. Me quedo con el sillón de piel con brazos y las seis sillas giratorias.

7

VENDEDOR: Hola, buenos días. ¿Puedo ayudarle en algo?

MARTA: Sí. Estoy interesada en comprar unos sillones de piel.

VENDEDOR: Tiene suerte, este mes tenemos varias ofertas.

MARTA: ¿Puede mostrármelas?

VENDEDOR: Claro, ¿son para su casa o para una oficina?

MARTA: Para una sala de reuniones de un negocio.

VENDEDOR: Entonces le recomiendo este tipo de sillón. Son anchos, reclinables y muy cómodos. Los tenemos en marrón y en negro. Y son de piel natural 100%.

MARTA: ¿Cuánto cuestan?

VENDEDOR: Trescientos cincuenta euros cada uno.

MARTA: Son un poco caros. ¿Puede enseñarme más?

VENDEDOR: Claro. Éstos son como los anteriores pero no son reclinables y sólo los tenemos en marrón.

MARTA: A mí me gusta el color marrón. ¿Son de piel natural o sintética?

VENDEDOR: Son de piel natural y además están de oferta.

MARTA: ¿Puedo probarlos?

VENDEDOR: Claro, siéntese, por favor.

MARTA: Son muy cómodos. ¿Cuánto cuestan?

VENDEDOR: Doscientos euros cada uno. Y si se lleva los dos le regalamos dos sillas a juego, también forradas en piel natural.

MARTA: No hablemos más, me los quedo. ¿Puede enviármelos a esta dirección?

VENDEDOR: Claro. El transporte es gratis...

14

[Luisa: uruguaya; Martín: argentino]

LUISA: Hola, buen día.

MARTÍN: Buen día. ¿En qué le puedo ayudar?

LUISA: Sí. ¿Puede indicarme dónde está el Hotel Rosenvinge?

MARTÍN: Sí, un momento.

(...)

Está ubicado en la calle Rosenvinge, cerca de la plaza Loriga.

LUISA: ¿Cómo puedo llegar hasta allí?

MARTÍN: Puede ir en subte. El hotel está cerca de la parada Congreso de la línea A. También puede ir en colectivo con la línea 56 desde este mismo aeropuerto.

LUISA: Llevo muchas valijas, ¿hay parada de taxis en el aeropuerto?

MARTÍN: Sí. Está delante de la salida de vuelos internacionales. Y también hay remises.

LUISA: ¿Remises?

MARTÍN: Sí. Es otro tipo de taxis. Los taxis son negros y amarillos, y los remises son de cualquier color.

LUISA: De acuerdo.

MARTÍN: ¿Le puedo ayudar en algo más?

LUISA: Sí. ¿Tiene un mapa de la ciudad?

MARTÍN: Claro. Acá lo tiene.

LUISA: Muchas gracias. Adiós.

MARTÍN: De nada. Que disfrute de la visita a Buenos Aires.

Bloque 3
Lección 7
Organizar las tareas

1

ALEJANDRO: Hola, Marta, ¿qué tal? Mañana tienes la selección de personal, ¿verdad?

MARTA: Sí. Me espera un día agotador.

ALEJANDRO: Bueno, no te preocupes, seguro que lo haces muy bien.

MARTA: Gracias. Ahora estoy pensando cómo organizar el trabajo diario. ¿Cómo te organizas tú, Alejandro?

ALEJANDRO: ¿La rutina de todos los días? Bueno, por la mañana, me reúno con mi secretaria. Después de la reunión, planifico las actividades del día: pedidos, citas, entrevistas, visitas, envíos, etc.

MARTA: Una buena manera de empezar el día.

ALEJANDRO: Al mediodía, me informo de cómo van las tareas más urgentes.

MARTA: Ya veo...

ALEJANDRO: Por la tarde, destino más recursos a las tareas que están pendientes. Hay cosas que no pueden dejarse para el día siguiente.

MARTA: Tienes razón.

ALEJANDRO: Por último, antes de cerrar, repaso cómo ha ido el día y preparo la reunión del día siguiente.

MARTA: Entiendo. ¿Algún consejo más?

ALEJANDRO: Sí. Si surge algún problema, no te desanimes y ven a verme...

MARTA: ¿Cuando surja algún problema?

ALEJANDRO: O cuando quieras. Me gusta mucho hablar contigo, Marta...

4

ANA: ¿A qué hora abres la oficina?

MARTA: Abrimos a las ocho de la mañana (8 h) y cerramos a las siete de la tarde (19 h).

ANA: ¿Y el horario de atención al cliente?

MARTA: Empezamos una hora después de abrir la oficina y terminamos una hora antes de cerrar.

ANA: Me parece bien. Así tienes de ocho a nueve de la mañana (8 h - 9 h) y de seis a siete de la tarde (18 h - 19 h) exclusivamente para organización y planificación.

MARTA: También tenemos que tener en cuenta que en México son siete horas menos.

ANA: Entonces, la delegación en México abre por la mañana cuando aquí son las cuatro de la tarde (16 h), ¿no?

MARTA: Así es. Por eso tenemos que dejar el fax encendido toda la noche.

ANA: ¿Y el horario para comer? Una hora para comer es suficiente, ¿verdad?

MARTA: Sí. Además los empleados tienen libertad para elegir ir a comer entre la una y las tres (13 h – 15 h).

12

[Eugenio: mexicano; Elena: mexicana]

EUGENIO: ¿Vamos a comprar, Elena? Ya es la una (13 h).

ELENA: Tranquilo, tenemos tiempo.

EUGENIO: No, Elena, las tiendas cierran a las dos (14 h).

ELENA: Podemos ir a un supermercado, que abre desde las nueve de la mañana (9 h) hasta las diez de la noche (22 h) y no cierra al mediodía.

EUGENIO: Sabes que no me gusta comprar en los supermercados.

ELENA: Un día es un día, Eugenio.

EUGENIO: Además, tenemos que sacar dinero, y el banco cierra a las tres de la tarde (15 h).

ELENA: Tranquilo, paga con la Visa.

EUGENIO: Ya sabes que la tengo caducada.

ELENA: Pagamos con la mía.

EUGENIO: De acuerdo... Pero no sé cuándo te voy a devolver el dinero.

ELENA: Mejor, vamos a sacar dinero.

Lección 8
Selección de personal

1

ESPOSA: ¿Diga?

MARTA: Hola, buenos días. ¿El señor Agustín Gómez, por favor?

ESPOSA: ¿De parte de quién?

MARTA: De Marta Ventura.

ESPOSA: Un momento, ahora se pone.

AGUSTÍN: Sí, ¿diga?

MARTA: Buenas tardes. Soy Marta Ventura, de *Nexus Internacional*. Estamos buscando un contable y usted ha enviado un currículo que se adapta al perfil que necesitamos.

AGUSTÍN: Sí, ya me acuerdo.

MARTA: Llamo para preguntarle si está interesado y para concertar una entrevista.

AGUSTÍN: Sí, claro, estoy muy interesado.

MARTA: Perfecto. ¿Cuándo quedamos? ¿Le va bien el miércoles a las once?

AGUSTÍN: Mmm. El miércoles a las once... Mejor a las doce. Si no le importa.

MARTA: De acuerdo, no hay problema. Quedamos en la oficina de *Nexus*. ¿Conoce la dirección?

AGUSTÍN: Sí, es la que estaba en el anuncio, ¿no?

MARTA: Así es. Bueno, pues entonces... hasta el miércoles.

AGUSTÍN: Muchas gracias. Hasta el miércoles.

MARTA: Adiós.

AGUSTÍN: Adiós.

4

MARTA: Hola. Buenos días.

EVA: Buenos días.

MARTA: Mi nombre es Marta y soy la directora general de la empresa. ¿Cómo está?

EVA: Bien, gracias.

MARTA: Explíqueme un poco qué ha estudiado.

EVA: He estudiado Secretariado Internacional. También he hecho un curso de cien horas de contabilidad básica y otro de cincuenta horas de informática.

MARTA: ¿Qué experiencia laboral tiene?

EVA: He trabajado en *Power Systems* tres años y en *Unión de Reparaciones* un año.

MARTA: Bien, hemos leído su currículo y nos parece muy adecuado para la vacante que tenemos.

EVA: Gracias.

MARTA: ¿Usted fuma?

EVA: Bueno, a veces.

MARTA: Mire, dentro de la oficina no se puede fumar. ¿Le importa?

EVA: No, no. En las empresas donde he trabajado también está prohibido fumar. No me molesta.

MARTA: Bien. Como sabe, esta oficina es muy nueva y ahora hay que trabajar mucho. Hay que organizar la empresa desde cero y contratar más personal.

EVA: Muy bien.

MARTA: Es importante para nosotros saber si puede trabajar ahora, al principio, más horas. En fin, que no es un problema para usted.

EVA: No, ningún problema. Puedo trabajar más de ocho horas.

MARTA: Bueno, pues bienvenida a *Nexus*. Mañana mismo empieza a trabajar. Está prohibido fallar.

12

[Secretario: mexicano; Dolores: mexicana]

Conversación 1:

SECRETARIO: ¿*Ufesa*, dígame?

DOLORES: ¿El Licenciado Agustín Pérez, por favor?

SECRETARIO: ¿De parte de quién?

DOLORES: De Dolores Santos.

SECRETARIO: En este momento está ocupado.

DOLORES: ¿Puede dejarle un recado, por favor?

SECRETARIO: Claro, dígame.

DOLORES: Dígale que me llame antes de las cuatro. Es muy urgente.

SECRETARIO: Está bien, yo le digo. Buenas tardes.

[Dolores: mexicana; Agustín: mexicano]

Conversación 2:

DOLORES: ¿Sí?

AGUSTÍN PÉREZ: Hola, Dolores, soy Agustín

DOLORES: Hola, Agustín, ¿recibiste mi recado?

AGUSTÍN PÉREZ: Sí. Dime, ¿qué era tan urgente?

DOLORES: Te he llamado para cancelar nuestra cita de mañana. Tengo que salir de viaje.

AGUSTÍN PÉREZ: ¿Cuándo quedamos entonces?

DOLORES: Tiene que ser la próxima semana. ¿Qué te parece el martes?

AGUSTÍN PÉREZ: Bueno. ¿Te parece a las siete delante del restaurante de mi calle?

DOLORES: Perfecto.

AGUSTÍN PÉREZ: Pues, buen viaje, Dolores.

DOLORES: Hasta luego.

Lección 9
Comida de negocios

1

CAMARERO: ¿Tomarán café los señores?

MARTA: Sí, yo quiero un café descafeinado. ¿Te apetece tomar un café o un té, Diego?

SR. MARÍN: Un té con limón, por favor.

(...)

MARTA: Bueno, Diego. Creo que me quieres proponer una manera de hacer negocios juntos.

SR. MARÍN: Seguro, Marta. Déjame que te platique. Como te conté antes, yo distribuyo ropa para uso industrial en América Latina.

MARTA: Sí, y yo hago lo mismo en España.

SR. MARÍN: Yo tengo una página web donde la empresa ofrece sus servicios, ¿verdad?

MARTA: Exacto. Y nosotros también.

SR. MARÍN: Déjame te hago una pregunta. Si recibes en tu correo electrónico un pedido de un cliente mexicano, ¿qué haces?

MARTA: Pues le informo de que sólo distribuyo ropa en España.

SR. MARÍN: Efectivamente, lo mismo que hago yo si recibo un pedido de un cliente de España.

MARTA: Ummm, ya veo lo que me quieres proponer.

SR. MARÍN: Mi propuesta es la siguiente. A partir de ahora, si recibes un pedido de un cliente de América Latina, acepta el pedido y me lo das a mí.

MARTA: Y a cambio, si tú recibes un pedido de España, me lo das a mí. Me parece muy interesante.

SR. MARÍN: Veo que me entendiste. ¿Qué te parece si lo piensas y me dices algo luego?

MARTA: Puedo contestarte ahora mismo. Estoy de acuerdo con el trato.

SR. MARÍN: Pues trato hecho...

2

SR. MARÍN: Buena idea venir a comer aquí.

MARTA: Sí, Diego, es un restaurante muy tranquilo y se come bien. Aquí podemos hablar tranquilamente de negocios.

CAMARERO: Buenas tardes. ¿Quieren ver la carta?

MARTA: Sí.

CAMARERO: Aquí tienen.

MARTA: Gracias.

(...)

MARTA: ¡Camarero, por favor!

CAMARERO: ¿Ya saben qué quieren de primero?

SR. MARÍN: Marta, ¿qué lleva la paella?

MARTA: Lleva muchas cosas. La paella es arroz con mejillones, guisantes, pimientos, carne o pescado. Camarero, ¿de qué es la paella?

CAMARERO: De carne.

SR. MARÍN: Vale, yo quiero paella.

MARTA: Para mí, gazpacho.

CAMARERO: ¿De segundo?

SR. MARÍN: Yo, lenguado al horno.

MARTA: Pues yo, ternera con salsa.

CAMARERO: De beber, ¿qué les pongo?

SR. MARÍN: Agua.

CAMARERO: ¿Con gas?

SR. MARÍN: Sí.

MARTA: Agua con gas para los dos.

(...)

MARTA: ¿Qué tal está la paella?

SR. MARÍN: Buenísima, muy buena. ¿Quieres probarla?

MARTA: No, gracias. Camarero, traiga las vinagreras, por favor.

(...)

CAMARERO: ¿Qué les traigo de postre?

MARTA: ¿Qué tienen?

CAMARERO: Hay flan, helado, fruta, arroz con leche, natillas, tarta de queso...

SR. MARÍN: Yo quiero flan.

MARTA: Yo, arroz con leche.

(...)

CAMARERO: ¿Tomarán café los señores?

MARTA: Sí, yo, quiero un café descafeinado. ¿Te apetece tomar un café o un té, Diego?

SR. MARÍN: Un té con limón, por favor.

4

1

EVA: Si le interesa algún producto de nuestro catálogo, le puedo informar personalmente.

CLIENTE: De acuerdo, gracias.

2

EVA: Si está de acuerdo con nuestra oferta, envíeme un fax y confirme su pedido.

CLIENTA: Mañana le envío el fax.

3

EVA: Si desea más información, llame a este teléfono.

CLIENTE: Muchas gracias.

4

EVA: Si hace un pedido de más de 500 artículos, podemos hacer un descuento.

CLIENTA: ¿De cuánto?

EVA: De un 5%.

CLIENTA: De acuerdo.

10

[Manuela: mexicana; mozo: mexicano]

MANUELA: ¡Mozo!

MOZO: Hola, buen día. Si ya sabe lo que quiere, le tomo nota.

MANUELA: Sí. De primero quiero chícharos con jamón.

MOZO: No nos quedan, señorita. Si quiere le puedo traer papas.

MANUELA: De acuerdo, pero con un poco de chile.

MOZO: Vale. ¿Y qué va a tomar de segundo?

MANUELA: Si tiene, puerco con maíz.

MOZO: Sí que tenemos. ¿Y de postre?

MANUELA: Plátano.

MOZO: Muy bien. ¿Qué va a beber?

MANUELA: Una chela muy fría.

MOZO: Perfecto. ¿Desea algo más?

MANUELA: Sí, ¿puede traerme un cenicero?

MOZO: Ahora mismo.

Bloque 4
Lección 10
Trabajo en equipo

1

MARTA: Eva, ¿puedes hacerme un resumen de la actividad empresarial de la semana pasada?

EVA: Claro, Marta. Durante la semana pasada recibimos trece pedidos.

MARTA: ¿Cuántos enviamos? Creo que todos, ¿no?

EVA: Casi todos, sólo falta uno, porque no hemos recibido aún el material de Estados Unidos. No te preocupes, me parece que llega hoy.

MARTA: Anteayer te pedí un informe del género que tenemos en el almacén. ¿Lo hiciste?

EVA: Sí, aquí lo tienes.

MARTA: Veo que ayer terminamos el stock de trajes de azafata.

EVA: Sí, pero hoy llegan los nuevos trajes. La bienal de turismo de la semana pasada acabó con todo el género.

MARTA: Hemos de aprender de estas situaciones. No puede ocurrir otra vez.

EVA: No te preocupes, Marta, seguro que no vuelve a ocurrir.

MARTA: Bueno, te felicito por el informe. Es muy completo.

3

MARTA: ¿Qué te pareció la inauguración de la semana pasada?

SR. MARÍN: ¿La semana pasada? ¿Qué inauguración?

MARTA: ¡Por favor! ¡La inauguración de mi tienda! ¡Fue hace una semana, no fue el año pasado!

SR. MARÍN: Disculpa, ¡qué despistado soy! Es que el domingo fui a otra inauguración y ya no sé dónde tengo la cabeza. Esta semana he ido a cuatro inauguraciones sin contar la tuya.

MARTA: Pues sí que estás ocupado de fiesta en fiesta. Siempre me ha dado la sensación de que te lo pasas muy bien en tu trabajo.

SR. MARÍN: No me puedo quejar, pero es muy cansado. Mira, el mes pasado tuve que ir a tres fiestas de clientes. Piensa que ir a una fiesta por trabajo no siempre es agradable.

MARTA: Sí, ya te entiendo. En 1999 trabajé como relaciones públicas, asistí a muchísimas fiestas y también las organicé. ¡Y la verdad, nunca me gustó demasiado!

SR. MARÍN: Bueno, tu fiesta de inauguración fue excelente. ¡Cuánta gente! ¡Muchas felicidades!

11

[Luisa: chilena; Miguel: chileno]

LUISA: Hola, Miguel, ¿cómo estás?

MIGUEL: Muy bien, Luisa.

LUISA: ¿Qué te ha parecido la exposición sobre los gauchos?

MIGUEL: Muy interesante, ¿y a ti?

LUISA: Me ha sorprendido mucho. He aprendido que también hay gauchos en Uruguay y Brasil.

MIGUEL: Sí. ¿Viste qué fotos más interesantes?

LUISA: Me gustaron mucho las imágenes de la guerra entre Argentina y Uruguay.

MIGUEL: Estoy seguro de que los gauchos lucharon con mucho coraje.

LUISA: Es cierto.

MIGUEL: Oye, ¿tomamos un cafecito y hablamos un rato?

LUISA: Mejor un matecito.

MIGUEL: De acuerdo. Vamos.

Lección 11
Reunión de trabajo

1

MARTA: Bueno, ya llevamos un tiempo trabajando juntos y quiero haceros una pregunta.

EVA: Dinos, Marta.

MARTA: Con toda sinceridad, decidme, ¿cómo os parece que va la franquicia?

EVA: A mí me gusta mucho cómo diriges la empresa. Todo está muy organizado y muy bien planificado.

AGUSTÍN: Yo opino lo mismo. Y los números no engañan, en los tres primeros meses hemos tenido muchos beneficios.

MARTA: ¿Y creéis que podemos mejorar alguna cosa?

AGUSTÍN: Yo creo que es el momento de invertir más dinero en marketing y publicidad. Ahora que todavía no tenemos competencia es el momento de crecer.

EVA: Estoy de acuerdo con Agustín. Éste es el momento de promocionarnos.

MARTA: ¿Creéis que nuestros clientes están contentos con nosotros?

EVA: Seguro. Nunca hemos recibido ninguna queja.

MARTA: ¿Por qué no realizamos una encuesta entre nuestros clientes habituales? Quiero saber qué opinan ellos sobre nuestros servicios.

AGUSTÍN: No es mala idea.

EVA: De acuerdo, a mí también me interesa saber qué opinan sobre nuestro trabajo.

MARTA: Si están contentos con nosotros sigo vuestro consejo de promocionar la franquicia...

3

EVA: ¿Qué te parece esta empresa? ¿Te gusta trabajar aquí?

AGUSTÍN: Sí, claro. Estoy muy contento. Me gusta el horario flexible que tenemos.

EVA: A mí también.

AGUSTÍN: También me gusta el salario.

EVA: A mí no. Yo creo que no estoy bien pagada.

AGUSTÍN: Yo ganaba menos en la empresa donde trabajaba antes. Pero lo que no me gusta de aquí es trabajar con prisas.

EVA: Ya sabes, estamos empezando.

AGUSTÍN: Sí, claro. Pero bueno, donde trabajaba antes planificaban mal el trabajo y los jefes imponían las cosas. Marta sabe dirigir y no es autoritaria. No me gustan los jefes autoritarios.

EVA: A mí tampoco. A mí me gustan los jefes que saben delegar. Me gusta tomar decisiones.

AGUSTÍN: Sí, a mí también me gustan los jefes que saben delegar y me encanta tomar decisiones. Aquí es diferente. Me fui de la otra empresa porque no estaba satisfecho. La gente trabajaba sólo por el sueldo, no le gustaba su trabajo. Pero los compañeros eran muy eficientes.

9a

DIRECTOR: Buenos días, señora Bass. ¿En qué le puedo ayudar?

SRA. BASS: Hola. El problema que tengo es el siguiente: la semana próxima se celebra un festival de música popular en el pueblo donde está nuestra fábrica. Actúan grupos de toda Europa y USA. El grupo más famoso, *She Stops the Rain*, se ha quejado por los malos olores que desprenden los residuos químicos. Necesito que *Summa Consultores* me represente mientras estoy en el extranjero.

DIRECTOR: No se preocupe, yo llamo al director de la fábrica, me informo y trato de solucionar este problema.

SRA. BASS: Muchas gracias. Adiós.

10

[Rafael: cubano; Gloria: cubana]

RAFAEL: ¿Qué volá, Gloria?

GLORIA: Mira, voy a tomar un café. ¿Vienes?

RAFAEL: Claro, ¿adónde vamos?

GLORIA: Iba al merendero de la facultad. ¿Te apetece?

RAFAEL: Sí, fui el otro día y me sorprendió.

GLORIA: A mí me gusta mucho la sambumbia que hacen. ¿Y a ti?

RAFAEL: A mí también me gustó mucho.

GLORIA: ¿Fuiste alguna vez a comer al restaurante de la facultad?

RAFAEL: Sí, ya fui. Pero la comida no me gusta, ponen demasiado ají.

GLORIA: A mí me gusta la comida con ají.
RAFAEL: Yo prefiero comer en casa. Es más sano y más barato.
GLORIA: Yo no, no sé cocinar.
RAFAEL: Pues un día te invito a comer, Gloria.
GLORIA: De acuerdo, Rafael.

Lección 12
Hacer balance

1

SR. WILLIAMS: Bueno, Marta. Explícanos cómo va la franquicia. Creo que funciona muy bien.
MARTA: Sí. Hemos tenido unos beneficios netos inesperados. En el último trimestre hemos triplicado nuestro volumen de ventas.
SR. WILLIAMS: Normal, era un mercado sin explotar.
ALEJANDRO: ¿Y qué piensas hacer a partir de ahora?
MARTA: Quiero invertir parte de los beneficios en publicidad.
ALEJANDRO: ¿Para qué vas a invertir en publicidad?
MARTA: Porque es el momento de darnos a conocer, ahora que todavía no tenemos competencia.
SR. WILLIAMS: Ya veo, Marta. Quieres abrir el mercado. Muy interesante, Marta. Me parece una buena idea.
MARTA: También estoy pensado en alquilar otro almacén. El año que viene quiero tener un gran stock de uniformes.
SR. WILLIAMS: Eso supone muchos costes, Marta.
MARTA: No importa, ahora puedo permitírmelo.
ALEJANDRO: Eres muy emprendedora, Marta.
MARTA: También pienso ampliar la plantilla. Vamos a necesitar una secretaria porque Eva tiene mucho trabajo y no puede llevar al día el inventario de las existencias.
ALEJANDRO: Puedes contratar a un mozo de almacén para ocuparse del inventario.
MARTA: No es mala idea, Alejandro.
SR. WILLIAMS: Bueno, Marta. En la próxima reunión nos explicas cómo van tus proyectos.
MARTA: Eso espero, Sr. Williams. Hasta pronto.

3

MARTA: Pero, vamos a ver... ¿Qué propuestas tenéis?
AGUSTÍN: Tranquila, Marta, relájate... Tenemos que encontrar la estrategia adecuada para ahorrar costos.
MARTA: Sí, muy hábil, Agustín. ¿Y cuál es la estrategia adecuada? ¿Crees que va a llover del cielo?
AGUSTÍN: No, Marta, no. Eva y yo tenemos una propuesta.
EVA: Sí, hemos pensado algo. Mira, nuestros productos llegan a los comercios a través de los intermediarios, pero ¿para qué nos sirven?
MARTA: Buena pregunta. ¿Para qué nos sirven?
EVA: Para nada.
MARTA: Y, ¿por qué los contratamos?
AGUSTÍN: ¡Ésa es la cuestión, Marta! ¿Por qué los contratamos?
MARTA: Ya veo. Me proponéis que nos encarguemos nosotros mismos de la distribución.
AGUSTÍN: ¡Exacto!
EVA: Sí. Queremos eliminar los tramos intermedios de la distribución.
MARTA: Sí, me parece una buena idea. Vamos a establecer relaciones directas con los comercios.
EVA: Así, nos ahorramos muchas comisiones.
MARTA: Pues a partir de mañana empezamos a pensar qué necesitamos para distribuir directamente nuestros productos.

7

ALEJANDRO: Marta, el Sr. Williams está muy satisfecho con tu gestión de la franquicia.
MARTA: ¿Y tú, Alejandro?
ALEJANDRO: Bueno, yo creo que lo has hecho muy bien, pero...
MARTA: Pero...
ALEJANDRO: Bueno, creo que tú mereces tener tu propio negocio. Ahora ya tienes mucha experiencia y tienes que pensar en tu futuro.
MARTA: Me estás proponiendo algo, Alejandro.
ALEJANDRO: Tú y yo conocemos el mundo de la ropa y tenemos contactos que nos pueden suministrar tejidos.
MARTA: Sigue.
ALEJANDRO: También conocemos los canales de distribución.
MARTA: Veo donde quieres ir a parar.
ALEJANDRO: ¿Por qué no montamos nuestro propio negocio? Con tu iniciativa y mi experiencia seguro que nos va a ir bien.
MARTA: ¿Por qué no hablamos esta noche de nuestros proyectos? ¿Te apetece cenar en mi casa?
ALEJANDRO: De acuerdo, si me dejas cocinar.
MARTA: Tú y yo nos vamos a entender a la perfección, Alejandro.

14

[Arturo: colombiano; Claudia: colombiana]
ARTURO: Claudia, ¿qué piensas hacer este fin de semana?
CLAUDIA: No sé. ¿Has pensado algo?
ARTURO: No he pensado nada, no.
CLAUDIA: ¿Por qué no vamos de paseo a la montaña?
ARTURO: Podemos ir el domingo, pero el sábado no puedo.
CLAUDIA: ¿Por qué?
ARTURO: Tengo que hacer un informe para el jefe.
CLAUDIA: Podemos hacerlo entre los dos y salir el sábado después de almorzar.
ARTURO: ¿Para qué quieres ir a la montaña, Claudia?
CLAUDIA: Estoy cansada de la ciudad, Arturo. Quiero respirar aire puro.
ARTURO: Me parece una buena razón.
CLAUDIA: Además, la próxima semana viene el auditor y quiero estar relajada.
ARTURO: De acuerdo, Claudia. El fin de semana nos vamos a la montaña.
CLAUDIA: No te olvides el suéter. Va a hacer frío.
ARTURO: No te preocupes, no voy a olvidármelo.

Soluciones

Bloque 1

Lección 1
Primeros contactos

TOMA DE CONTACTO

1a   1 Buenos días.   2 Hola.   3 Me llamo...   4 Adiós.
       5 Hasta pronto.

1b   1 De España.   2 Con *uve*.

2   Saludos (S): 1 y 6.
       Despedidas (D): 3 y 4.
       Presentaciones (P): 2, 5 y 7.

3   Le interesa la oferta 1.

ACTIVIDADES

6   1 Martín   2 Rodríguez   3 Igarburu   4 Loeches
       5 Urrutia   6 Ibáñez Romero

7a   Renfe: 1   Quilmes: 2   Cepsa: 3   Chupa-Chups: 4
        Osborne: 5

8   **Nuria:** Buenas **tardes**, Alejandro.
       Alejandro: ¿Qué **tal**, Nuria? ¿Cómo **estás**?
       Nuria: Bien, **gracias**.
       Alejandro: ¿Alguna llamada?
       Nuria: Sí, ha llamado una mujer para la oferta de
       franquicias.
       Alejandro: Ah, ¿sí? ¿Cómo se llama?
       Nuria: Se **llama** Marta Ventura.
       Alejandro: ¿Y de **dónde** es?
       Nuria: Es española. Viene el próximo martes.
       Alejandro: Muy bien.

9   Se llama **Andrzej**.
       El apellido es **Mozdzer**.
       Él es de **Polonia**. / Él es de **Varsovia**.

HABLANDO DE NEGOCIOS

11   1 mudanza   2 transformación   3 vuelta   4 canje

12   Verdaderas (V): 2
        Falsas (F): 1, 3, y 4

13b   1 Se llama Banco del Sol
         2 Se llama Juan López Amador
         3 El banco está en la calle Bambú, n.º 330.
         4 Dieciséis de enero de 2003.

13c   1 *Jota, u, a, ene*
         2 *Ele, o, pe, e, zeta   a, eme, a, de, o, erre*
         3 *Be, a, ene, ce, o   de, e, ele   ese, o, ele*
         4 *uve, a, ele, e, ene, ce, i, a*

BALANCE

1-c	4-c	7-a	10-b
2-a	5-c	8-b	11-a
3-c	6-b	9-a	12-b

VIDA DE EMPRESA

14   El mejor candidato es el **B** por tener un máster en Gestión
        Empresarial.

15
```
B R M O P K
M D A B E U
O M Z V K Z
T V A W K L
K E T T E R
Q S L H T M
H I A G E U
A N N F K T
```
El apellido del candidato es **Ketter**.
Él es de **Mazatlán** (México).

MUNDO HISPANO

16a

	Eva
Saludos	Buenos días, Gabriel. ¿Qué onda?
Despedidas	Hasta luego, Gabriel. Cuídate
	Gabriel
Saludos	Y vos, ¿cómo andás?
Despedidas	Chau, Eva.

16b   1 México   2 Argentina

Lección 2
Realizar una entrevista

TOMA DE CONTACTO

1a   directora: 2   encantada: 1   española: 3

1b   Que las palabras son de género femenino y están
        relacionadas con Marta.

1c 1 Ventura.   2 Directora General.   3 Treinta años. (30)
4 Tres cero cinco, doce, cincuenta y seis, ochenta y nueve.
(305125689)   5 marta arroba creativo punto com.
(marta@creativo.com);   6 Habla inglés y alemán.

ACTIVIDADES

2a 1 español   2 alemana   3 portugués   4 inglés

2b 1 mexicano   2 alemana - francesa

3 1 treinta y siete   2 cuarenta y tres   3 veinticinco
4 cuarenta y ocho

4 1 argentino - inglés y español - 37 años   2 alemana -
alemán, inglés y español - 43 años   3 francesa -
francés, inglés y portugués - 25 años   4 mexicano -
inglés y español - 48 años

5a 1 abogada - abogados   2 edu@rato.com
3 josa@bodo.net   4 367 453 491   5 355 285 276

5b 1 qué   2 Tienes   3 repetir
4 Cuál   5 despacio

HABLANDO DE NEGOCIOS

8 1 Unión Económica y Monetaria.
2 La Unión Económica y Monetaria es muy importante
para Europa.
3 La moneda única europea.
4 El euro impulsa el mercado único.

9 1 económicas   2 impulsar   3 monetaria
4 desarrollar

10b 1 Para solicitar una inscripción en el Registro de
Fabricantes.   2 Es el 22-315625-1.   3 Cestin, S.A.
4 Sí. Es el 82425636.   5 82425637.   6 Sí, es
ces@cestin.com

BALANCE

1-a   7-b
2-b   8-a
3-a   9-c
4-a   10-b
5-c   11-c
6-b   12-c

VIDA DE EMPRESA
11a y 11b

TABLA DE PLANIFICACIÓN DEL TRABAJO			
	PASO 1		PASO 2
	TRABAJO	TIEMPO	TRABAJADOR
1.º	Encontrar financiación	15 días	Asesor
2.º	Permisos de obra	1 mes	Abogado
3.º	Diseñar el local	1 mes	Interiorista
4.º	Obras	2 meses	Constructor
5.º	Organizar la cocina	15 días	Jefe de cocina
TOTAL		5 MESES	

MUNDO HISPANO

12a 1 puertorriqueños: puertorriqueñas   2 cubanos: cubanas
3 argentinos: argentinas   4 colombianos: colombianas

12b 1 la guía: **las guías**   2 la biblioteca: **las bibliotecas**
3 la ciudad: **las ciudades**   4 el inglés: **los ingleses**
5 la nacionalidad: **las** nacionalidades

Lección 3
Propuesta de negocio

TOMA DE CONTACTO

1a   1-c   2-d   3-a   4-b

1b   Tiene que distribuir los productos.: 4   Tiene que vender
los productos.: 3   Tiene que dirigir su equipo.: 1
Tiene que contactar con los clientes.: 2

3a   1 sus   2 nuestros   3 su

3b   *Su, sus, nuestro* y *nuestros* son formas posesivas. **C**

ACTIVIDADES

4a   1 informático   2 vendedor   3 secretaria   4 directora
5 responsable de logística

4b   -**ar**: trabajar, organizar, motivar, gestionar
-**er**: vender   -**ir**: escribir

5   yo vendo; tu vendes; él, ella, usted vende; nosotros, -as
vendemos; vosotros, -as vendéis; ellos, -as, ustedes venden

6 1 vendedores 2 telefonistas 3 secretaria
4 responsable de logística 5 directora

7a 1 Marta 2 Alejandro 3 Marta 4 Alejandro
5 Alejandro 6 Marta

7b 1 Por correo electrónico.
2 A Alejandro y al señor Williams.

HABLANDO DE NEGOCIOS

9 1-b 2-a 3-c

10 1 La libre circulación del dinero revaloriza el dinero.
2 Proponer el libre comercio.
3 Porque el dinero vigila al dinero.

11 Verdaderas (V): 1 y 3
Falsas (F): 2, 4 y 5

BALANCE

1-b 2-a 3-b 4-c 5-c 6-b
7-a 8-b 9-a 10-c 11-b 12-a

VIDA DE EMPRESA

12b **A Titulación:** Ciencias Medioambientales (porque es el perfil que pide el Departamento de Recursos Humanos).
B Experiencia: Mínimo 10 años en gestión empresarial (porque es el perfil que pide el Departamento de Recursos Humanos).
C Aptitudes: 1 Buen negociador; **2** Capacidad de gestión de presupuestos; **3** Capacidad de gestión de subvenciones (porque es el perfil que pide el Departamento de Dirección y el de Finanzas).

MUNDO HISPANO

13b Pues felicidades, Pancho.: 6 Tienes que conseguir un niño para que no se pierda...: 4 Hola Pancho, ¿qué onda?, ¿cómo estás?: 1 Oye, tu apellido es Mesquineza, ¿verdad?: 3 Tienen que conservar mi apellido toda su vida...: 5 Es que ahorita no me acuerdo.: 2

14 1 felicitar 2 obligación 3 saludar 4 obligación
5 expresar desconocimiento 6 determinantes posesivos

Evaluación de bloque

1 1 Encantado, Luis. 2 Mucho gusto, señor Ibáñez.

2b

Querida mamá:

Estoy muy *triste* con mi nuevo empleo, tengo *poca* suerte, trabajo para una *desconocida* multinacional de ropa que ahora abre una franquicia en España. Soy la directora de la franquicia.

Actualmente, busco un local *ruidoso* y *oscuro* para la franquicia. ¿Te acuerdas de Ana? Ella dirige una agencia inmobiliaria. Es *egoísta* y me ayuda *poco*. Juntas buscamos el local ideal. Mi jefe se llama Alejandro de la Fuente y es muy *antipático*.

Mamá, ¿cuándo vas a venir a verme? Tengo muchas ganas de hablar contigo.

Dale un beso de mi parte a papá.

Marta

3 1 sois 2 se llama 3 Mucho gusto 4 Tres, setenta y ocho, treinta y cinco, once 5 significa 6 visitar 7 manda 8 dice 9 tu 10 Cuántos 11 veinte 12 con *zeta*

Lección 4
Elegir el local

TOMA DE CONTACTO

1a

	N.º	La utiliza
Perdona	1	Marta
Lo siento	4	Ana
Disculpa	2	Marta
Perdona	3	Marta

1b 1 aquí 2 en 3 está 4 Hay

1c Verdaderas (V): 1, 2, 3, 5 y 6
Falsas (F): 4

ACTIVIDADES

2b La forma **está(n)** se utiliza con el artículo determinado (*el, la, los, las*).
La forma **hay** se utiliza con el artículo indeterminado (*un, una, unos, unas*).

2c
¿Dónde hay una cabina de teléfono?
¿Dónde está la terminal de Salidas?
¿Dónde está el cambio de divisas?
¿Dónde hay una parada de taxi?
¿Dónde está la terminal de Llegadas?
¿Dónde hay unas escaleras mecánicas?
¿Dónde está la recogida de equipaje?

3
1 pido   2 ese   3 ahí   4 sirve   5 aquí
6 Disculpe   7 ríe   8 Lo siento   9 tienen
10 Repita

4
1 pide   2 ríe   3 siguen   4 sirve

5
a frase 2   b frase 1   c frase 4   d frase 3

6
1 El local de la franquicia   2 El cine   3 La estación de tren
4 La estación de metro   5 La estación de metro
6 El centro comercial

8
1 cooperar   2 comercio   3 conveniente
4 necesidad   5 ventajas

9
Verdaderas (V): 2
Falsas (F): 1, 3 y 4

10b   a A una parte de la ciudad.

10c   a-4   b-6   c-5   d-1   e-3   f-2

1-a	2-b	3-a	4-a	5-c	6-c
7-c	8-b	9-b	10-a	11-a	12-b

11b

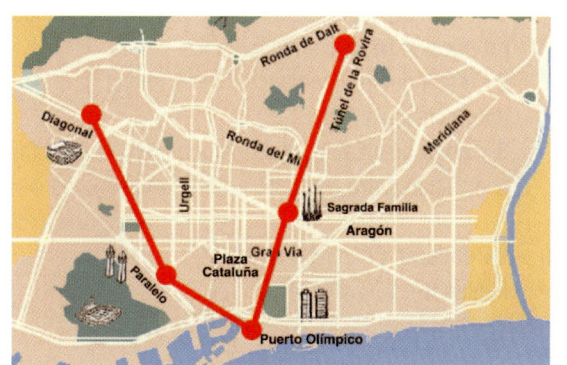

La nueva línea de metro tiene que pasar por todos los puntos que los usuarios sugieren. El trazado de la nueva línea es el siguiente: Diagonal, Paralelo, Plaza Cataluña, Puerto Olímpico, Sagrada Familia, Túnel de la Rovira-Ronda de Dalt.

11c   Desde Paralelo hasta Ronda de Dalt, pasando por Plaza Cataluña, Puerto Olímpico y Sagrada Familia.

12a   1 pedís   2 vestís   3 repetís   4 medís

12b

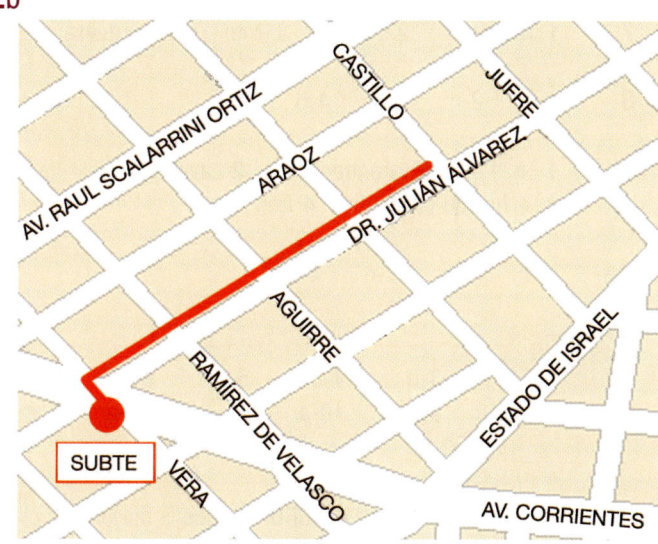

Lección 5
Organizar la oficina

1a   **almacén**-grande; **oficinas**-luminosas; **lavabo**-pequeño; **sala de reuniones**-tranquila; **sala al lado del pasillo**-silenciosa.

1b   1 muy - mucho   2 muy   3 muy   4 poco
5 bastante   6 muchas.

1c   1 Detrás   2 delante   3 al otro lado

3a   **Anuncio A:** 1 y 5
Anuncio B: 3, 4, 6 y 7
Anuncio A y B: 2

3c **1** más - que   **2** es - que   **3** es - que
4 tiene menos

5 **1** Luminoso   **2** Calefacción   **3** Ascensor
4 Aire acondicionado   **5** Exterior   **6** Local

6a Verdaderas (V): 1, 2, 4 y 7
Falsas (F): 3, 5, 6 y 8

6b **1** los   **2** la   **3** Lo   **4** la   **5** Los   **6** las

HABLANDO DE NEGOCIOS

7 **1** fracaso   **2** duda   **3** éxito   **4** burguesa

8 **1**-c   **2**-d   **3**-a   **4**-b

9b **1** En la sala de la entrada.   **2** Lavabo.
3 Sí, hay un pasillo.   **4** Tres.

9c **1**-b   **2**-c   **3**-d   **4**-a

BALANCE

1-b   2-b   3-b   4-c   5-b   6-b
7-a   8-c   9-a   10-a   11-c   12-a

VIDA DE EMPRESA

10b La agencia idónea es **FINGRUP** porque la mayoría de clientes potenciales (el 45%) tiene un presupuesto de 150.000-300.000€, busca apartamentos y la zona más solicitada es Cibeles.

MUNDO HISPANO

11b **1** La pileta.   **2** La estancia.

11c **1** Son tan confortables como las suites de un hotel.
2 En el campo hace menos calor que en la ciudad.
3 Hay más aire puro.
4 Y menos ruido que en nuestro departamento.

Lección 6
Decidir la decoración

TOMA DE CONTACTO

1a ¿Puedes acercarme el libro de contabilidad y la calculadora? -**3**

¿Me dejas ver la lista que has hecho? -**2** ¿Puedo ayudarte? -**1**

1b **1** Puedo - por favor   **2** dejas - Por supuesto
3 acercarme - toma   **4** Quieres - Lo siento

3 **1** ¿Que hace (usted) con esa revista?
2 ¿Puedo ayudarle (a usted)?
3 ¿Qué le parece (a usted)?
4 ¿Se le ocurre (a usted) algo más?

ACTIVIDADES

4a
Silla seleccionada: **Silla giratoria.**
Precio 67,61€ X 6= 405,66€
Sillón seleccionado: **Sillón con brazos de piel.**
Precio 307,80€ X 1= 307,80€
Total= 713,46€

4c **Vendedor:** ¿Le puedo ayudar?; Son cuatrocientos cinco euros con sesenta y seis céntimos.; Es nuestra mejor oferta.; Un momento, por favor.; Sólo vale trescientos siete euros.
Marta: Me quedo con el sillón.; ¿Puede enseñarme una silla giratoria?; ¿Cuánto cuestan seis sillas como ésta?

6 **1** puedes   **2** Tenemos - Puedes/Quieres - tienes
3 dice - quiero   **4** quiere

7 **a**-2-Marta   **b**-1-Marta   **c**-3-Vendedor   **d**-4-Marta

8 **1**-b   **2**-a

HABLANDO DE NEGOCIOS

10 **1** producción   **2** pendiente   **3** industrial
4 consumo   **5** agricultura

11 **1** En la agricultura, podemos crear nuevos métodos de producción biológicamente sanos.
2 En la industria, podemos interesarnos por la evolución de una tecnología ética.
3 Y en la política social, podemos crear nuevas formas de asociación entre administración y trabajadores.

12b Verdaderas (V): 1, 4 y 5
Falsas (F): 2, 3 y 6

BALANCE

1-b	2-a	3-b	4-c	5-a	6-a
7-b	8-a	9-b	10-a	11-b	12-c

VIDA DE EMPRESA

13b A **Operación petroleras:** Opción *Repsol YPF.*
  B **Operación banca:** Opción *La Caixa.*
  C **Operación constructoras:** Opción *Dragados.*

El presupuesto del cliente: 5 millones de euros.
- Opción *Repsol YPF.* Precio .... 1, 2 millones de euros.
- Opción *La Caixa.* Precio .... 2, 3 millones de euros.
- Opción *Dragados.* Precio .... 1, 5 millones de euros.
                      TOTAL: 5 millones de euros.

Previsión del cliente: obtener un beneficio del 55% en 3 años.
- Opción *Repsol YPF.* Previsión .... 40% por 3 años.
- Opción *La Caixa.* Previsión .... 65% por 3 años.
- Opción *Dragados.* Previsión .... 60% por 3 años.
                      TOTAL: 165 / 3= 55% en 3 años.

MUNDO HISPANO

14a **Correctas:** a y b.

14b **a** puedo - Puede   **b** puedo - Puede   **c** puedo - Tiene

---

Evaluación de bloque

1 1 la derecha   2 delante de   3 arriba   4 el centro
5 detrás del   6 a la izquierda   7 abajo

2 1 Esto es un **ordenador.** - D   2 Esto es un **archivador.** -B
3 Esto es una **impresora.** - E   4 Esto es una **lámpara de mesa.** - A   5 Esto es una **grapadora.** - C

3 1 es / muy   2 está / calle   3 demasiado / aquélla
4 parece / luminoso   5 Este / mío   6 dirección / la
7 Cómo / que   8 despacho / final   9 Hay / recto
10 puedes / supuesto

Lección 7
Organizar las tareas

TOMA DE CONTACTO

1a estoy pensando

1b Por la mañana-**1**   Al mediodía-**2**   Por la tarde-**3**

1c **mañana:** Reunión con la secretaria. Planificar las actividades.
mediodía: Informarse de cómo van las tareas más urgentes.
tarde: Destinar más recursos a las tareas pendientes.

1d 1 Despúes de la reunión con su secretaria.
2 Antes de cerrar.

ACTIVIDADES

3 1 7:20   2 12:10   3 14:45   4 20:30

4a **Horario de apertura:** 8 h.
Horario de atención al cliente: de 9 h (de la mañana) a 18 h (6 de la tarde).
Horario de comida: de 13 h a 15 h (1 a 3 de la tarde).
Horario de cierre: 19 h (7 de la tarde).

4b 1 Empieza el horario de atención al cliente.
2 Termina el horario de atención al cliente.
3 Dos horas.   4 Por la noche.

5a Casi siempre; Casi nunca

5b 1 va en metro.   2 sale de la oficina a las seis.
3 tiene que salir a la calle a hacer encargos.
4 se reúne con el jefe de planificación por la tarde.
5 trabaja ocho horas.   6 come solo.

5c 1 A las ocho y media.   2 Archiva las facturas y los recibos.   3 De dos a tres.   4 Hacer fotocopias en color o encuadernar informes.   5 A las seis.

HABLANDO DE NEGOCIOS

7 1 interés general   2 gobernantes   3 intereses privados   4 burocracia

8 Verdaderas (V): 1 y 3
Falsas (F): 2 y 4

10b 1 Un nuevo mecanismo, otorgando garantías, libertades y derechos. 2 Una comunicación con la inversión que se ha realizado. 3 Tienen que decidir si operan a través de la constitución de una empresa nueva o de una sucursal.
4 Las más usadas son las sociedades anónimas y las sucursales de empresas extranjeras. 5 Por las ventajas que otorgan.

BALANCE

1-a	2-b	3-c	4-c	5-b	6-b
7-c	8-c	9-a	10-a	11-c	12-a

VIDA DE EMPRESA

11b **A Primera decisión:** opción 1. La marca japonesa no está en el mercado nacional. Al comprar la patente de la marca, introduces los productos en el mercado nacional.

B Segunda decisión: opción 2. Porque aseguras la comercialización de 150.000 productos por semana.

MUNDO HISPANO

12a Verdaderas (V): 3
Falsas (F): 1 y 2

12b **1** es **2** cierran **3** desde **4** hasta

Lección 8
Selección de personal

TOMA DE CONTACTO

1a **1** La persona que recibe la llamada. **2** La persona que llama.
3 La persona que recibe la llamada. **4** La persona que llama.
5 La persona que recibe la llamada.

1b **1** Cuándo **2** Le va **3** Mejor **4** Quedamos

1c "Usted ha enviado un currículo que se adapta al perfil que necesitamos."

ACTIVIDADES

3 **Conversación A: 2** ¿El señor Felipe Ros, por favor?
4 Sí, dígale que ha llamado Ana Piqué. **6** Gracias. Adiós.
Conversación B: 2 Hola. ¿Puedo hablar con Salvador?
4 ¿Puedo dejar un recado? **6** Dígale que ha llamado Antonio Sánchez.

4a **1** ha **2** He **3** he **4** He **5** hemos

4b **1** está prohibido **2** se puede **3** hay que
4 Hay que **5** Puede **6** Puedo

5b lavarse; acostarse; maquillarse.

5c Todos llevan un **pronombre** delante. Ese **pronombre** es **distinto** en cada persona.

5d **1** me **2** te **3** se **4** se **5** nos **6** se

5e **1** jueves **2** viernes **3** lunes

HABLANDO DE NEGOCIOS

7 **1** depósito **2** ampliar **3** dependencia **4** atesorar

8 **1** Implican un nivel de producción y de ingresos reducido.
2 Ahorrar grandes cantidades. **3** El aumento de la producción. **4** Un gran esfuerzo.

10b **1** José María Echániz. **2** Alberto Rojas. **3** Alberto Rojas. **4** José María Echániz.

BALANCE

1-c	2-a	3-c	4-b	5-c	6-b
7-a	8-c	9-a	10-b	11-b	12-c

VIDA DE EMPRESA

11 La candidata elegida es Laura Izquierdo porque se ha especializado en campañas agresivas de diversas ONG y tiene 40 años.

MUNDO HISPANO

12a El tratamiento es informal en la conversación **2**.
El tratamiento es formal en la conversación **1**.

12b **Conversación 1: 1** dígame **2** De parte
Conversación 2: 1 quedamos **2** parece **3** Te parece

Lección 9
Comida de negocios

TOMA DE CONTACTO

1a Verdaderas (V): 3 y 4
Falsas (F): 1 y 2

1b **1** recibes - acepta **2** recibes - das

1c Correcto

1d   **1** tienes   **2** va   **3** paso   **4** viene   **5** llegad
     6 hago   **7** llama   **8** das

ACTIVIDADES

2b   Sr. Marín: de primero, **paella**; de segundo, **lenguado al horno**; para beber, **agua con gas**; de postre, **flan**.
Marta: de primero, **gazpacho**; de segundo, **ternera con salsa**; para beber, **agua con gas**; de postre, **arroz con leche**.

2c   La paella lleva **arroz**, **mejillones**, **guisantes**, **pimientos** y **carne**.
La paella no lleva **pasta**, **queso** ni **huevo**.

2e   **1a** Probar la paella.   **1b** ¿Quieres probarla?   **2a** Rechaza.
2b No, gracias.   **3a** Tomar un café o un té.   **3b** ¿Te apetece tomar un café o un té, Fernando?   **4a** Acepta.
4b Un té con limón, por favor.

3a   1-b   2-e   3-d   4-f   5-c   6-a

3b   imperativo

4   **DIÁLOGO 1:** le puedo informar personalmente.
DIÁLOGO 2: envíeme un fax y confirme su pedido.
DIÁLOGO 3: llame a este teléfono.
DIÁLOGO 4: podemos hacer un descuento.

5   **1** algo - nada   **2** alguna - ninguna   **3** nadie
   4 algún - ninguno

HABLANDO DE NEGOCIOS

6   **1** resolver   **2** pérdidas   **3** ganancias   **4** voluntario
   5 ganador   **6** perdedor

7   Verdaderas (V): 3 y 4
Falsas (F): 1 y 2

8b   **1** Sobremesa   **2** Cordial   **3** Inapropiado   **4** Protocolo

8c   **1** Porque muchas veces es necesario tratar temas de trabajo en un ambiente más cordial y relajado.
2 La persona que organiza la comida.   **3** No, porque al relajarte puedes hacer algún comentario inapropiado.
4 Debes esconder los billetes dentro de la factura doblada.

BALANCE

1-b   2-b   3-b   4-c   5-a   6-a
7-c   8-c   9-b   10-b   11-c   12-a

VIDA DE EMPRESA

9a   El hotel *Rey Don Jaime*. Porque cumple todos los requisitos.

9b   Jacinta López, Manuel Gutiérrez y Sandra Cruz

MUNDO HISPANO

10   **1** sabe   **2** tomo   **3** quiere   **4** segundo
   5 tenemos   **6** beber   **7** chela   **8** Desea

Evaluación de bloque

1   1-b   2-e   3-g   4-f   5-a   6-d   7-h   8-c

2   **1** muchas   **2** algunos - todavía   **3** Después
   4 ningún   **5** algunas - luego - una   **6** nunca

3   **1** ganando - ganado - está ganando - ha ganado
2 subiendo - subido - está subiendo - ha subido
3 transfiriendo - transferido - está transfiriendo - ha transferido

4   **1** me despierto   **2** Me levanto   **3** me ducho
   4 me peino   **5** desayuno   **6** Salgo   **7** Regreso
   8 Como   **9** me echo   **10** voy

Lección 10
Trabajo en equipo

TOMA DE CONTACTO

1a   Creo que todos.-**1**   Me parece que llega hoy.-**2**
Seguro que no vuelve a ocurrir-**3**

1b   **1** parece   **2** cree   **3** segura

1c   **1** de la semana pasada   **2** la semana pasada
   3 llega hoy   **4** la semana pasada   **5** anteayer
   6 Ayer

ACTIVIDADES

3a   **1** pareció   **2** semana   **3** fue   **4** domingo
   5 fui   **6** semana   **7** he ido   **8** Siempre
   9 ha dado   **10** pasado   **11** tuve   **12** 1999

3b **Pretérito perfecto:** esta semana; siempre
Pretérito indefinido: la semana pasada; hace una semana; el año pasado; el domingo; el mes pasado; en 1999; nunca

4 **Yo:** gané, dirigí, logré
Tú: presentaste, escribiste
Él, ella, usted: ganó, completó
Nosotros, nosotras: vendimos, establecimos
Vosotros, vosotras: convertisteis, enviasteis
Ellos, ellas, ustedes: enviaron, planificaron

5 **1** Primero tuve... **2** Después del... **3** Luego me...
4 Al final no...

6a **1** nació **2** empezó **3** ideó **4** tuvieron
5 trabajó **6** dio **7** tuvo **8** imaginé **9** luchó

HABLANDO DE NEGOCIOS
7 **1** artículos **2** práctica **3** transacción
4 intercambiar **5** categoría **6** comerciantes

8 Verdaderas (V): 2 y 3
Falsas (F): 1, 4 y 5

9b **1** El anfitrión es la persona que organiza la fiesta.
2 El anfitrión siempre debe estar atento a las personas que llegan para darles la bienvenida, saludarlas y conversar unos minutos con ellas. **3** Un buen anfitrión siempre es capaz de iniciar conversaciones, de introducir temas e incluso de moderar las conversaciones. **4** Mediar.
5 El anfitrión debe agradecerles su presencia en la fiesta.

BALANCE

1-b	2-a	3-c	4-c	5-b	6-c
7-b	8-c	9-b	10-a	11-a	12-c

VIDA DE EMPRESA
10b **Primer cuatrimestre:** 185.000 €
Segundo cuatrimestre: 280.000 €
Tercer cuatrimestre: 293.000 €

10c **Opción C. La inversión más rentable es la de marketing y publicidad.** Ésta es la opción correcta porque las ventas aumentan cuando se invierte en marketing y publicidad.

MUNDO HISPANO
11a Estoy seguro de.

11b **Presente de indicativo:** estás, estoy, es, tomamos, hablamos, vamos
Pretérito indefinido: viste, gustaron, lucharon
Pretérito perfecto: ha parecido, ha sorprendido, he aprendido

Lección 11
Reunión de trabajo

TOMA DE CONTACTO
1a **1** ya **2** gusta **3** también **4** todavía **5** acuerdo
6 interesa **7** idea

1b Verdaderas (V): 1 y 3
Falsas (F): 2, 4 y 5

ACTIVIDADES
3a **El horario flexible:** Le gusta
El salario: Le gusta
Trabajar con prisas: No le gusta
Los jefes autoritarios: No le gustan
Los jefes que saben delegar: Le gustan
Tomar decisiones: Le gusta

3b **El horario flexible:** Le gusta
El salario: No le gusta
Los jefes autoritarios: No le gustan
Los jefes que saben delegar: Le gustan
Tomar decisiones: Le gusta

3c Con nombres en **singular**: *el horario, el salario.* También con verbos en **infinitivo**: *trabajar, tomar.*

3d menos; mal; muy eficientes.

5a Un mensaje interno para todos los empleados.

5b **1** Ya han alcanzado los objetivos de ventas que tenían para este año.
2 Ya han firmado el contrato con el distribuidor de Colombia y Venezuela.
3 Ya está pintada la sala donde se reúnen los jefes.

5c **1** Todavía no han conseguido entregar algunos productos en los plazos acordados con los clientes.

2 Los compañeros del departamento de administración todavía no apagan el ordenador cuando se marchan.

5d Ya y **todavía no.**

HABLANDO DE NEGOCIOS

6   1-b   2-d   3-c   4-a

7   Verdaderas (V): 3, 4 y 5
Falsas (F): 1 y 2

8b   **1** realistas   **2** desorden   **3** participativo   **4** motivación

8c   Los retrasos.

BALANCE

| 1-c | 2-a | 3-b | 4-a | 5-c | 6-b |
| 7-a | 8-c | 9-b | 10-b | 11-c | 12-a |

VIDA DE EMPRESA

9c   **Opción 2:** (así *Fatum* pude mantener la producción y cumplir el pedido internacional. Además mantiene la publicidad ya que patrocina el festival).

9d   Con los 3.000 € que quedan de los 12.000 € que ha entregado *Fatum* al señor Alonso para patrocinar el festival.

9e   El grupo de música *She Stops the Rain* dará un concierto en el pueblo el próximo mes.

MUNDO HISPANO

10a   Verdaderas (V): 3 y 4
Falsas (F): 1 y 2

10b   **a** A mí también   **b** A mí   **c** Yo no

Lección 12
Hacer balance

TOMA DE CONTACTO

1a   **Quieres abrir el mercado**-3, Sr. Williams; **Quiero tener un gran stock**- 4, Marta; **Vas a invertir en publicidad**- 2, Alejandro; **Vamos a necesitar una secretaria**-6, Marta; **Quiero invertir parte de los beneficios**-1, Marta; **Pienso ampliar la plantilla**-5, Marta.

1b   **1** quiere invertir   **2** está   **3** piensa   **4** va

1c   Verdaderas (V): 3 y 4
Falsas (F): 1 y 2

ACTIVIDADES

3a   **1** encontrar   **2** pensado   **3** sirven   **4** contratamos
5 Queremos   **6** Vamos

3b   **Agustín**-frases n.º 1 y 4; **Eva**-frases n.º 2 y 5;
Marta-frases n.º 3 y 6.

3c   Al futuro.

5   1-D   2-C   3-A   4-F   5-B   6-E

6   **1** Tengo que comprármelo (Me lo tengo que comprar).
2 Voy a decírtela (Te la tengo que decir).   **3** Nos los han comprado.   **4** Eva os las envía.

7   Verdaderas (V): 3 y 5
Falsas (F): 1, 2 y 4

HABLANDO DE NEGOCIOS

8   **1** posición   **2** eficiente   **3** conjunto   **4** criterio
5 compensar

9   **1** economistas - ecologistas   **2** ganadores - ganancias
3 compensación - mejoran

10   **1** Vender directamente al cliente final, sin necesidad de intermediarios.   **2** Sí, es muy difícil de conseguir.
3 Promocionar y distribuir los productos a tiempo y en todos los lugares del mundo.

11   **1** El canal de distribución interna.   **2** Representante, mayorista y minorista.

BALANCE

| 1-c | 2-c | 3-a | 4-b | 5-a | 6-b |
| 7-a | 8-a | 9-b | 10-c | 11-c | 12-b |

VIDA DE EMPRESA

13a   Aumento medio: 8,25 %

13c   **Decisión adecuada:** c (Es la decisión adecuada porque hace 4 años, cuando la empresa contrató 500 nuevos operarios e hizo una importante inversión en marketing, obtuvo unos beneficios netos de más del 13%.)

MUNDO HISPANO

14a **1** ¿Qué piensas hacer este fin de semana?   **2** ¿Por qué no vamos de paseo a la montaña?   **3** La próxima semana viene el auditor y quiero estar relajada.   **4** El fin de semana nos vamos a la montaña.   **5** Va a hacer frío.

14b *TE* sustituye a **Claudia.**
ME sustituye a **Arturo.**
LO sustituye a **suéter.**

1   Hace dos años, Osvaldo Pérez creó la empresa en Alicante. Hace un mes, abrió una sucursal. La semana pasada, se reunió con el Consejo de Administración. Antes de ayer, comió con el Presidente.

2   **1** leía   **2** comía   **3** estuvo   **4** oyó   **5** se fijaba   **6** conoció   **7** se fumó   **8** llovía   **9** quiso   **10** quería

3   **1** archivar   **2** vas   **3** donde   **4** Hizo   **5** pasado mañana   **6** venir   **7** llegó   **8** Antes   **9** el mes que viene   **10** Por último

El Juego de los Negocios

Introducción

El *Juego de los Negocios* es un juego pensado para repasar, en solitario o en grupo, y de forma divertida, los contenidos de la lección. Necesitas un dado, una ficha para cada jugador, un *Libro del alumno* y un *Cuaderno de recursos y ejercicios*. El juego comprende doce partidas, una por lección. Antes de jugar cada partida, debes calcular el *Resultado de la lección* a partir de las secciones *Balance* y *Vida de empresa*. Una vez iniciada la partida, en cada casilla, sumas o restas puntos al *Resultado de la lección*. Gana la partida el jugador que consigue más puntos al cabo de siete tiradas. Los resultados de cada partida pueden sumarse para obtener un resultado final del curso.

Instrucciones

1. Cada jugador prepara su ficha (pueden hacerse con cartulina de colores), se elige al azar el turno de tiradas y empieza la partida.

2. El jugador tira el dado y avanza hasta la casilla correspondiente, donde puede ganar o perder puntos.

3. El jugador debe seguir la instrucción de cada casilla. En algunas casillas, la instrucción remite a una pregunta de un ejercicio del *Cuaderno de recursos y ejercicios* de la lección correspondiente. (Por ejemplo, en la casilla 4, debes reponder a la pregunta X del ejercicio X de la lección correspondiente).

4. Cada jugador anota, en la columna correspondiente del *Cuadro de resultados*, los puntos obtenidos en cada tirada: *Resultado de la lección* más o menos los puntos obtenidos en la casilla.

5. Finalizadas las siete tiradas, el jugador suma los puntos obtenidos en la tirada y anota el total en la última columna del *Cuadro de resultados*.

6. En el tablero hay siete tipos de casillas:

- **PRUEBA:** Debes responder a la pregunta del ejercicio indicado en la casilla. Si tu respuesta es correcta, sumas puntos; si no es correcta, restas puntos.

- **INSPECCIÓN DE HACIENDA:** Debes responder a la pregunta del ejercicio indicado en la casilla. Si aciertas, superas la inspección (aunque no sumas puntos); si no aciertas, debes pagar una multa: pierdes los puntos indicados en la casilla.

- **CÁRCEL:** Estás detenido y pierdes el turno (0 puntos). Para salir de la cárcel, debes pagar la **fianza** indicada en la casilla (responder una pregunta o restar puntos).

- **BONANZA ECONÓMICA:** ¡Enhorabuena! Tu empresa distribuye beneficios extraordinarios. Sumas los puntos que se indican en la casilla.

- **BANCARROTA:** Tu empresa sufre las consecuencias de una crisis económica. Pierdes todos los puntos acumulados hasta el momento en la partida.

- **AEROPUERTO:** Saltas al siguiente Aeropuerto. Si en el siguiente Aeropuerto hay un **vuelo local** o un **vuelo internacional**, tienes que tirar otra vez el dado y seguir las instrucciones de la casilla correspondiente. Tu vuelo también puede ser accidentado, pero también puedes ganar puntos.

Cuadro de resultados

Antes de cada partida, anota el *Resultado de la lección* en la columna correspondiente. A continuación, anota los puntos (positivos o negativos) conseguidos en cada tirada. Al terminar la partida, suma el total obtenido. Compara tus resultados con los de tus compañeros. ¡Ánimo y suerte!

Partida	Lección	Resultados de la lección	Tiradas de dado							Resultados de la partida
			1.ª	2.ª	3.ª	4.ª	5.ª	6.ª	7.ª	
1.ª	1									
2.ª	2									
3.ª	3									
4.ª	4									
5.ª	5									
6.ª	6									
7.ª	7									
8.ª	8									
9.ª	9									
10.ª	10									
11.ª	11									
12.ª	12									
									Resultado final del curso	